人口发展战略研究

RENKOU FAZHAN ZHANLUE YANJIU

沙 勇 主 编 / 彭大松 副主编

中国社会出版社
国家一级出版社·全国百佳图书出版单位

前　言

人口发展问题始终是人类社会共同面对的根本性和全局性的重大问题，习近平总书记在党的十九大报告中明确指出，要“促进生育政策和相关经济社会政策配套衔接，加强人口发展战略研究”。为切实加强人口发展战略的理论与实践研究，“首届人口发展战略”研讨会于2018年11月1日在南京邮电大学召开。

来自政府机关、科研院所、高等学校及学术期刊等多家单位的150余名与会代表，围绕“推动人口发展战略研究，健全人口发展政策体系，促进人口长期均衡发展”展开了多角度、多层次的研讨与交流，形成了理论探讨、学术研究、资政建言等形式多样的丰硕成果，这本《人口发展战略研究》即是本次会议的部分成果汇编。当然，由于参会专家众多，观点较为丰富，编者受时间与水平限制，尚难能全面收录研究成果、完整体现专家观点，如有谬误，敬请批评指正。各种不足，也有待在以后的相关工作中努力改进。

编　者

2019年10月

CONTENTS

目　录

第一篇　主旨报告

第二篇　人口老龄化研究

第三篇　人口与城市研究

第四篇　生育与公共政策研究

第五篇　新时代人口发展研究

第一篇

主旨报告

科学研判人口形势　积极应对人口挑战

❖翟振武

【摘　要】对中国生育水平的基本判断：全面两孩政策实施前的10年间，全国平均总和生育率应该在1.65左右，全面两孩政策实施后，总和生育率有所上升；低生育率是一种全球趋势；中国生育率走低的因素仍在强化；“自主生育”应该是计划生育政策继续调整的方向；中国人口总量在2028年达到峰值，然后开始下降，到21世纪末接近10亿。劳动年龄人口的素质和劳动生产率的高低比劳动年龄人口数量对经济发展的影响更大。应对劳动年龄人口规模下降的战略重点应该是充分挖掘人口素质红利，努力提高劳动生产率，以劳动力质量、人力资本提升替代和应对劳动力数量的下降，用质量换数量。我国人口年龄结构老化是人口未来发展的确定性趋势，在整个21世纪都不会逆转。人口发展战略对老龄化问题的关注应侧重两个方面：一是要对我国未来的老龄化整体进程和特点作出准确判断，对老龄化可能带来的社会和经济发展冲击保持清醒认识；二是对我国应对老龄化的战略和措施进行探索。

【关键词】人口形势；人口生育水平；低生育率；劳动年龄人口；人口素质红利；人口老龄化

【作　者】翟振武：中国人民大学人口与发展研究中心主任，教授

制定科学的人口发展战略需要认清当前的人口形势、把握人口发展趋势。中国已经完成了人口转型，但学界对人口发展中的诸多问题仍未形成统一的认识：一是中国人口生育水平究竟有多高；二是劳动力人口减少对

经济可持续发展的影响；三是老龄化及其应对问题。科学地认识这三个方面的人口问题，有助于更准确地把握中国人口发展规律和未来人口发展趋势，为应对人口问题挑战提供决策参考。

一、中国实际生育水平与变化趋势

中国的生育率从20世纪70年代开始下降，特别是改革开放以后，经历了持续下降过程，生育率从6下降到2.1以下。此后，中国总和生育率依然在缓慢下降，但究竟下降了多少，学者们众说纷纭。有学者根据“五普”“六普”以及2015年小普查的数据估计，中国的总和生育率分别为1.22、1.18、1.05。尤其是2015年1.05的总和生育率，比日本东京的总和生育率还低。这在学界引起了轩然大波，“超低生育率陷阱”“中国人口即将雪崩”等断言甚嚣尘上。中国的总和生育率真的如此之低吗？本着“慎思之、明辨之”的科学精神，笔者认为有必要再次复核3个时期数据本身的准确性。根据统计局提供的数据，我们首先比较2000年0~4岁，2001年1~5岁和2007年7~11岁人口数量。结果显示：2000年0~4岁人口数量为6800万，2001年1~5岁人口数量7000多万，2007年7~11岁人口数量是8160万。短短的六七年的时间多出了1200万人。这是同一批人口，不可能越活越多。一个可能的解释是，2000年统计到的0岁组人数有漏报现象。按照同样的逻辑对2010年第六次人口普查进行复核，结果也发现了0岁组的漏报现象。2010年普查时，0岁组人口数为1379万人，2011年再调查时1岁组人口数为1400万，2012年调查时2岁组人口数为1555万，到了2014年调查时4岁组的人口数为1700万。由此可见，历次调查中0岁组的人数漏报是相当严重的。虽然国家统计局每年正式公布的出生人口数量经过了校正，但是计算总和生育率时，仍然使用当年直接调查的出生人口数为分子。这样一来，就出现了总和生育率低到1.22、1.18、1.05这样的情况。

为了谨慎起见，我们还采用了公安部门户籍登记数据和教育部门的小学入学人口数据进行倒推，还原当年出生的人口数量。用户籍人数来推算，2006—2014 年之间中国总和生育率平均在 1.71。如果按 2017 年小学生在校人数计算，2007—2010 年生育率平均是 1.69。另外，我们也引用国家卫计委 2017 年组织全国生育调查数据进行佐证。该调查显示，35~49 岁的妇女平均曾生子女数 1.68 个，其中 45 岁妇女平均曾生子女数为 1.68 个，40 岁妇女平均曾生子女数为 1.65 个，这是一个终身生育率指标。可以看到 45 岁的妇女，她们都是 2000 年以后才进入生育时期，她们在结束生育期的时候平均生育了 1.68 个孩子。这个生育水平与教育、公安部门数据计算水平基本是一致的。

根据上面的分析，我们可以对中国的生育水平做一个基本判断：(1) 全面两孩政策实施前的 10 年间，全国平均总和生育率应该在 1.65 左右。全面两孩政策后，总和生育率有所上升，超过 1.7。从全球视野看，中国总和生育率与发达国家的平均水平基本持平，德国是 1.47，意大利是 1.48，加拿大是 1.57，日本是 1.4，韩国是 1.23，美国是 1.88，英国是 1.87，澳大利亚是 1.8。如果按照国际学术界认为的总和生育率 1.5 为"低生育率陷阱"的临界值，那么中国目前并未掉进"低生育率陷阱"。(2) 低生育率是一种全球趋势，低生育率是工业化、城市化、教育、社会保障、收入提高、妇女就业等综合作用的必然结果。全世界发达国家生育率都比较低，像德国、日本都遵循着这样的人口规律。(3) 随着城市化、工业化和市场化水平的提高，中国生育率走低的因素仍在强化。以接受高等教育的人口比例为例，目前全国每年大学招生的人数接近 800 万，几乎占了同年龄组人数的 45%。年轻人口中有近一半的人接受了高等教育，他们的生育愿望和生育水平显然会继续走低。此外，社会保障体制的完善，收入水平的提高也会对人们的生育意愿产生负向影响。(4) 生育政策的全面放开，或者说是"自主生育"，应该是计划生育政策继续调整的方向。不过，我们也应该清醒地认识到，在今天的社会经济发展水平下，生育政策对个人生育的调节作用已经越来越微弱。因此，今后的人口政策调整的重点应放在儿童照料、家庭支持、就业保障、公共服务等经济社会方面，努力创造家庭友好型、生育友好型的社会环境，力争将总和生育率保持在1.6以上。(5) 在总和生育率为1.6的情况下，中国人口总量在2028年将达到峰值，然后开始下降。到21世纪末的时候，大概接近10亿左右。考虑到资源、环境、竞争能力等方方面面的因素，我国人口的总量达到峰值以后逐渐缓慢下行是可以接受的。

二、劳动年龄人口下降与经济发展

随着我国人口结构转型，劳动年龄人口呈现出下降趋势。根据人口预测数据显示，中国劳动年龄人口（15~59岁）2015年是9.2亿左右，2050年中国劳动年龄人口依然有8亿多，此后还会继续缓慢下降。劳动年龄人口的减少，对中国经济发展会产生怎样的影响？不妨将中国劳动年龄人口总量和经济产出与世界其他国家的劳动年龄人口及其经济产出进行比较。2015年全球所有发达国家，同口径全部劳动年龄人口的总和是7.5亿，中国劳动年龄人口总量为9.2亿，但是全部发达国家创造的GDP约50万亿美元，而中国是10.4万亿美元。中国劳动年龄人口比发达国家多了1.7亿，但是创造的产值只相当于发达国家的20%。这说明中国劳动力每小时创造的价值远远低于发达国家。根据统计，中国劳动力每小时创造的价值大约为10美元，而其他发达国家大约为40美元至60美元，中国的劳动生产率水平仅相当于发达国家的1/6。由此可见，劳动年龄人口数量虽然是影响经济发展的要素之一，但经济发展更取决于劳动年龄人口的素质和劳动生产率的高低。

根据人口转型的客观规律，未来劳动年龄人口规模下降是必然现象。因此，应对劳动年龄人口规模下降的战略重点应该是充分挖掘人口素质红利，充分利用劳动力人口素质迅速提高的有利条件，努力提高劳动生产率，以劳动力质量、人力资本提升替代和应对劳动力数量的下降，用质量换数量。作出这种判断的依据在于：中国在过去三十几年里，劳动年龄人口的平均受教育年数已经从5.7年提高到了10.3年，这是一个巨大的飞跃。目前，我国每10万人口中就有1.25万大学生，大学生比例已经达到12%。在年轻劳动力当中，近40%接受了高等教育。这些人力资本的集聚为劳动生产率的提高奠定了重要基础，因此，以劳动年龄人口的质量替代劳动年龄人口数量的过程是有可能实现的。人力资本高低和劳动生产率高低密切相关，虽然中间有很多的环节，但是大体上劳动力素质水平与劳动生产率是正相关关系。如果中国劳动生产率能提高一倍，达到发达国家平均水平的40%，那8亿劳动年龄人口数量足以支撑起中国未来经济的持续增长。如果再考虑科技进步、人工智能发展、机器人应用等因素，未来劳动力需求可能没有现在这样强烈。从全球视野看，我们还可以通过国际人口迁移与流动，在全世界范围内配置劳动力资源。因此，应对未来劳动年龄人口规模下降所带来的挑战，应当更多地依赖科技进步、产业升级换代、提高人口素质、提升人力资本，进而提升劳动生产率。

三、人口老龄化及其应对

老龄化是经济社会发展的必然结果。老龄化有两个重要特征：一是老龄化具有全球性，二是老龄化过程不可逆。中国的老龄化过程也一样不可逆转。截至2017年末，中国60岁以上老年人口规模已经超过2.4亿，占总人口的比例则达到了17.3%，老年人口的数量已经超过很多国家的人口总量，预计在2050年前后我国老年人数将会超过美国的总人口，老年人口占总人口的比例将超过1/3，并且80岁及以上的高龄老人规模将达到1亿人左右。

尽管中国老龄化速度也较快，65岁及以上老年人口的比重从2015年的10%上升到2050年的26%，但许多发达国家和地区的老年人口的比重及提升速度都高于中国，今后几十年也一直比中国高。到2050年中国的老龄化才能达到发达国家的平均水平。从国际比较来看，中国的人口老龄化不是世界上最快，也不是最高的，日本和欧洲多国的老龄化程度比中国要高得多。

人口年龄结构老化是我国人口未来发展的确定性趋势，并且在整个21世纪都不会逆转。因此，人口发展战略对老龄化问题的关注应侧重于两个方面：一是要正确认识老龄化，对我国未来的老龄化整体进程和特点作出准确判断，对老龄化可能带来的社会和经济发展冲击保持清醒认识。二是对我国应对老龄化的战略和措施进行探索。既要维持适度生育水平，减缓未来老龄化发展的速度，更要借鉴发达国家应对老龄化的成功经验，在经济、社会等方面构建适应老龄社会的政策和制度体系。

关于发展我国大健康产业的思考

❖张车伟

【摘　要】人口老龄化带来的老年人消费结构升级和更多的健康需求是我国经济发展的巨大动力之一，而大健康产业的发展有利于积极应对老龄化。大健康产业与一般产业的根本区别在于其兼具市场属性和公共属性，运作发展需要市场、政府两相结合。有效推动我国大健康产业的发展需要深化组织改革、完善健康保障体系、加强医疗技术创新、加强相关资金支持、集聚健康专业人才、培育健康经济新业态。

【关键词】人口老龄化；健康需求；老龄消费市场；大健康产业

【作　者】张车伟：中国社会科学院人口与劳动经济研究所所长，教授

我国每一个时期的人口战略所关注的人口问题都与国家经济社会发展密切相关。过去，我国劳动力以初中及以下教育为主体，经济发展必然以劳动密集型产业与之相匹配。如今，随着人类寿命延长和人口出生率降低，中国老年人口绝对数和比例快速增长，2016 年 65 岁及以上老年人口达到 1.5 亿人，且未来老年人口数和比例还将继续保持快速增长的势头。人口老龄化不仅是中国亟须面对的重大社会经济发展问题，而且也是世界性难题，可能成为未来世界恒久的常态。人口发展战略的重点将更多转向如何处理好老年人口与经济社会发展之间的关系。中国已成为世界第二大经济体，生产效率不断提升，自主创新能力不断增长，转型升级将转向经济高质量和创新驱动发展，转向提供更多更优质的服务产品。因此，未来

新的经济增长动力之一将来源于老年人的需求，要把人口老龄化视为发展机会，而不是一味强调老年人是抚养负担。首先，要正确看待老年人口和人口老龄化。老年人口的划分标准取决于经济社会发展阶段，并不是一成不变的。经济社会的发展要围绕人口来制定相应的政策，老年人的消费需求升级以及人民健康的需求都是经济增长内在的动力源泉，给我们提供了经济转型升级的窗口。其次，应对人口老龄化要依托产业发展。习近平总书记对发展大健康产业寄予厚望，2016 年出台的《“健康中国 2030”规划纲要》，对健康产业的发展提出了愿景和规划。中国大健康产业发展将成为推动经济发展的抓手而不是负担。

一、如何认识大健康产业

对健康产业的定义主要分为狭义和广义两种。狭义的健康产业一般是指经济体系中向患者提供预防、治疗、康复等服务部门的总和，与我国的医疗卫生服务业相对应。广义的健康产业是既包含狭义的内容，也包括对非患者人群提供保健产品和服务活动的经济领域。目前，国内外主要从产业结构、健康产业链和服务类型视角来认识大健康产业，但局限在于对大健康产业的定义仍然从产业活动和市场行为出发，并不能满足所有的社会健康需求。研究内容零敲碎打、就事论事，没有形成系统的“大健康产业理论”框架体系。并且，理论探讨较为广泛，实践层面缺少统一的标准。

大健康产业不仅仅是健康产业和服务行业，其内核是产业活动，其本质属性是通过市场运作来获得收益。它涉及国民经济的各个部门，形成包含一、二、三产业活动的全产业链链条。同时，大健康产业活动所提供的产品和服务又具有很强的正外部性，完全依靠市场无法实现资源的最优配置，需要政府发挥积极作用。因此，大健康产业区别于一般产业的根本属性，既包括以市场需求为导向和以市场机制发挥主导作用的健康、养老等产业，也包括公共服务为导向、政府发挥主导作用的公共健康与医疗卫生事业及福利事业等，兼具市场属性和公益属性，具有半公益性的产业活动。需将市场和政府两者相结合，并协调二者的关系，做到有机衔接、良性互动、可持续发展，实现产业的微利性质。由此，大健康产业具体是指以优美的生态环境为基础，以健康产品制造业为支撑，以健康服务业为核心，通过产业融合发展满足社会健康需求，主要包括健康食品业、保健品业、健身业、健康信息服务业、健康保险业、健康产品批发零售业、医药制造业、养老养生服务业等产业活动类别，同时也涵盖提供基本健康服务等公益事业内容。推动大健康产业发展一定要强调产业创新和产业融合属性。

二、如何测算大健康产业市场规模

根据《"健康中国2030"规划纲要》第六篇"发展健康产业"所提出的"优化多元办医格局、发展健康服务新业态、积极发展健身休闲运动产业、促进医药产业发展"具体要求，以及国家统计局《国民经济行业分类》的行业目录和《国务院关于促进健康服务业发展的若干意见》(2013)提出的健康服务业分类，大健康产业涉及16个行业，33个大类，83个中类，172个小类。考虑数据可获得性，从需求侧测算可得，从2012—2016年，我国大健康产业占GDP的比重逐年升高。2016年"生态+大健康"产业增加值的规模为72590.7亿元，占GDP的比重为9.76%，其中居民医疗保健消费占比为2.30%，老年人非医疗保健消费为2.99%，社会卫生支出为2.57%。可见，人口老龄化对经济发展带来的巨大潜力和机遇。

三、如何推动大健康产业发展

应对人口老龄化，要将老年人的需求转变成经济增长的动力，未来可以从以下六个方面来推动大健康产业发展。

第一，深化组织改革。一是要构建大健康产业领导机制。统筹协调推进健康中国建设全局性工作，审议重大项目、重大政策、重大工程、重大问题和重要工作安排，加强战略谋划，指导部门、地方开展工作。二是完善产业统计核算和考核评价体系。逐步建立遵循统计规律的统计方法和统计指标体系；加强对我国大健康产业发展的运行监测和统计分析；制定大健康产业指导目录，作为鼓励和优先支持大健康产业发展的依据。三是完善大健康数据区域协同机制。建立跨部门跨领域密切配合、统一归口的健康医疗数据共享机制，实现公共卫生、计划生育、医疗服务、医疗保障、药品供应、综合管理等应用信息系统数据采集、集成共享和业务协同。

第二，完善健康保障体系。一是提升医疗服务综合能力。鼓励各地完善现代医疗服务体系，提高医疗保障水平。二是加强健康管理体系建设。鼓励公立医院与社会资本共建共享专业健康管理机构，加快建设健康信息平台，加快推进健康数据共享。建立基于信息技术和网络技术的全民健康数据管理系统。三是不断完善医疗保障政策。加快推进城乡居民基本医疗保险工作，完善商业健康保险产业政策，鼓励商业保险机构针对不同的市场群体开发不同的健康保险产品，适时建立政府、社会、个人多方筹资的商业保险购买方式。

第三，加强医疗技术创新。一是完善产学研用协同创新体系。加强专利药、中药新药、新型制剂、高端医疗器械等创新能力建设，推动治疗重大疾病的专利到期药物实现仿制上市。二是强化医药制造技术升级。大力发展生物药及化学药新品种、优质中药、高性能医疗器械、新型辅料包材和制药设备，推动重大药物产业化，加快医疗器械转型升级，提高具有自主知识产权的医学诊疗设备、医用材料的国际竞争力。三是健全医药标准体系。一方面要提升质量控制技术，实施绿色和智能改造升级，药品、医疗器械质量标准全面与国际接轨；另一方面要重视中医药的保护，中医药是治未病和健康养生的高级形态，“中医药+健康养生”是今后大健康产业的发展方向。

第四，加强资金支持。一是加大财政支持。设立大健康产业发展专项资金。支持建立中医药产业引导基金、特色农业产业基金、医养结合产业基金等专项基金，通过市场化运作吸引社会资金加大投入。二是加强税收激励。引导大健康产业综合体、产业园等重大项目，在项目归属、税收分成方面进行政策探索，实现利益共享、互利共赢。鼓励企业引进先进设备，加快技术改造。三是强化金融支持。拓宽融资渠道，严控金融风险，制订金融机构支持大健康产业发展的考核办法和激励机制。探索拓宽大健康产业贷款抵押担保范围。

第五，集聚健康专业人才。一是拓宽人才引进渠道。加大吸引高层次人才力度，在落户、住房、医疗、社保、子女入学、配偶就业等方面给予优惠支持。支持国家“千人计划”“万人计划”的政策倾斜。二是培养应用型、实用型人才。加强药师和中医药健康服务、卫生应急、卫生信息化复合人才队伍建设。加强专业技能人才培养，鼓励校企合作，支持院校建设大健康产业特色学院和研究机构，开设相关专业和课程。三是促进顶级医师专家交流。鼓励医师多点执业政策。创新医务人员使用、流动与服务提供模式，鼓励国医大师、国医名师等中医药专家设立大师馆、名医馆、工作室、研究站等。

第六，培育健康经济新业态。一方面要加强技术创新平台和科技服务体系建设。推动形成大数据、云计算、物联网、移动互联等信息技术的“互联网+”产业模式。依托药品互联网第三方交易平台，建设和完善药品交易专业电商平台。支持引入具有药品直接销售资质的 B2B、B2C 医药类互联网公司，积极引导国内知名医药类电子商务公司开展合作。另一方面要加快大数据、大健康等新经济、新业态发展。加强健康医疗大数据应用体系建设，构建远程医疗服务，推进基于区域人口健康信息平台的医疗健康大数据开放共享、深度挖掘和广泛应用。培育健康医疗大数据应用新业态。鼓励企业自主创新，支持企业建立创新研发中心和基地。要把大健康产业变成创新的产业，产品不断创新，服务不断创新，技术不断创新，如“互联网+医疗”。要从业态融合的角度发展大健康产业，大健康产业一定要体现其融合性，通过业态融合来实现盈利。

创新制度机制　促进人口长期均衡发展

❖高体健

【摘　要】当前，我国人口安全、人口与经济社会、资源环境关系的平衡都面临诸多挑战，必须加强人口发展战略研究，从经济社会发展全局高度和国家中长期发展层面谋划人口工作，创新制度机制，采取政策措施，积极有效应对，统筹协调促进人口长期均衡发展。对策建议：推动实现适度生育水平，促进人口内部各要素动态均衡；增加劳动力的有效供给，促进人口与经济发展良性互动；推进重点人群共享发展，促进人口与社会发展相互协调；不断优化人口空间布局，促进人口与资源环境和谐共生。

【关键词】挑战；创新制度机制；人口均衡发展

【作　者】高体健：全国政协常委、河南省政协副主席、农工党河南省委主委

人口问题始终是人类社会共同面对的基础性、综合性、全局性和战略性问题。人口的趋势性变化，将对经济社会发展产生全面、系统、深刻、长远的影响。作为拥有13.9亿人口的大国，我国人口发展进入关键转折期，但人口众多的基本国情不会根本改变，人口对经济社会发展的压力不会根本改变，人口与资源环境的紧张关系不会根本改变。今后15年乃至更长时期我国人口自身安全及人口与经济社会、资源环境关系的平衡都将面临诸多风险挑战，必须加强人口发展战略研究，从经济社会发展全局高度和国家中长期发展层面谋划人口工作，创新制度机制，采取政策措施，积

极有效应对，统筹协调促进人口长期均衡发展。

一、推动实现适度生育水平，促进人口内部各要素动态均衡

适度生育水平是维持人口良性再生产的重要前提。要针对生育水平持续走低、出生人口性别比偏高、出生缺陷发生率较高、人口老龄化程度不断加深等人口变动态势，做好超前谋划、战略预判、政策储备，提早防范和综合应对潜在的人口系统内部各要素不均衡问题，统筹推进生育政策和服务管理、家庭发展支持体系和治理体制综合改革，引导生育水平提升并稳定在适度区间，推动人口结构优化调整、人口素质不断提升、人口流动更加有序，持续增强人口资源禀赋。

1. 健全生育政策调控机制。改革完善计划生育服务管理，实行生育登记服务，优化服务流程，推行网上办事，进一步简政便民。密切关注生育水平过高和过低地区人口发展态势，加强分类指导、因地制宜、综合施策，引导群众负责任、有计划、按政策生育。科学评估经济增长和社会发展对生育行为的影响，做好全面两孩政策效果跟踪评估，密切监测生育水平变动态势，做好充分的政策储备并适时加以实施，将总和生育率调控并维持在1.6~1.8。

2. 合理配置公共服务资源。实施妇幼健康计划生育服务保障工程，强化孕产妇和新生儿危急重症救治能力建设，进一步降低孕产妇和婴儿死亡率。做好优生优育全程服务，为妇女儿童提供优质的孕前优生健康检查、住院分娩、母婴保健、避孕节育、儿童预防接种等服务。加强出生缺陷综合防治，深入开展出生缺陷发生机理和防治技术研究，推进新生儿疾病筛查、诊断和治疗工作。加强科学预测，合理规划配置儿童照料、学前和中小学教育、社会保障等资源，更好满足新增公共服务需求。

3. 完善家庭发展支持体系。建立完善包括生育支持、幼儿养育、青少年发展、老人赡养、病残照料、善后服务等在内的家庭发展政策。完善税收、抚育、教育、社会保障、住房等政策，减轻生养子女家庭负担。增强

社区幼儿照护、托老日间照料和居家养老等服务功能。加强家庭信息采集和管理，为家庭发展政策的制定和实施提供依据。对实施全面两孩政策前的计生家庭继续实行并不断完善各项奖扶政策。对计生特殊困难家庭要开展精准有效帮扶，帮助其走出孤独、走出困境，重塑生活希望、重新融入社会。

二、增加劳动力的有效供给，促进人口与经济发展良性互动

人口老龄化加快、劳动年龄人口波动下降和劳动力老化程度加重，持续影响社会活力、创新动力和经济潜在增长率。必须准确把握经济发展对人口变动的影响，综合施策缓解经济因素带来的生育率下降等人口发展问题。创造有利于发展的人口总量势能、结构红利和素质资本叠加优势，有效应对劳动年龄人口总量下降和结构老化趋势，全面提升劳动力质量，充分挖掘劳动力供给潜能和消费潜能，加强与就业政策和劳动力市场建设的有机衔接，为高质量发展提供有效人力资本支撑和内需支撑。

1. 提升新增劳动力质量。努力适应发展方式向依靠持续的知识积累、技术进步、劳动力素质提升转变，优化人才培养机制，促进人才培养链与产业链、创新链有机衔接，着力培养具有国际竞争力的创新型、应用型、高技能、高素质大中专毕业生和技能劳动者，提高新增劳动力供给质量。加快完善国民教育体系，不断提升基本公共教育服务均等化水平、劳动年龄人口平均受教育年限、大中专毕业生就业创业能力。深入推进协同育人，深化产教融合、校企合作，大力培养应用型人才和技术技能人才。深化高校创新创业教育改革，增强毕业生社会责任感、创新精神和实践能力，建立涵盖高校毕业生校内校外各阶段、求职就业各环节、创新创业全过程的服务体系。

2. 挖掘劳动者工作潜能。构建有效的新型职业农民培育制度体系，加快推动传统农民成为新型职业农民，建立高素质现代农业生产经营者队伍。落实农业转移人口就业扶持政策，实施新生代农民工职业技能提升计

划，持续推进农业富余劳动力进城务工并稳定生活。通过全方位投资人力资本，大力发展继续教育，强化企业在职工培训中的主体作用，完善以就业技能、岗位技能提升和创业为主的培训体系，持续提升企业职工劳动技能和工作效能，促进劳动者人力资本积累和工作潜能发挥。提升劳动者健康素质，全面开展职业健康服务，落实职业健康检查制度，加强职业病防治。支持大龄劳动力就业创业，加强大龄劳动力职业培训，提高就业技能和市场竞争力，避免其过早退出就业市场。

3. 积极开发老年人力资源。充分发挥老年人参与经济社会活动的主观能动性和积极作用。实施渐进式延迟退休年龄政策，逐步完善职工退休年龄政策，有效挖掘开发老年人力资源。大力发展老年教育培训。鼓励专业技术领域人才延长工作年限，积极发挥其在教学科研、学术交流和咨询服务等方面的作用。鼓励老年人积极参与家庭发展、互助养老、社区治理、志愿服务等活动，继续发挥余热并实现个人价值。依法保障老年人在生产劳动过程中的合法收入、安全和健康权益。

4. 有效利用国际人才资源。树立人力资源开发利用全球视野，实施更加积极、更加开放、更加有效的国际人才培养和引进政策。制定并完善出入境和长期居留、税收、保险、住房、就医、子女入学、配偶安置等配套措施，加快推进简化“绿卡”办理手续，大力吸引海外高层次人才回国或来华创新创业。完善外国人永久居留制度，放宽技术技能型人才取得永久居留资格的条件，探索实行技术移民并逐步形成完善有效的政策体系。结合“一带一路”建设和国际产能合作，鼓励有条件的企业、高校、科研院所“走出去”培养和吸引使用当地优秀人才。积极开展高水平的国际合作办学，创新人才国际联合培养模式。

三、推进重点人群共享发展，促进人口与社会发展相互协调

老年人、妇女、儿童、残疾人和贫困人口，是人口发展中必须特别关注的重点人群。要建立科学管用的制度机制，制定有针对性的政策措施，

着力补齐重点人群发展短板，创造条件确保重点人群的基本权益得到有效保障，生活水平得到持续提高，共建共享能力得到明显增强。完善国家基本公共服务制度体系，推动基本公共服务常住人口全覆盖，有序推进农业转移人口市民化。尊重个人和家庭在人口发展中的主体地位，坚持权利义务对等，推动人口工作由主要依靠政府力量向政府、社会和公民多元共治转变。

1. 积极应对人口老龄化。针对人口老龄化程度不断加深的趋势，要加强顶层设计，做到及早应对、科学应对、综合应对。加快构建以社会保障、养老服务、健康支持、宜居环境为核心的应对老龄化制度框架，完善以人口政策、人才开发、就业促进、社会参与为支撑的政策体系，建立多支柱、全覆盖、更加公平、更可持续的社会保障体系，健全老年人权益保障机制，增强老年人参与感、获得感和幸福感、安全感。大力发展企业年金、职业年金、个人储蓄性养老保险和商业医疗保险，推进个人税收递延型养老保险试点，探索建立长期护理保险制度。加快完善以居家为基础、社区为依托、机构为补充、医养结合的养老服务体系，增加养老服务和产品供给。建设预防、医疗、康复、护理、安宁疗护等相衔接的覆盖全生命周期的健康医疗服务体系，强化对老年常见病、慢性病的健康指导和综合干预。

2. 促进妇女全面发展和未成年人保护。坚持男女平等基本国策，将性别平等全面纳入法律体系和公共政策，促进融入社会文化，切实保障妇女合法权益，消除性别歧视，提高妇女的社会参与能力和生命健康质量。切实加强出生人口性别比综合治理，营造男女平等、尊重女性、保护女童的社会氛围。深入开展关爱女孩行动，改善女孩生存环境，建立健全有利于女孩家庭发展的帮扶支持政策体系。完善未成年人保护和儿童福利体系，探索适合国情的儿童早期综合发展指导模式，发展适度普惠型儿童福利制度。统筹推进农村留守儿童关爱和困境儿童保障工作，建立未成年人保护响应机制，构建以家庭监护为基础、国家监护为保障、社会监督为补充的保障制度。加强儿童健康干预和儿科诊疗能力建设，改善贫困儿童营养状况。

3. 保障残疾人合法权益。增强残疾人制度化保障服务能力，全面实施困难残疾人生活补贴制度和重度残疾人护理补贴制度，建立残疾儿童康复救助制度，对贫困残疾人、重度残疾人基本型康复辅助器具配置和家庭无障碍改造给予适当补贴。健全重度残疾人托养服务体系和残疾人康复服务体系，大力开展社区康复，为贫困残疾人和重度残疾人提供基本康复服务。健全残疾人教育体系，对家庭经济困难的残疾儿童实行 12 年免费教育，对残疾儿童普惠性学前教育予以资助，对有劳动能力和就业意愿的残疾人按规定提供免费就业创业服务。加强残疾人友好环境建设，发展残疾人慈善事业和服务产业。

4. 实现贫困人口精准脱贫。加大脱贫攻坚力度，坚持精准扶贫、精准脱贫的基本方略，通过发展生产、易地搬迁、生态补偿、教育支持、医疗救助、低保兜底等有效措施，确保到 2020 年我国现行标准下农村贫困人口实现脱贫，贫困县全部摘帽，解决区域性整体贫困。根据经济社会发展水平，完善贫困标准动态调整机制。适应可持续发展新阶段新要求，完善贫困人口精准识别、精准扶持和精准脱贫的长效机制。探索建立符合国情的贫困人口治理体系，推动扶贫开发由主要解决绝对贫困向缓解相对贫困转变，由主要解决农村贫困向统筹解决城乡贫困转变，使全体人民的获得感、幸福感、安全感更加充实、更有保障、更可持续。

四、不断优化人口空间布局，促进人口与资源环境和谐共生

当前，城乡、区域间人口流动仍面临户籍、财政、土地等改革不到位形成的制度性约束，人口集聚与产业集聚不同步、公共服务资源配置与常住人口不衔接、人口城镇化滞后于土地城镇化等问题依然突出，不利于有效支撑国家重大区域战略实施。人口与资源环境承载能力始终处于紧平衡状态，人口对粮食供给的压力持续存在，人口与水资源短缺的矛盾始终突出，人口与能源消费的平衡关系十分紧张。加大环境治理与保护力度，可持续开发利用自然资源，推动形成绿色发展方式和生活方式，着力增强人

口承载能力。推动城乡人口协调发展，完善以城市群为主体形态的人口空间布局，促进人口分布与国家区域发展战略相适应，引导人口有序流动和合理分布，实现人口与资源环境和谐共生。

1. 持续推进人口城镇化。加快推进以人为核心的城镇化，引导人口流动的合理预期，畅通落户渠道，到2020年实现1亿左右农业转移人口和其他常住人口在城镇落户，全面提高城镇化质量。按照尊重意愿、自主选择、因地制宜、分步推进、存量优先、带动增量的原则，区分超大、特大和大中小城市以及建制镇，实施差别化落户政策，促进有能力在城镇稳定就业和生活的农业转移人口举家进城落户。将具备条件的县和特大镇有序设置为市，增加中小城市数量，优化大中城市市辖区规模和结构，拓展农业转移人口就近城镇化空间。

2. 推动城市群人口集聚。以城市群为主体形态促进大中小城市和小城镇协调发展，优化提升东部地区城市群，培育发展中西部地区城市群，推动人口合理集聚。对京津冀、长三角、珠三角、大湾区等城市群，要严格控制超大城市和特大城市人口规模，有序引导人口向中小城市集聚。对长江中游、成渝地区等城市群，要进一步做大做强中心城市，加强对周边欠发达地区的辐射带动作用，打造全国重要的人口集聚区。要进一步加强区域内大中小城市联动发展，增强对中西部转移人口的吸引力。对国家确定的19个城市群要加快形成更多支撑区域发展的增长极，引导区域内人口就近集聚。

3. 改善人口资源环境紧平衡。制定和完善与主体功能区相配套的人口政策。要统筹考虑国家战略意图和区域资源禀赋，在开展资源环境承载能力评价的基础上，根据不同主体功能区定位要求，科学确定不同区域可承载的人口数量，实行差别化人口调节政策。对人居环境不适宜人类常年生活和居住的地区，实施限制人口迁入政策，有序推进生态移民。对人居环境临界适宜的地区，基本稳定人口规模，鼓励人口向重点市镇收缩集聚。对人居环境适宜和资源环境承载力不超载的地区，重视提高人口城镇化质量，培育人口集聚的空间载体，引导产业集聚，增强人口吸纳能力。实施人口绿色发展计划，积极应对人口与资源环境的紧张矛盾，增强人口承载能力。健全差别化的人口政策，推动人口流动合理有序，人口分布与区域发展、主体功能布局、城市群发展、产业集聚的协调度达到更高水平。大力推行创新驱动、资源集约节约、低碳环保的绿色生产方式，积极倡导简约适度、绿色低碳、文明节约的绿色生活方式，促进人口绿色发展。

4. 完善人口流动政策体系。深化户籍制度改革，切实保障进城落户农业转移人口与城镇居民享有同等权利和义务。全面实施居住证制度，推进居住证制度覆盖全部未落户城镇常住人口，保障居住证持有人享有国家规定的各项基本公共服务。鼓励地方各级政府根据本地实际不断扩大对居住证持有人的公共服务范围并提高服务标准。以人口为基本要素，完善公共服务资源配置，使基本公共服务设施布局、供给规模与人口分布、环境交通相适应，增强基本公共服务对人口集聚和吸纳能力的支撑。深化财政制度改革，建立农业转移人口市民化成本分担机制。深化农村集体产权制度改革，探索建立进城落户农民土地承包权、宅基地使用权、集体收益分配权维护和自愿有偿退出机制。健全全国流动人口分布、生存发展状况的动态监测体系，完善服务管理体制机制。

科学推进人口均衡发展与经济高质量发展双向互动

❖沙　勇

【摘　要】人口变化与经济发展长期相互影响、相互依存。从人口质量与经济高质量发展关系看，人口质量提升、消费升级可以有效支撑经济高质量发展，而经济高质量发展能够提升人们生活和工作质量，应创新人才培养方式，提高人口质量，实现人口与经济高质量发展的双向互动；从人口老龄化与经济高质量发展关系看，人口老龄化可以倒逼科技进步、催生新兴养老产业发展、年轻劳动力替代提高生产效率，要支持老年人力资本再利用，助力经济高质量发展的同时提高老年人生活质量；从人口资源环境与经济高质量发展关系看，改变生产生活方式可以促进经济高质量发展，而经济高质量发展能够提高生态效率，改善人口与资源环境的紧平衡状态；从贫困人口发展与经济高质量发展关系看，经济高质量发展可以有效破解城乡间、区域间、群体间发展的不平衡、不充分，而推进以人为核心的贫困治理创新，提升贫困人口发展能力、消费能力，则可以推动经济高质量发展。

【关键词】人口质量；人口资源环境；贫困人口发展；经济高质量发展

【作　者】沙勇：南京邮电大学社会与人口学院院长、人口研究院院长，农工民主党中央人口与资源工作委员会主任，教授、博士生导师

人口变量是决定经济社会发展质量和水平的重要基础性变量，在我国

经济已经由高速增长阶段转向高质量发展的阶段，一方面，要充分发挥人口对经济发展的重要能动作用，促进人口变量群与经济变量群向相互依存、良性促进的关系转化，为经济高质量发展提供高质量的人力资本和消费支撑；另一方面，也要准确把握经济发展对人口变动的影响，促进人口长期均衡发展。

同时，在新的历史时期，以马克思主义人口理论及其历史唯物主义原理、习近平新时代中国特色社会主义经济思想为指导，对我国人口与经济发展的基本脉络、实践规律、内涵关系加以分析，为丰富中国特色人口经济研究作出努力，不仅是促进人口均衡发展与经济高质量发展、构建现代化经济体系的现实需要，而且也应该是中国人口经济领域的研究者必须担当的重要课题。

一、深刻把握人口质量提升与经济高质量发展的双向互动关系

人口质量理论是随着生产力水平提高，经济发展不再主要取决于物质资本，而人口对经济发展的作用越发明显，传统的物质资本理论遇到挑战，人口经济学家陆续开始侧重从人口质量对经济发展影响的视角开展研究，进而形成的有关人口质量与经济发展关系的理论。亚当·斯密是西方较早提出人口质量理论的经济学家，其明确指出，劳动者技能的提高是经济进步、经济福利增加的基本源泉。马克思剩余价值理论核心思想所说的“可变资本”，其实就是指出了人口质量的内涵：劳动力资本是剩余价值的源泉。

（一）人口质量提升对经济高质量发展有重要的支撑作用。经济高质量发展的核心内涵是创新驱动，创新驱动关键在于人口质量提升进而推动科技进步。现代经济社会是知识经济为主导的时代，不论是从现代经济理论、内生增长理论还是从宏观经济学的视角来看，都认为科技进步已经成为促进经济增长的最主要因素。同样，统一增长理论认为，科技进步对于生产与教育回报率的提高十分重要，教育回报的提高引起人们对孩子质量

与数量的两相权衡，在养育支出依然是家庭重要负担之一的情况下，少生孩子是为了增大对其教育投入，使孩子的未来生活更好，因之，降低了出生率，提高了人口质量，进而推动经济高质量发展。可以说，医疗卫生等方面的科技进步与人力资本的增加对刺激经济增长起了至关重要的作用。毋庸置疑，人口质量提升，特别是劳动年龄人口质量提升对于经济高质量发展的意义非常重大。甚至可以说，在现代经济社会，一个国家是否拥有全球优势竞争能力，关键取决于教育水平、人口质量、国民素质的高低。

从世界经济发展实践来看，一些发达国家和地区虽然人口不多、面积不大甚至资源匮乏，譬如瑞士、丹麦及“亚洲四小龙”，乃至第二次世界大战后迅速崛起的日本、德国等，大都由于超前发展教育，注重人口质量、人才培养，实施全球人才吸纳计划、诺奖培养计划，包括对科技研发投入占国民经济总量比重长期远超世界同经济区间的国家等，已经在很多高技术领域，形成一骑绝尘、独跑无二的优势竞争地位。这更加充分说明现代经济社会，人口对于经济发展的作用主要体现在对科学技术的发明及运用能力方面，人口数量已经不再是最重要的关键因素，人口质量的重要性却日渐凸显。

（二）人口消费升级也是推动经济高质量发展的一个关键性因素。恩格斯在一百多年前就说过，一个市场消费可以比十所大学对科技进步带动的贡献都大，可见消费需求可以极大地牵动技术创新。施穆克勒也认为专利或发明活动基本上是追求利润的经济活动，是受市场需求制约和引导的。技术进步的最终形式应该是产品，而消费市场是产品的最好检验所，可以说，技术进步能够创造出新市场，反之，市场需求更可以显著地推动科技进步。我国具有任何一个国家都无法比拟的巨大人口消费市场，而当前城乡居民的消费水平还有很大的提升和发展空间，近年来我国城乡居民恩格尔系数在不断下降，说明消费结构逐渐向高质量方面调整。另外，房地产市场消费自 2017 年下半年以来增速在持续回落，根据美国等发达国家经验，住房销售量和非耐用消费品的销售量呈反向关系。可见，房地产消费下降，其他的高质量消费可能会进一步得到释放，也为经济高质量发展提供了积极的市场预期。同时，我国城乡居民的消费结构随着绿色消费观念、创新消费观念的不断树立，将极大倒逼生产方式转变和创新技术发展，可以有效促进我国经济高质量发展。

（三）经济高质量发展可以有效提升人口质量。首先，从劳动力就业的视角看，经济高质量发展可以通过人工智能、机器替代的方式有效改善劳动年龄人口脏乱差累、有安全隐患的工作环境，提高劳动者的工作质量。当然，不容忽视的另一个方面则是，在经济转型、结构调整、动能转换的过程中，可能会造成一些技术性失业、结构性失业和摩擦性失业。但这也会倒逼劳动力提高技能，以适应新岗位、新技术的需求，有效提高劳动力质量，进而促进经济高质量发展，形成良性互动。其次，经济高质量发展可以有效提升人口的生活质量，经济高质量发展本质是从供给端着手，把提供高质量的产品与服务作为主攻方向与主要抓手，以高质量的产品和服务满足人民日益增长的美好生活需要，进而促进人口高质量发展。

（四）要充分考虑人口变量群与经济变量群相互依存关系具有长期性的特点。相对于经济变量的变化往往较快的情况而言，人口变化却是相对缓慢的。改革开放 40 年来，我国经济发展突飞猛进，当然，我国人口质量同期也有了很大的提高和改善，不论是人均预期寿命、人均受教育程度等都取得了很大成就。但是，当前我国整体人口质量和发达国家相比仍然有着较大的差距。2017 年，我国人均 GDP 仅仅排在世界第 70 位，人类发展指数更是排在世界第 86 位，高级技工的占比较低，创新能力严重不足等情况还很严峻，在科学技术领域三跑并存、跟跑为主的情况短期内难以改变。这些都与占世界 GDP 总量约 15%、全球第二大经济体的经济地位极不相称。这也充分从一个方面体现了人口与经济关系之间的变化具有相对长期性的典型特点，且人口变量往往极大滞后于经济变量的变化，这就要求人口战略的制定、人口发展的思考要更加具有前瞻性和预见性。

当然，我国的人口规模优势也一定程度上弥补了人口质量的不足，由于庞大的人口往往会比少数人口有更多的发明创造和更大的消费市场，因而，随着人口数量的增长，整体社会科技进步的速度也会随之加快。包括大量的用户反馈可以有效提高产品质量、推动科技进步、催生新的商业业态等，都是人口规模优势对一些科技创新的带动，包括共享单车、互联网经济都很大程度上得益于人口规模优势。

总体上看，我国人口众多、人才稀缺的局面短期内还难以明显改变。有效提高人口质量，推动经济高质量发展的关键还要从人才培养落脚。在教育改革方面要把注重知识传导型的教育方式，转向培养身心健康，有人文底蕴，有家国情怀，有国际视野，有创新精神，有科技素养和专业能力的高素质国民为主导。职业教育要由政府主办向市场主导转向，政府转以监管和评价为主。鼓励企业、社会兴办职业教育，相应的财政资金投入根据职业学校培养的学生被企业主体接纳程度，给予民办职业学校政策补贴、财政奖励。坚持构建以市场需求为办学导向、以市场接纳程度为评价标准的职业教育支持体系，形成全社会尊重技能、技工的文化氛围和经济导向。大量有效培养高技能人员，长效支撑我国经济高质量发展。

二、充分厘清人口老龄化与经济高质量发展的内涵关系

显而易见，随着年龄增长，技能和创新能力会有所下降，老龄人口对新技术、新知识接受能力不如年轻人口，在传统产业不断式微，新兴行业不断涌现的高质量发展阶段，人口老龄化将会一定程度上负向影响经济高质量发展。关于人口老龄化对经济发展影响的研究自20世纪50年代以来，已经陆续形成一些共识：导致社会智力结构老化、劳动力减少、抚养比提高等不利于经济发展。但在老龄化快速发展、不可逆转的现实情况下，也要从积极老龄化的视角探索一些新思路、新方法。

（一）厘清人口老龄化对经济高质量发展的积极因素。一方面，人口老龄化情境下的劳动力年龄人口下降可以倒逼科技进步，促进机器人、人工智能等先进替代技术的发展。同时，因家庭小型化、社会养老资源配置不足等制约，大量的养老需求催生智慧养老等银发新兴产业蓬勃发展，也推动了经济高质量发展。再者，人口老龄化带来的劳动力替代有利于提高

劳动生产率。高龄劳动力逐渐退出劳动力市场，现阶段陆续退出劳动力市场的基本是20世纪50年代中后期至60年代中期出生的人口，而新进入劳动力市场的大都是出生于20世纪90年代以后的年轻人口。新进入劳动力市场的劳动年龄人口受教育水平相对较高，替代性强，对新技术接受度更高，有利于技术创新，进而有效支撑经济高质量发展。

（二）科学激发老年人力资本活力。当前，我国仅60~65岁的年轻老年人口就高达8259万人，除了受身体与家庭等原因羁绊的老年人口，也依然有大量年轻老年人口愿意且可以继续从事相关工作。瑞士、韩国等发达国家退休后老龄人口再就业比例都比较高。2017年，韩国60岁、60~64岁、65岁以上老年人口参与经济活动的比率分别高达39.9%、60.7%、30.8%，从一个方面支撑了韩国在进入高经济发展区间后仍然长期维持了稳定的经济增长速度。我国应在渐进式稳妥推进根据不同岗位自主选择、弹性延迟退休年龄的同时，出台系统性政策，根据自愿原则，支持退休后的老年人力资本积极参与经济社会活动。针对具有教育、医疗、农业科技等技术专长的老年人口，可以政府购买服务，鼓励每年一定时间投入到打赢脱贫攻坚战乃至今后长期的相对贫困治理事业中；对有环保、生态、资源等专业技术的老年人口，有会计、金融、审计等专业的老年人口，可以分别政府购买服务，使他们在身体力行的自愿情况下投入到污染防治、化解防范重大金融风险等事业中去；对受教育程度较低、没有专业技术的年轻老年人口也可以通过简单培训，给予社区治理、老年与儿童照护等工作机会，充分发挥他们在弹性工作中的有效安排，避免与劳动年龄人口产生就业的代际竞争。既使得老年人口老有所为、老有所得，也增加老年人口收入，提高其消费能力、水平和生活质量。同时，也充分缓解老年照护、幼儿照护等领域人力资源严重不足的困境。

三、科学处理人口资源环境与经济高质量发展的关系

绿色发展是经济高质量发展的主要标志。当前，我国整体生态效率严

重偏低，说明既往压缩型的发展方式导致了资源浪费和环境污染。生态效率是产出与投入的比值，WBCSD（世界可持续发展工商业联合会）对生态效率的定义已经被广泛接受。经济高质量发展的重要目标之一就是要提高生态效率，进而实现“影响最小化，价值最大化”。

从世界相关国家既往发展实践来看，由于从21世纪初开始特别注重环境保护、资源节约，随着技术的进步，虽然人口在增长，但对资源、环境的影响却逐渐下降。可见，人口与资源、环境并不是简单的线性关系，不能陷入简单的马尔萨斯主义或新马尔萨斯主义陷阱。要通过改变消费方式、生活方式、生产方式，构建绿色的国民经济体系，实现节约资源保护环境，推动经济高质量发展；同时，经济高质量发展可以有效改变资源利用方式、减少对环境的破坏，从而切实改善我国人口与资源、环境的长期紧平衡状态，为人口长期均衡发展创造更加宽松的资源与环境空间。

四、高度关注贫困人口发展与经济高质量发展的关系

经济高质量发展集中破解的另外一个重要难题就是发展的不平衡和不充分，我国城乡间、区域间、群体间发展得不平衡不充分现象凸显，2017年西部地区的贫困人口是中部地区的1.47倍，是东部地区的5.45倍。地理因素导致了贫困的空间集中集聚，既受制于极差的自然地理条件约束，贫困人口难以就地发展脱贫，又无法依靠自身能力实现大范围跨区域的迁移来跳出“空间贫困陷阱”。

（一）继续通过推进以人为核心的新型城镇化提高发展效率与质量。按照经济规律，并有效平衡好市场与政策规划之间的关系，以城镇化推进提升产业效率。当前，我国2.1亿的第一产业从业人员仅创造了7.9%的GDP，相比于GDP同等发展水平的国家和地区，我国第一产业就业人数高出12.7个百分点，农业部门的劳动生产效率还亟待提升，农村尚有大量劳动力需要向城市转移。长期以来，由于过多的劳动力受户籍制度、受教育程度、技能技术等原因制约，窝积在效率相对较低的农业部门，造成了一

定的国民经济损失。这样，既不利于增加该部分人口收入，提升消费能力、改善生活质量，形成社会阶层收入差距扩大的同时，也不利于农村社会治理和稳健的以人为核心的城市化进程推进。2020年打赢脱贫攻坚战，将消除绝对贫困，但相对贫困将长期威胁和制约我国边远农村地区的大量人口发展，农村居民消费能力不足，低消费能力人口太多，将是需要重视和改变的客观现实。应加快探索非户籍人口市民化改革，建立完善人地钱挂钩、人岗钱挂钩、人岗编挂钩的流入地和流出地市民化成本的科学分担机制和教师、医生编制的合理转移机制，以及剥离公共服务捆绑、恢复户籍仅作为人口统计的初始功能等体制机制。

（二）乡村振兴是后脱贫战略的重要内容。既往的农业生产方式已经难以进一步提高生产效率，难以实现更大的乡村发展。只有在发展人口城市化的同时加快推行农村土地三权分置的实施，为乡村振兴腾出发展的土地空间、资源空间，以利于规模化发展农业产业，才是农村彻底摆脱贫困的必由之路。针对部分农村空心化问题，除了加强基层治理、做好困难群体权益保障工作以外，不应过度使用政府调控手段，并要充分发挥市场作用科学规划撤并，提高土地等资源的利用效率，助力乡村振兴战略推进。

（三）持续推进贫困治理创新。在打赢脱贫攻坚战的关键期，必须由传统的“重物轻人”转向“以人为核心”。在两不愁三保障的基础上，在交通不便、资源制约、难以走出贫困陷阱的偏远地区，对大宗固定资产的投入要科学审慎，以免为了政绩工程，形成大量的低效资产、无效资产，造成社会资源和财政浪费。要把对人的投资，特别是贫困地区群众教育、健康的投资放在中心位置，把人类发展指数作为对干部评价的重要内容。

人的能力和素质是决定贫富的关键，人口质量决定经济发展质量，同样，经济发展质量影响人口发展质量。在经济高质量发展阶段，要树立一切投资于人、投资于人的一切的理念，以高质量的人口支撑中华民族的永续发展。

第二篇

人口老龄化研究

江苏养老服务产业面临的有利条件、挑战及其对策①

❖张国平

【摘　要】人口老龄化对养老服务业提出了更高要求，也给经济社会发展带来了巨大的机遇。目前，江苏省养老服务产业市场潜力巨大、政策导向明确、产业基础良好，但仍然面临着传统观念束缚、产业体系不健全、市场培育不足、行业监督缺失、人才队伍匮乏等一系列问题。推动我国养老服务产业健康持续发展，需要加大政策扶持力度，完善养老服务产业链，培育养老服务消费市场，健全养老服务标准体系，打造养老服务专业人才队伍。

【关键词】养老服务业；挑战；对策

【作　者】张国平：常熟理工学院经济与管理学院教授、博士

人口老龄化是贯穿我国21世纪的基本国情，是中国实现两个一百年奋斗目标进程中必须考虑的一个长期的变量。由于人口老龄化以及随之而来的高龄化、失能化、空巢化现象，未富先老已经成为当前我国面临的一个重大问题，发展老龄事业任重道远。党的十九大报告中提出，构建养老、孝老、敬老政策体系和社会环境，推进医养结合，加快老龄事业和产业发展。党的十九大报告把老龄事业和产业放到同等重要的地位，这为新时代

① 本研究系教育部人文社科规划基金项目“福利多元主义视角下我国居家养老服务产业化模式及实现路径研究”（17YJA840018）。

中国特色养老服务产业指明了方向。

江苏是全国最早进入老龄化的省份，也是老龄化程度最高的省份。江苏人口老龄化具有基数大、增速快、寿龄高、空巢比例高、失能失智多等特征，这些特征决定了江苏省应对人口老龄化难度大，任务重。发展养老服务产业，不仅能够扩大老龄产品和服务供给，更好满足老年人日益增长的养老服务需求，而且，能够更好拉动内需、推动经济转型升级、缓解就业压力，实现促进老龄事业与经济发展的双重目标。

一、江苏省加快养老服务产业发展的有利条件及其面临的挑战

养老服务业既包含“养老服务事业”，也包含“养老服务产业”。养老服务事业是指为老年人基本生活提供服务的非营利性事业。养老服务产业是指与老年生活照顾相关的营利性服务活动。广义的“养老服务产业”是一切为满足老年人特殊需要而提供产品和服务的行业的总称，包括老年食品业、老年用品业、老年医疗保健业、老年保险业、老年旅游业、老年文化教育业等。狭义的“养老服务产业”主要侧重于为老年人提供家政服务、健康护理、精神慰藉等生活照顾性质的服务，这类养老服务正是老龄化中国急需发展的新型服务业。随着我国老龄化进程的加快和人民生活水平的提高，养老服务产业逐渐成为中国经济新的增长点。

从江苏省情况看，养老服务业经历三十多年的改革发展，已经具备了良好的产业基础，发展养老服务产业具有十分有利的条件。一是养老服务产业市场潜力巨大。江苏省是我国最早进入人口老龄化且老龄化程度较高，发展速度较快的地区，据统计，2017 年末，江苏省 60 岁及以上人口 1623.02 万人，占比 20.21%，比全国高出约 5 个百分点，居全国各省、区（不含直辖市）之首。未来江苏省人口老龄化还将呈加速发展趋势。据测算，从 2029 年开始，江苏省 60 岁以上老年人口占户籍人口比例将超过 30%，2052 年达到峰值 37.81%，绝对数为 2743.31 万人。这为江苏省养老服务产业率先发展、快速发展提供了机遇。二是养老服务产业化政策导

向明确。党的十八大以来，养老服务产业化全面进入实践层面，江苏省根据国家鼓励和推动养老服务产业发展的政策文件，结合本省的实际，相继制定出台了16部系列配套文件，强化、细化了加快发展养老服务业的保障措施，形成了相互衔接、互为支撑的养老服务政策体系。三是养老服务产业基础良好。省本级和苏州市分别成立养老产业投资基金，发挥财政资金杠杆作用，引导产业资本有序进入养老服务领域。充分发挥国家开发银行等金融机构的作用，对江苏省养老服务项目授信，一批政府与社会资本合作（PPP）的养老设施项目顺利实施。在全省创建健康养老服务集聚区、养老服务业创新示范企业、养老服务业综合发展示范基地和示范性养老服务机构，通过市场化模式推动养老服务业快速健康发展。截至2016年底，全省共有各类养老床位62万张，每千名老人拥有养老床位超过36张，处于全国前列。社会力量经营各类养老床位达到34.7万张，占养老床位总数的56%。

虽然江苏省养老服务产业有了一定发展，产业化水平有了较大的提高，但是，从总体来看，养老服务产业尚处于初级阶段，发展过程中依然面临不少困难和阻力。一是受传统观念的影响，老年人的收入虽然逐步增加，但重积累、轻消费，重子女、轻自己的传统观念难以更新，直接影响老年人消费增长。二是体制机制僵化的问题依然存在。虽然国家层面对养老服务业的发展作出了原则性的规定，但各级地方政府仍需通过科学的顶层设计使这些指导意见能够尽快“落地”。受传统观念的影响，一些行政主管部门仍然停留在政府包办养老的惯性思维中，并没有把养老服务产业作为应对多元化养老需求的主要途径。在一些地方税收、土地等优惠扶持政策落实不到位、产业投资限制过多、审批流程复杂烦琐等问题仍然存在，这在一定程度上挫伤了民间资本进入养老服务行业的积极性。三是养老服务消费市场尚未形成。从需求方来看，江苏省老年人整体收入水平不高，社会保障待遇水平有限，养老服务消费市场地区间、城乡间的悬殊较大，加之老年人储蓄欲望强烈、消费观念落后，养老服务消费市场尚未成型。四是市场化供给能力不足。从供给方来看，养老服务供给主体的需求整合能力有限，市场开发意识不足，服务内容主要集中在餐饮、护理、保健等基础养老服务方面，养老服务产品单一、缺乏吸引力。难以满足不同层次的养老服务需求。五是养老服务队伍专业化水平还需提高。养老服务从业人员总体上年龄偏大、文化程度偏低、稳定性较差，工资待遇、职业认可度及社会地位偏低，有专业技能的年轻人从业意愿不高。

二、加快养老服务产业发展的政策建议

江苏省养老服务产业的发展尚处在起步和探索阶段，其发展既面临“未富先老”“中等收入陷阱”的严峻形势，却也恰逢产业结构转型、新型城镇化战略的有利契机，可谓是处于发展关键时期。因此，要对江苏省养老服务产业发展所处的历史阶段、宏观环境有一个清醒的认识，趋利避害，正确掌握产业发展规律和趋势，在立足于中国国情的基础上借鉴发达国家发展养老服务产业的成功经验，牢固树立全局观念，实行政府引导、市场运作、社会力量共同参与的发展模式。通过政府引导构建顶层制度设计、通过市场运作发挥企业的中流砥柱作用、通过社会力量共同参与夯实养老服务产业发展的社会基础，逐步形成社会化、专业化、市场化的养老服务市场，探索出一条具有中国特色符合江苏省实际的养老服务产业发展之路。

（一）科学制订养老服务产业化中长期发展规划

宏观规划是产业发展的向导和蓝图，养老服务产业的发展涉及经济、政治、文化等方方面面，事关广大民众的切身利益以及社会经济稳定、可持续发展。因此，政府部门必须要站在全局的高度整体谋划，通盘考虑，在充分分析和研究养老服务产业发展特点和内在规律、总结当前我国和江苏省养老服务产业发展的成就和经验基础上，兼顾当前和长远，统筹城镇与农村，抓紧推进江苏省养老服务产业发展规划的编制工作，科学地制定养老服务产业发展的战略部署、总体要求以及保障政策和措施，增强规划的前瞻性、协调性、针对性和可行性，形成对养老服务产业发展的指导纲

领。并将养老服务纳入新兴产业发展序列、产业发展规划，提升养老服务产业在江苏省国民经济中的地位。

（二）完善工作运行机制和管理体制，增强对养老服务产业的组织领导能力

当前，发展养老服务产业的当务之急之一即是要理顺管理体制和工作运行机制，形成部门合力，从而增强政府对养老服务产业的组织领导能力。一是要构建权责清晰的养老服务产业发展的协同工作机制。各地要建立由老龄工作委员会、民政部门、发展和改革委员会牵头，人力资源和社会保障部门、税务部门、工商部门、住房和城乡建设部门、教育部门、卫生部门等多部门为成员，共同参与的工作机制，各部门要加强沟通与配合，统筹协调当地的养老服务产业发展工作，形成共同推进产业发展的工作合力。二是要建立系统完善的养老服务产业发展的考核奖惩机制。各级政府要将政府发展养老服务产业的任务、目标、政策分解到各责任部门，并制定各地区社会经济发展的养老服务产业发展状况指标体系以及评估机制，以定期和随机抽查的方式对落实各项政策、目标和任务的情况进行监督检查和跟踪分析。在认真分析考核评估结果的基础上，当奖则奖，当罚则罚，提高各职能部门的政策执行力，保证政策的“落地生根”。

（三）强化政策支撑，形成全方位支持养老服务产业发展的政策支撑体系

加紧研制并不断完善江苏省养老服务产业的投融资政策、土地供应政策、税费优惠政策、补贴支持政策、人才培养和就业政策，形成全方位支持养老服务产业发展的政策支撑体系。要通过财政投入和市场化融资方式的优化组合，有针对性地制定出适合产业发展不同阶段特点的投融资政策，拓宽融资渠道，最终形成以政府财政投入为引导，市场化融资为主体的多元化养老服务产业融资模式；在城镇土地利用总体规划中充分、优先考虑养老服务产业基础设施用地需求，并享受一定土地优惠政策；对由社会力量兴办的养老服务企业特别是新注册的小型、微利企业在所得税以及水、电、气、热等多方面给予减免或一定程度的优惠；要针对高龄、失

能、贫困等老年人中的困难群体给予资金、服务上的补贴，增强其养老服务消费能力，并通过补助投资、贷款贴息、运营补贴等方式支持社会力量兴办养老服务机构；各级政府要高度重视养老服务护理人员和管理人才的队伍建设，通过支持高等院校以及中等职业学校增设养老服务相关专业和课程来扩大人才培养规模，提高养老服务质量以及产业管理水平，要把发展养老服务产业与落实各项就业、创业等扶持政策相结合，鼓励大专院校毕业生以及社会剩余劳动力投身到养老服务产业中去。

（四）以养老服务支柱产业为核心，推动上下游良性互动，实现养老服务全产业整合战略

养老服务类型多、层次多、样式多，多样性的养老服务需求催生了多业态的养老服务产业链，包括养老地产业、养老保险业、养老医疗保健业、康复护理业、托管托养服务业、家庭服务业等，涉及第一、二、三产业。产业链长、涉及领域广，使得培育和发展养老服务产业链对缓解政府养老的压力和促进经济的转型升级都具有重大意义。针对目前江苏省养老服务产业存在的发展规模小、水平不高、资金来源单一、社会力量参与少、产业上下脱节以及资源整合能力弱等一系列问题，应以老年生活照顾、老年健康护理和老年文化娱乐为核心整合养老服务产业链，拉动产业链不同环节间的互动，加强区域合作，实现养老服务产业资源的有效整合。如针对老年人心脑血管疾病普遍，养老服务业对医疗保健业的需求有不断增强的趋势，可将养老服务业向医疗保健服务延伸，逐步延伸产业链条，形成优势互补集合。另外，将家政服务、信息服务、房地产，以及教育、旅游、娱乐、金融等服务与养老服务产业相结合，拓展养老服务产业链条，提升养老服务产业整体竞争实力，促进养老服务产业持续健康发展。拓展“互联网+养老服务产业”链条，面向养老服务产业大力发展电子商务，搭建居家养老服务智慧平台，促进基于互联网和物联网技术的养老服务新模式和新业态，争取在老龄智能可穿戴设备等方面取得率先突破。

（五）加强监督管理，提高服务水平

1. 要全面放开江苏省养老服务市场。进一步放开养老服务市场，精简行政审批环节，简化审批流程；放宽外资准入，鼓励境外投资者来江苏省设立营利性养老机构与非营利性养老机构；进一步降低社会资本的准入门槛并完善相关优惠扶持政策，降低创业准入的制度性成本，营造公平竞争环境。加快推动江苏省公共养老机构的改革，充分激发各类市场主体活力。

2. 建立以市场价格为主的服务收费管理机制。针对以往对民办机构服务收费管束过度、影响经办积极性的问题，建立以市场价格为主的养老机构服务收费管理机制的基本原则，对养老机构和养老服务组织按照民办营利性、民办非营利性、政府运营、公建民营四类实行分类管理和价格监管。

3. 建立和健全养老服务产业统计指标体系。目前在我国国民经济行业分类当中，还没有对“养老服务产业”进行明确划分，随着这一产业的逐渐兴起和发展，相应的行业目录、产品目录、统计指标体系等都应该随之发展并完善。江苏省统计部门先行一步，研究制订养老服务产业相关的行业目录、产品目录和统计指标体系，定期开展数据统计和监测，建立重点企业、组织的监测制度，完善养老服务产业信息发布制度，为促进养老服务产业健康持续发展提供决策依据。

4. 提高养老服务产业的标准化水平。学习和借鉴发达国家发展养老服务产业的先进经验，不断总结和提炼江苏省机构养老和居家养老服务市场化探索和产业发展的成功案例，加大宣传和推介力度；支持、鼓励养老骨干企业和行业协会等主体积极参与和主持国内养老服务产业的相关技术、服务和发展标准、行业标准，争取国家和省级标准试点示范工程和标准化示范项目，提高养老服务产业化发展的影响力和知名度。

（六）社会共同参与，营造浓厚的产业发展社会氛围

1. 充分发挥养老服务产业行业协会的作用。养老服务产业发展除了发

挥政府主导、企业参与外，还要依托社会组织的力量。通过建立养老服务产业协会等组织，充分利用社会团体优势，最大限度地发挥行业组织履行职责、培育龙头企业、引导行业发展的作用。

2. 通过大力宣传、积极引导、开展体验式服务等形式使老年人群体充分认识到合理消费对于提升晚年生活品质的重要性，帮助老年人树立花钱购买服务的现代消费观念。

3. 加强理论研究，为养老服务产业提供强大的智力支持。老年服务是一个庞大的体系，应加强人口老龄化发展的研究，对老年群体生理、心理特征以及养老服务需求的研究，养老服务产业市场的研究等多角度、全方位进行深入、系统的研究，以指导养老服务产业的发展。

南京市智慧养老发展路径研究①

❖周建芳

【摘　要】随着南京市老年人口比重不断攀升，家庭养老功能弱化，传统养老服务体系未能全面满足基本养老服务需求，智慧南京建设为智慧养老体系建设奠定了良好基础。南京市多项规划顶层设计智慧养老，已经建成统一规范、互联互通的市级养老服务综合信息平台，智慧养老服务管理先行，逐步开展智慧养老服务。但南京市智慧养老发展还面临着以下问题与挑战：智慧养老产品标准不一，集成化和后续专业服务缺失；区级信息平台建设各自为阵，实时采集与互联互通不足；市级平台功能仍需完善，利用有待提升；养老机构和老年人口的智慧养老应用水平都亟待提升；智慧养老有待整体规划，政策对研发生产和应用端关注少。研究建议：南京市基于以人为本、适老为老，统筹谋划、协调发展，科技创新、优质高效，政府主导、共建共享的原则，政府主导，明确各级、各部门职责与工作任务；建立投入机制，保障智慧养老可持续发展；医养融合，智慧健康全程服务；创新发展，激励“适老化”智慧养老产品与服务供给；提质拓面，优化市级养老平台服务与管理；试点建设，打造智慧养老示范基地；赋能家庭，提升家庭智慧养老能力；新旧并举，实现传统养老和智慧养老的有机融合；成立智慧养老发展促进协会，规范行业标准；加强人才保障，提升智慧养老能力；建立评估机制，推进智慧养老建设持续改善。

① 本研究系《新时代南京智慧养老政策体系构建和发展路径与实践探索》课题的研究报告摘要。

【关键词】南京；智慧养老；发展路径

【作　者】周建芳：南京邮电大学社会与人口学院教授

2018年5月至10月，中国电信智慧家庭运营中心和南京邮电大学社会与人口学院联合课题组受南京市发展和改革委员会与南京市宏观经济研究中心委托，采用实地参观与访谈、问卷调查和案例分析等方法，开展了《新时代南京智慧养老政策体系构建和发展路径与实践探索》课题研究，对南京市智慧养老发展的背景、现状和存在问题进行全面梳理，在充分借鉴国内外城市智慧养老发展经验的基础上，对南京市智慧养老发展的原则、主要策略和保障性措施提出研究建议。

一、南京市发展智慧养老的迫切性与可行性

（一）南京市老年人口比重不断攀升，家庭养老功能弱化

2017年，南京市65岁及以上老年人口达到99.01万人，老龄化系数达到了11.88%，人口老龄化水平加速攀升。预测到2030年，南京市65岁及以上老年人口数量将接近156万。同时，南京市的独居、空巢和独生子女老年家庭比例不断增加，家庭养老功能持续弱化。

（二）传统养老服务体系未能全面满足基本养老服务需求

为积极应对人口老龄化，南京市已初步建立面向全市老人的养老服务体系，通过补贴和购买服务等方式开展“十二助”服务，多途径推进老年健康服务，保障全市老人的基本养老服务需求。但是，南京市目前仍面临机构养老性价比与老年家庭预期差别大、老年生活便民服务有待加强、老年健康保健和专业医疗护理服务未能满足需求、养老服务人才队伍不稳定和数量不足等瓶颈问题。

（三）智慧南京建设为构建智慧养老服务体系奠定良好基础

南京智慧城市建设和养老市场的不断孕育发展，为利用物联网、云计

算、大数据、智能硬件等新一代信息技术产品，实现个人、家庭、社区、机构等养老资源的有效对接和优化配置，提升服务质量和效率水平，改革养老服务供给模式打下了良好基础。

二、南京市智慧养老发展现状

南京是中国较早提出建设智慧城市构想的地区，经过市委市政府和相关部门的锐意进取与不断创新，智慧养老已经成为全国标杆。

（一）政府重视，多项规划顶层设计智慧养老

南京市委市政府高度重视智慧养老的工作，在多项顶层规划文件中设计了智慧养老的建设内容，在《南京国民经济和社会发展第十三个五年规划纲要》《“十三五”智慧南京发展规划》《南京市“十三五”老龄事业发展规划》《南京市“十三五”养老服务业发展规划》《南京市“十三五”互联网经济发展规划》和《南京市“十三五”卫生与健康暨现代医疗卫生体系建设规划》等文件中都有智慧养老相关规划。同时，南京市相关部门，特别是民政部门也出台了专项政策文件，具体推进智慧养老事业发展。

（二）统一规范、互联互通的市级养老服务平台已经建成

南京市 12349 为老服务综合信息平台于 2018 年 3 月启用，集成了信息呼叫服务、老年健康服务、社会化养老服务、居家养老评估、居家养老管理、养老机构管理、老年补贴管理、紧急应急、志愿者服务、其他社会福利管理、呼叫业务统计管理等 11 个模块，可对南京市涉老信息平台及服务组织实现统一管理，通过 12349 热线电话对居家老人提供“咨询、转介、跟踪、评估”一站式服务，并可与“110、120、119”等公共服务平台联动，提供紧急救助服务。

（三）智能养老产品品目繁多，智能制造产业链即将建成

可供南京市老年家庭和养老服务机构选择的智慧养老产品品目繁多，

主要功能有健康监测、位置/定位报告、紧急求助等。2015 年，南京市智能制造装备产业销售收入 695 亿元，根据相关规划，到 2020 年，智能制造装备产业销售收入将达到 950 亿元，基本建成智能制造装备产业链。南京不仅有本土的以智慧养老信息平台和智能家居产品研发与生产为主的企业，也有多家高校和科研机构的研究团队致力于智能养老产品的研发工作。

（四）智慧养老服务管理先行，逐步开展智慧养老服务

南京市民政局通过 12349 为老服务综合信息平台，及时掌握老人的养老服务需求动态信息，实现对政府购买基本养老服务的监督与管理、尊老金的发放与管理。卫计部门的信息化覆盖了从预防、医疗到康复的全过程，建有全员人口信息、卫生与健康资源信息、电子健康档案、电子病历、健康知识等五大数据库，另有 65 岁以上老年人健康管理信息系统。老年人及其家庭可享受网上预约、线上支付、在线随访、健康咨询等互联网健康服务。南京市各类养老服务组织大多实现了养老服务的信息化管理。南京市还借助市民卡实现了助老一卡通服务，2017 年，全市老人累计服务刷卡 1770 余万次。

（五）网络建设全国领先，智慧养老网络通信提前达到国家要求

2015 年 11 月，南京在江苏省率先建成“全光网”城市。全市 4G 网络覆盖区域达到 95%以上，人口覆盖率 98%以上。根据相关规划，到 2020 年，南京将总体建成“宽带、融合、泛在、共享、安全”的新一代信息基础设施。南京目前已经提前达到国家《智慧健康养老产业发展行动计划（2017—2020）》规划要求，打造了覆盖家庭、社区和机构的大容量、高带宽、高可靠的光网络和全城覆盖的无线宽带接入网络所组成的智慧健康养老服务网络通信基础设施。

（六）注重网络安全管理，保障智慧养老信息安全

南京出台并实施《关于加强智慧南京网络安全管理工作实施方案》，系统完善了信息安全保障制度，建立了全市信息安全保障应急机制。大力

治理网络违法有害信息，抓好信息安全隐患的协调处置，查处了一大批侵犯公民个人信息及相关的违法犯罪。在《南京市建设中国智能制造名城实施方案》（2016）中，积极培育智能制造信息安全产品，推进智能制造信息安全系统开发及应用。南京市网络信息安全的系列举措，为智慧养老信息安全提供了高度保障。

三、南京市智慧养老面临的问题与挑战

进一步建设国内一流、国际先进的南京智慧养老体系，有以下主要瓶颈问题亟待解决：

（一）智慧养老有待整体规划，政策对研发生产和应用端关注少

尽管南京市在相关政府规划文件中对智慧养老有所设计，但还缺少全局性、具体化的整体规划。具体实施中，各部门相互呼应不够，信息共享、健康服务全程化等设想落实难。同时，南京市政府和部门已出台的文件中，在智慧养老产品的研发与生产方面都还没有明确的引导性政策，缺少对研发端和应用端的有效协调，也缺少对老年家庭和养老服务机构智慧化的政策激励。

（二）智慧养老产品标准不一，集成化和后续专业服务缺失

国内大部分智慧养老产品功能单一，且缺乏统一标准，各类设备端口不兼容。一些具有集成功能的智慧产品，如智慧居家和养老机器人大部分还在研发阶段，或因为价格昂贵、应用条件高等问题，对普通老年家庭来说还遥不可及。同时，一些已经投入使用的智能养老产品也存在性能不稳定，后续专业化服务缺失，或不能与市场/社会已有专业化服务对接等问题。

（三）区级信息平台建设各自为阵，实时采集与互联互通不足

各区民政部门把智慧养老平台委托给不同的公司开发建设，没有统一的建设标准，平台之间信息不能融合共享、无法互联互通，束缚了与养老

企业的技术合作和市场拓展，数据的规范化不足影响到后续的大数据分析和应用，使得智慧化提升居家养老、社区养老和机构养老服务水平和服务效率的效果有限。

（四）市级平台功能仍需完善，利用有待提升

目前的市级为老综合服务平台，主要功能定位为“助老”，需要进一步将功能扩大至智慧助老、孝老和用老三维一体，实现积极老龄化和共建共享的理念。同时，市级已推广应用的智慧养老服务对象以“五类老人”为主，服务对象可以进一步延伸，一些目前已有服务监管中的问题也需要及时应对，优化服务。

（五）养老机构和老年人口的智慧养老应用水平都亟待提升

从12349为老服务网和App平台试运行的结果看，南京市的居家养老机构主动利用网络/平台获得服务需求的意识较差，服务半径、种类和数量等还不能满足开展网上订单服务的需求；养老机构智慧化程度不高，主要受制于资金投入能力有限、智慧化设施改造难和护理人员能力不足等现实困境。同时，通过问卷调查显示，被调查老年人的智慧化养老水平较低，他们从网络或手机上获得过的前三位养老服务信息是助餐服务（16.4%）、文化生活服务（13.6%）和预防保健服务（13.0%），已经使用过的智慧化养老产品前三位为血压计（63.2%）、耳温枪/体温计（26.6%）和血糖仪（23.8%），使用智能手机的老年人占31.6%。

（六）网络技术有待完善，养老信息网络安全隐患持续存在

网络系统具有对外的共享性、开放性以及脆弱性，如果未能及时发现系统内部漏洞并采取措施进行处理，就会为网络用户个人或者整个互联网环境带来极为恶劣的影响。而4G通信因是多方位的移动终端，若任一方面受损，整个通信就会出现更多安全和未知问题。项目调研还发现，养老机构往往缺乏专门性的信息安全管理规定，其管理人员大多没有接受专门的网络安全培训，网络安全意识薄弱，知识了解较少。

四、新时代南京市智慧养老发展原则

（一）以人为本，适老为老

智慧养老的发展中，应该时刻明晰的一点是，“智慧”只是手段，“智慧”的目的是为了让老年人可以更便捷地享受到科技发展带来的便利，提高生活质量。在“智慧”方式的选择上要考虑老年人的实际需求和接受能力，根据老年人的生理、心理和行为特征，为老年人安养居住、生活照料、医疗保健、康复护理、文体娱乐等提供方便的设施和服务。以老年人需求为导向进行智慧养老服务客户端界面设计和选择智能养老产品。

（二）统筹谋划，协调发展

充分发挥党委的领导作用、政府的主导作用、社会的主体作用、市场的决定作用、家庭和个人的基础作用，进一步激发社会活力，形成政府、社会、企业和家庭多方驱动的机制，推动老龄事业均衡、协调、健康、多元发展。南京市级统筹规划智慧养老建设，扩大优质养老公共服务资源的覆盖面，缩小城乡差距，努力实现基本智慧养老服务均等化。但考虑到各区智慧养老的进程有一定的差异性，总体看来，中心城区智慧养老的需求较高，发展潜力更大，智慧化的程度也相对高一些。在推进智慧化养老的进程中，统筹老龄事业与经济社会、人口老龄化协调发展，老龄事业与老龄产业协调发展。统筹发展居家养老、机构养老和其他多种形式的养老，实行基本型服务和个性化服务相结合。统筹规划城乡和区域养老服务布局，因地制宜，分层次分阶段，有序协调发展。

（三）创新驱动，优质高效

践行创新、协调、绿色、开放的发展理念，鼓励技术创新、模式创新、业态创新，促进互联网与各行业跨界融合，促进智能应用与产业发展良性互动，激发各类服务主体活力。智慧养老的规划建设应具有科技集成、绿色环保、优质高效的优势，使老年服务机构和管理机构真正获得智慧养老带来的高效率低成本，使老年人真正享受到更加人性化、有尊严而又负担得起的服务。

（四）政府主导，共建共享

发挥政府在顶层设计、规范标准、统筹协调等方面的主导作用，有效整合各职能部门、养老专业机构的行政资源和技术资源，创新协作联动机制，赋权老年人口及其家庭，鼓励、组织和支持社会力量、老年人及其家庭参与智慧养老建设，全社会参与。体系建设中，也要充分共享信息，集成服务，争取效益的更大化，形成全民共建共享的良好氛围，确保全体老年人依法享有从国家和社会获得物质帮助的权利、享受社会服务和社会优待的权利、参与社会发展和共享发展成果的权利，增强全体老年人的获得感。

五、南京市智慧养老可持续发展策略思考

（一）推进医养融合，智慧健康全程服务

1. 建立老年健康服务信息平台

促进市健康信息服务平台与公安、民政、人社等部门以及卫生医疗机构的信息交换，推动实现公共卫生、计划生育、医疗服务、医疗保障的数据共享与业务协同。将卫生与健康资源信息、老年健康管理电子健康档案、电子病历、健康知识、老年能力评估等数据库合并，并面向老年人口及其家庭成员，可以随时查看老年人的健康信息，并主动根据老年人口的健康状况推送健康管理指导建议。

2. 开展家庭医生智慧化全程健康管理服务

家庭医生基于健康信息服务平台，为签约老人开展集预防、治疗、康复等于一体的老年人全程健康管理。利用智能健康终端产品，为慢性病老人，特别是高血压、糖尿病老人建立老年健康动态监测机制，实现对老年人的远程健康监护、健康管理和紧急救助服务。

3. 市民卡医养信息集成服务

由市民卡公司牵头，公安、民政和卫计部门合作，扩大市民卡的信息集成范围，将老年个体的健康维护信息、公共卫生健康检查信息、临床治疗信息、康复护理信息和养老服务信息集成于市民卡中，并研发对应的App，方便老年人及其家人在有需要时能及时查阅其信息。市民卡提供集成信息服务的同时，还可以开发市民卡的定位、紧急呼叫功能。

4. 远程健康监护

鼓励养老机构与周边的医疗卫生机构开展多种形式的协议合作，建立健全协作机制，本着互利互惠原则，明确双方责任。利用远程传输设备在养老机构采集老人重要的生理数据，通过无线射频技术，传输到远程终端，提供远程终端服务中心，而后由医疗机构的专业医疗团队对这些数据进行实时的监测和分析，形成个人健康分析报告，提供专业的保健、养生、医疗等咨询服务，并由养老机构及时反馈给护理员、老年人和老年人家属，实现对老人实时监护和健康预警。

（二）注重创新发展，激励“适老化”智慧养老产品与服务提供

1. 机制创新，PPP 模式建设智慧养老

智慧养老服务处于起步阶段，前期投资大，风险较高，但市场前景被广泛看好。通过推广 PPP 模式，政府参与全过程经营，政府与智慧养老社会组织，特别是研发企业、生产企业和应用机构建立“利益共享、风险共担、全程合作”的共同体关系，政府的财政负担减轻，社会主体的投资风险减小。可以更为有效地发挥私营企业、组织和个人的积极作用，加快智慧化养老产品的研发和有效供给。

2. “产学研”一体，建设智慧养老产业园

利用南京高校云集的优势，政府联手高校和企业，在江北新区建立“产学研”一体的智慧养老产业园。南京市政府出台扶持政策，民政、工信、卫计等部门落实具体职责，开展帮扶服务，集聚产学研等各方面资源，推动关键技术、核心器件、重点产品研发，完善产品检测认证、知识产权保护等服务，提升智慧健康养老产业的协同创新能力和产业化能力。

(1) 智慧养老产业园建立“智慧养老数据中心”，实现老年数据集中管理与分析，并根据需求主动向政府及部门、老年家庭和相关企业推送数据，为相关利益方提供养老大数据服务。(2) 以智慧养老创新孵化平台作为实体，独立开展工作，支持智慧养老领域众创、众包、众扶、众筹等创业支撑平台建设，推动建立一批智慧养老产业生态孵化器、加速器，为初创企业提供资金、技术、市场应用及推广等方面的扶持。将智慧养老“产学研”孵化众创空间建设和创业实训基地建设相结合，项目运营模式以创业者主导和专家指导相结合，项目营运和创业实训相结合，建设一个“产学研”为一体，培训、实训、孵化一条龙的综合性智慧养老众创平台。

3. 引导与协调智慧养老产品适老化与集成化，加强后续专业服务

为了满足老年人多样化、个性化养老需求，南京市要通过政策倾斜来鼓励智慧养老产品生产企业依据老年人心理和使用行为特点来设计产品，在技术上统一标准，进行功能集成，并尽可能简化应用操作。同时，在人工智能技术还不能完全替代专业人员的情况下，更应把智能养老产品服务与专业机构的服务对接起来，协调和整合政府的基本公共服务与市场化服务。南京市可以现行尝试在一些信得过产品，尤其是老人们急需的健康智能产品方面，将商业服务与公共服务对接，如健康智能产品提供的信息与基本公共卫生、家庭医生服务的对接。

(三) 深化网络融合，引领5G网络技术研发

1. 政策引导，鼓励网络融合

随着互联网技术的发展，网络融合技术也逐渐获得了广大消费者的认可，其中最为典型的代表就是网络电视。未来广播电视网络、计算机通信网络以及电信网络还将进行更为深入的融合，未来网络融合技术也必将变成全球通信信息网络的建设，这也是未来发展的主要趋势。而该技术的发展也会带来极大的积极影响，既可以改变传统资源共享过程中存在的局限性，使其得到进一步的提升，此外，也可以提升网络的稳定性以及适用性，降低在共享资源过程中的各项收费。因此，南京市可以通过一些引导性政策的出台，鼓励和推动南京市的电信网络、计算机网络、有线电视网

络运营商技术融合发展。

2. 引领 5G 网络技术研发

南京市经信委牵头，组织南京市的网络运营商从以下几方面着手改进 4G 网络技术，引领 5G 网络技术的研发。(1) 减少移动端口的任务量，从而减少时间上的推迟。(2) 减少网络之间的交互，控制代码与字符之间的要求，可以快速地减少通信时间上的延迟问题。(3) 访问网络时，将所有的安全措施对用户全面解除。(4) 教导用户更多地关注网络中的疑难问题和解决方案。(5) 实现网络和用户所有的配置合理一致。(6) 将移动端口的有效资源和计算认证做到合理化使用。(7) 对于用户在网络通信上的使用应该制定全面的解决方法和保护措施，以备面对难题时的不时之需。(8) 在通信网络中建立更加丰富的网络机制。

(四) 提质拓面，优化市级养老平台服务与管理

1. 全面使用 12349 为老服务综合信息平台

在现有南京市 12349 为老服务综合信息平台基础上，运用互联网、物联网、大数据等信息技术手段，进一步推进智慧健康养老应用系统集成，对接各级医疗机构及养老服务资源。(1) 打通民政、公安和卫计等部门之间、部门内部的健康信息壁垒，实现老年人个人信息、体检信息、健康档案信息、医院诊疗信息、养老照护、志愿服务等信息的全面互联互通。(2) 区级平台的功能模块建设向市级平台靠拢，规范市级和区级的数据标准和统计口径，逐步减弱对区级平台的依赖，最大限度地发挥市级平台统筹协调功能。同时，在市级平台的建设完善中还要关注省级养老服务综合平台的建设工作，注意与省级平台的融合。(3) 探索智慧养老在社区信息化平台中的融入方案。一是在前台建设养老业务统一受理平台，支持一体化服务；二是在后台建立协同工作平台和信息交互平台，使各业务部门建立良好的工作协同与互动机制，实现养老资源充分共享。通过后台与前台的协同配合，达到提高社区日常流程的运转效率和运转质量，给社区和街道管理与服务工作带来更多便利。(4) 制定统一的平台信息使用规范和在线养老服务提供与管理规范，加强制度化管理。

2. 优化现有智慧养老平台服务与管理

从以下方面调整与优化南京 12349 为老服务综合信息平台的养老服务，以进一步方便老年服务对象，提升南京老人的获得感和满意度。（1）升级部分现有紧急呼叫终端类型。比如固定呼叫器，设备要与固定电话连接，家里必须安装固定电话，不能移动呼叫，老人使用并不方便。（2）加大目前老人利用较多的服务，如增加订餐服务的供应，健康管理服务范围的扩大等。（3）对于目前需求较少，但要求有较高的服务，如助浴服务、护理服务等，采用特定有资质的机构提供，加大服务半径的方法提升服务质量，减少资源浪费。（4）改进服务管理。如目前对服务时间、服务频率的要求相对机械，要根据服务对象特点和需求进行有针对性的管理。

3. 扩大服务对象范围

目前，12349 为老服务综合信息平台主要服务对象，特别是免费或低偿服务的对象为南京市的城乡特困人员，低保及低保边缘的老人，经济困难的失能、半失能老人，70 岁及以上的计生特扶老人，百岁老人等五类老人和 75 岁及以上南京户籍的独居老人。需要逐步扩大基本养老服务的对象至南京市 60 岁及以上的空巢老人、非南京市户籍但长期在南京居住的老人等。同时，还应进一步提高平台的利用效率，逐步拓展至面向所有南京市老人，并将之称为主体服务人群，按条件提供免费服务、低偿服务或市场有偿服务。

4. 增加平台“用老”“ 孝老”功能设计

充分汲取南京市栖霞区、鼓楼区的时间银行的实践经验与教训，在市级平台模块中增加老年的社会参与、功能发挥的机会与管理机制，借助平台实现邻里互助、用老为老。同时，平台还可以增加与老人子女的互动性设计和对子女养老的激励性机制及实现载体，激励老年人子女孝老的责任感和自豪感，更大程度上发挥家庭的养老功能。

（五）开展试点建设，打造智慧养老示范基地

1. 智慧养老示范社区建设

在每个区试点建立智慧养老社区。要求示范社区开展以下主要项目活

动：（1）在社区居家养老服务机构或社区卫生服务中心配备智能化健康检查设备，方便老人健康自检或工作人员使用。（2）为社区20%以上的老人家中安装电子呼叫器，配备随身的安全管理仪。（3）利用南京市12349为老服务综合信息平台为辖区内所有有需求老人提供上门服务。（4）社区老年服务采用信息化管理手段，并能与社区其他管理信息平台充分融合。全面跟踪示范点建设，及时总结经验与教训，条件成熟时逐步推广。

2. 智慧养老示范院建设

在南京市范围选择养老院作为智慧养老示范院，要求：（1）具备智慧养老信息平台，运用信息化手段进行老年用户管理、服务管理和日常运营管理。（2）智能化终端使用。采用先进的信息采集和统计技术，至少利用3种及以上的智能设备，监测老年人的健康状态，发现、接受并处理老年人的照护需求，及时预警，并建立照护智能响应机制，为老年人提供符合标准的照护服务。（3）利用南京市12349为老服务综合信息平台，为有需要的老人提供虚拟养老院服务。（4）机构具有面向老年人家属的信息平台（App等），方便住院老人的家人及时掌握老人信息。全面跟踪示范院的建设情况，测算成本与效益，及时总结经验与教训，条件成熟时再逐步推广。

（六）赋权家庭，提升家庭智慧养老能力

1. 面向家庭开展智慧养老宣传

利用举办展会、社区老年活动、居家养老服务、智慧南京相关App和电视公益广告等途径，宣传智慧养老理念，增加公众，特别是老年人及其子女对12349为老服务综合信息平台和智能终端产品功能的了解。

2. 支持老年智慧健康产品应用推广

借助老年人长期护理保险推行、五类老人和75岁以上独居老人助老卡服务的机会，根据工业和信息化部、民政部、国家卫生健康委员会联合发布的最新《智慧健康养老产品及服务推广目录》，采用保险配套智慧健康服务、政府采购智慧健康终端产品直接发放、老年人自主购买智慧健康终端产品定额报销等多种形式，促进智慧健康终端产品的推广。同时，鼓励老年人家庭成员，特别是其子女对智慧养老产品的关注与使用，在已开发的智慧养老App平台中增加子女应用板块，建立子女与平台的服务链接，必要时子女可以订购为老服务，特别是一些紧急救助服务。

3. 提升年轻老年人网络利用能力

开展年轻老年人网络能力提升项目，通过社区老年活动、老年群体的志愿互助活动等形式，使得80%以上的60~70岁的老年人都能够熟练使用手机或电脑查阅老年服务信息，利用12349为老服务综合信息平台预约为老服务。

（七）新旧并举，实现传统养老和智慧养老的有机融合

1. 线上线下共同服务老年人口

鼓励有条件的社区居家养老机构和养老院同时开展线上线下的O2O服务，并实现线上线下服务的有效关联，相互推介，即在线下服务中宣传推广线上服务，线上服务中对一些关联的线下服务提供有效链接。

2. 人机交互与人人交互方式并存

如市级为老综合服务信息平台，在智慧养老服务中，除了老年家庭借助计算机、手机等智能设备定制服务和感知状态外，也提供电话方式人工中转人人交互方式、拟人智能语音设备交互方式。

六、南京市智慧养老保障体系建设建议

（一）出台专项规划，明确工作职责与任务分工

南京市市级层面出台《南京市智慧养老发展规划》，明确市、区两级政府和各部门的职责与工作任务，并提出具体智慧养老建设要求。

1. 市、区两级政府分工

市级政府负责并出台南京市智慧养老发展专项规划，明确市级各部门分工和各区发展目标，并督导考核完成情况。区级政府负责区域内智慧养老体系规划，并保障建设资金到位，对各部门任务落实情况进行有效监

督，保障区域内社区和养老服务机构及老年家庭的智慧养老能力建设，采取有效措施切实激励社区和养老服务机构的智慧化养老服务与管理，老年家庭实现智慧化养老。

2. 智慧养老主要相关部门分工

发改委重点负责智慧养老规划的制定和相关研究项目管理，助推智慧养老政策的完善。民政局重点负责社区居家养老服务机构和养老院智慧化养老服务建设，提升家庭的智慧养老服务利用能力。卫计委重点负责智慧老年健康服务建设，推进智慧化医养结合，提升智慧家庭的智慧健康能力。经信委重点负责智慧养老产业园建设，鼓励企业研发与生产高质量智慧养老产品，保障智慧养老信息安全。教育部门通过发展老年大学和老年 MOOC 教育，广开文体软硬件设施面向老年人口，满足老年人口的精神文化需求，提升老年人智慧养老素养。

（二）建立投入机制，保障智慧养老可持续发展

建立健全多元化智慧养老投入机制，鼓励社会和个人加大智慧养老投入。积极推广 PPP 模式，鼓励建立智慧养老产业联盟，搭建投资平台，拓宽智慧养老产业发展渠道。通过对智慧养老产品非现金形式的购买补贴，鼓励老年家庭使用智慧养老终端产品。在机构的养老服务补贴中，适当对智慧养老产品使用企业予以政策性倾斜，鼓励养老服务机构智慧化服务升级。

（三）深入宣传与综合防控，强化智慧养老信息安全保障

将智慧养老安全保障纳入智慧南京安全保障建设之中，重点加强以下方面的工作：

1. 深入宣传，强化智慧养老安全相关主体的法律责任意识

政府主导，经信委牵头组织，要求各个部门继续深入宣传“一法一决定”，进一步深化民政、卫计等部门工作人员、相关事业单位、养老机构和其他相关企业等各个主体对新形势下加强网络安全工作重要性的认识，强化法律责任。同时，还要加强全民信息安全教育，促进全民参与，共筑智慧养老安全保障体系。

2. 软硬件建设，加强智慧养老安全防护和应急处置能力

一是健全智慧养老网络安全工作机制。针对智慧养老领域的特点，做好网络、系统和数据分类，构建安全体系及访问控制机制。建立重要数据信息使用和安全评价机制，加强智慧养老数据采集、上传和共享交换等环节的安全管理。建立预警机制，对重要信息系统加强监测预警，重大隐患适时通报整改，一般隐患定期通报整改，确保重要信息系统安全平稳运行。二是加强安全事件应急处置能力。重点做好对南京市 12349 为老服务综合信息平台的网络安全支援保障和监督。健全突发智慧养老网络安全事件的应急协同配合机制，开发网络安全应急指挥调度系统，提高应急响应效率。三是注重技术层面安全建设。注重物理安全、网络安全、主机安全、应用安全及数据安全。充分利用密码技术，提升市民卡、助老服务卡、紧急呼叫终端、健康数据采集器等多种感知设备和信息系统的安全水平。加大对南京自主软硬件智能制造信息安全品牌的支持力度。

3. 综合防控，加强智慧养老安全管理

建立智慧养老安全管理制度，明确和落实运营单位的信息安全责任，制度公开，责任落实到人；定期开展对智慧养老安全重点保护机构的检查，督促指导其落实安全防护措施和责任制；依法打击网络犯罪，以打击促保护，以执法保安全。

（四）引导成立智慧养老产业发展促进协会，规范行业标准

成立南京市智慧养老产业发展促进协会，规范智慧养老产业发展：

1. 制定智慧养老产品的技术标准和服务标准

在国家标准未出台前，有协会建立统一的设备接口、数据格式、传输协议、检测计量、数据服务等标准，实现不同设备间的数据信息开放共享。优先制定适用于个人、家庭和社区的血压、血糖、血氧、心律、心电五大类常用生理健康指标智能检测设备产品及数据服务标准。国家标准出台后，及时进行调整。

2. 探索构建统一的养老机构智慧化服务系统平台

一是在南京市养老服务综合信息平台系统中融入机构养老人员和服务

信息，做好老年人在居家养老和机构养老之间的信息对接；二是发布统一的养老机构智慧化系统和平台建设标准，规范各养老机构的信息管理系统；三是政府牵头开发标准化的养老机构智慧化系统，实现各级机构的信息互联、接口开放，通过大数据挖掘技术与分析技术，记录老年人使用这些机构服务的数据并加以分析、改善，实现区域内信息的有效整合，方便信息的共享、查阅、监督和检查。同时留足一定的个性化功能模块设置空间，并面向全市进行推广。

3. 建立养老服务企业准入与退出市级综合服务平台标准

通过准入和退出制度来提高平台门槛，确保数据收集和管理的专业性和安全性，通过严格的监管和考核制度，使得符合行业要求的机构进入平台，出现较为严重质量问题的服务机构按规定退出平台，以保障平台接入机构服务质量。

（五）加强人才保障，提升智慧养老能力

建立健全智慧养老的人才引进、培养、使用和激励机制。

1. 引进高层次人才

借助“创业南京”人才政策，引进专业人才，不断集聚互联网、智能制造、养老管理等多领域的高层次、复合型人才。

2. 加大培训力度

充分利用新建成的养老服务培训中心，加大养老机构管理人员和服务人员的培训力度，开设智慧养老课程或专题讲座，提升机构的智慧养老服务能力。

3. 激励养老护理员队伍能力提升

修订《南京市养老护理岗位工作人员入职奖励暂行办法》，广泛听取养老院管理人员及护理员的意见建议，降低部分奖励条件，增加有关智慧养老能力建设与鼓励的条款，更大范围激励护理员队伍主动提升智慧养老的服务能力。

（六）建立评估机制，推进智慧养老建设持续改善

建立科学合理的智慧养老绩效评估指标体系，推进南京智慧养老建设

持续改善。

1. 建立定期与不定期监督评估制度

南京市每年对各区和市各部门的智慧养老建设分别进行一次定期评估，考核智慧养老建设任务完成情况，分析存在问题并提出解决方案。各区的考核可以采取市政府牵头，各区之间交互考评的方式，考核中要注意区域间的基础不均衡现象，差别化考核。在定期年度考核的同时，还要结合特定问题和其他日常工作，进行不定期考核，以便及时解决问题。

2. 规范智慧养老试点的评估考核

对智慧化养老示范社区和示范养老院采取项目立项的方式进行管理，建立示范点督导评估制度，建立科学化、专业化、制度化的评估机制，引入第三方力量，构建项目专家库，及时跟踪了解示范点进展情况和存在问题，进一步加强示范点项目立项审核管理，强化对项目过程监督和效果评估。

3. 建立与应用智慧养老评价指标

组织研究机构对智慧养老的评价体系进行研究，建立科学的评估指标，对南京市各区智慧养老建设进行评价与分析，并将一部分指标融入现有《南京市社区居家养老机构评价标准》有待建立的养老院评价标准等标准化文件中，引导养老机构的智慧化实践。

“医中有养型”医养结合机构的标准化建设思考

❖王　娟

【摘　要】随着社会老龄化的不断加剧，为老年人提供医养结合型养老服务的需求越来越迫切。全国各地医中有养、养中有医、医养合作等模式层出不穷。但是医养结合工作涉及的要素众多，国家层面的指导性标准尚未建立，这给医养结合工作的规范化、科学化发展和监督带来了困难。本报告讨论的“医中有养型”机构是指偏向医疗护理的医养结合服务机构，这类机构一般由医疗机构主办或转型而来，有较为完善的医疗护理软硬件支撑，主要服务对象为失能、失智老人。这类机构承担的医疗服务繁重、解决了此类老人家庭照料无法满足其需要的突出困难。“医中有养型”医养结合机构的建设和发展存在准入标准、护理人员资质和培训标准、服务项目和内容标准缺乏规范化的问题，设立行业准入标准，设立护士培养计划，规范护工队伍，出台医养结合服务对象标准和服务内容细则是亟待解决的问题。

【关键词】医养结合；标准化；思考

【作　者】王娟：农工党合肥市委宣传部部长

“树老根多、人老病多”，老年人的“医养结合”型需求是生命的自然过程造成的必然结果。以往有限的医疗卫生和养老服务资源以及彼此相对独立的服务体系远远不能满足老年人的需要。儿女赡养义务的履行模式已经改变。时间上、人力上、专业的护理技能上，儿女无力在兼顾工作的情况下，支撑长期的赡养陪伴。城市化进程的加快，促使区域性人口流动与家庭迁徙，加剧了养老困局。这些都催生了“医养结合型”养老服务的产生。

一、“医中有养型”医养结合机构标准化建设的重要性

目前，各地探索的医养结合型服务主要分为3大类。一是医疗机构开展养老服务。有条件的医疗机构增设养老中心或病区，设置养老病床或老年病科，嵌入到医疗机构中。还有就是医疗机构单独开设医养结合型养老机构，开展康复、保健、养生、治疗、生活护理以及临终关怀等医养结合服务。二是养老机构增设医疗服务。有条件的养老机构中增设医疗点和医疗站，为入住老人提供日常简单医疗护理和基本医疗诊断服务。三是医疗机构与养老机构合作。养老机构与医疗机构签订合作协议，合作医院为老年人提供绿色就诊通道，同时医院的医生和护理人员定期到老年机构巡诊，为患病老年人提供医疗服务。

本报告讨论的“医中有养型”医养结合机构专门指第一种形式（下文所指医养结合机构也仅指这一种类型）。选择这种形式的医养结合机构来讨论其标准化建设的内容，主要基于以下几点原因：一是这种类型的机构承担的医养结合型服务任务最重。因为此类机构医疗照料对比其他两种类型机构更专业、更及时、更全面，所以一般半失能、失智和完全失能、失智的老人，还有病情需要长期关注、护理的老人往往选择这种类型的医养结合机构入住。在生活照料以外，这种类型机构的医疗护理任务繁重，心理慰藉和临终关怀任务也多。二是这种类型的机构解决我国养老困局的意义最大。能够自理的老人和需要医疗护理较少的老人相对于半失能失智和全失能失智老人来说，给自己和家人带来的经济负担和精神压力要小得多。能够提供半失能失智和全失能失智老人护理的，家人都会首选有医疗经验和背景的医养结合护理院。所以，此类医养结合机构的不断规范和发展，解决的是老人和家庭“最大的心病”。三是因为此类机构市场亟待规

范。医养结合服务的需求量大且迫切，这个巨大的市场吸引着社会资本的眼球，资本的逐利性若不加以规范，必然会出现投机取巧、损害老人及政府利益的不良现象。

二、“医中有养型”医养结合机构标准化建设存在的问题

目前我国养老服务业尚属于起步阶段，国家层面针对医养结合的标准还未形成。医养结合服务涉及的医疗卫生服务、分级护理、营养膳食、公共卫生等内容要求，目前主要呈现在不同的文件、规范当中。很多机构都是参考相关政策文件、规范，或者机构自己制定相应的标准，不仅缺少为养老服务市场提供医养结合服务起到示范作用的标准，相关的政府部门也因缺失相应标准依据，无法进行有效监管。

（一）“医中有养型”医养结合机构的行业准入缺乏统一规范

如房屋、医疗设施设备、医务人员配备、医疗护理技术水平、管理制度等，缺乏完整统一的标准。这不但限制了医养结合养老机构的良性规范化发展，还给政府监管带来了困难，更给单纯逐利型的“不良资本”进入医养结合领域埋下了隐患。

部分地区在医养结合机构相关标准中参照卫生部门护理院标准来操作，此标准“门槛”较高，既限制了医养结合机构的发展，也不完全符合医养结合机构服务对象和服务内容的特点。机构基础设施，如占地面积、医疗设备及医疗水平、服务人员资质、服务标准、岗位职责等大多数的规定都是主管部门参照之前护理院的标准或者机构自己摸索制定，很难达到规范化要求。

依托“大医院”创办医养结合机构有浪费医疗资源之嫌。一是三甲医院创办医养结合机构势必牵扯医生、护士从事疑难重症攻关的时间和精力；二是三甲医院普通病床的“创收”远高于开展医养结合护理时病床的收益，造成三甲医院开展医养结合服务意愿不够，积极性不足；三是三甲医院创办的医养结合型机构相对于一级、二级医院或专科医院创办的医养

结合型机构来说，对百姓更有吸引力，势必造成“市场争夺”的局面。

（二）护士队伍流动性大，护工队伍资质认证缺乏标准

在医养结合养老机构中，起到关键性作用的是服务人员，服务人员的服务技能、统一的管理培训很重要。

护士队伍流动性极大。合肥市一家医养结合型护理院负责人说起护士的大量流失时这么形容：“我们成了医院护士的实习培训机构。”护理院基本留不住本科护士，大专、中专护士离职也很频繁。究其原因，一是老年护理工作既脏又累，风险责任大，心理压力大。二是传统观念里，护理院和医院相差较大，缺乏职业认同感和归属感。还有部分护士愿意留在护理院工作，但是其家人认为孩子在护理院工作“没面子”，不好找对象。合肥市一家医养结合型护理院里就出现过护士本人不愿离职，哭着被家人从单位强行拉走的场景。三是每月4000元左右的收入和医院护士相比没有任何优势。四是在医养结合型护理院工作的护士和在医院工作相比，其职称评定、专业技术培训、继续医学教育等方面的制度衔接不畅。

护理员的资质认证没有统一标准，使护理质量难以保证。养老护理员在2015年之前是国家规定的90个持职业资格证书就业的职业。但2015年11月10日，人社部对《招用技术工种从业人员规定》予以废止，意味着养老护理员不再需要持证上岗，人社部门之前的相关培训也随之取消。医养结合服务护理员的专业化技能培训和规范化考核、管理成了空白。各地针对医养结合型人才的商业培训机构和培训班鱼龙混杂，收费不菲且培训质量难以保障。各医养结合机构大部分时候只能自己找资源、自己摸索、自己培训护理队伍。除护士外，护工工作量更大，所需的老年护理等综合学科的技能也不少。医养结合型护理人才要求具备基本的关于老年照料、保健、护理、康复的知识和技能，有爱心、有职业操守，能够对被照料的老年人进行心理疏导和精神关爱。但目前机构中一线服务的护工因为待遇、工作量等问题，主要来自农村和城市下岗工人，文化素养偏低、年龄较大，缺乏专业化知识和培训，对机构的专业化管理依从性也低，影响了服务的水平和效率。

医养结合型护理人才培养机制未建立。老年医养结合型护理人才培养在先发国家和地区，选择了学校培养为主，医院、机构、各种社团综合参与的模式。但在我国高校老年护理专业欠缺，规范的政府或社会专业培训机构极少，培训体系尚未建立。

（三）进入医养结合机构的患病老人健康及照护评定等级缺乏标准，服务内容缺乏细则

针对入住老年人的医疗服务内容和生活照料内容繁多，主要有疾病诊治、应急救治、康复服务、健康教育、感染防控、生活照料、心理/精神支持、养生保健、膳食、安宁疗护等内容，针对老年人的具体情况，选择哪些服务项目，这些服务项目的细则是什么，往往一个机构一个样，缺乏服务项目及具体操作细则，就难以保障医养结合机构的标准化、专业化发展。

三、“医中有养型”医养结合机构标准化建设的建议

（一）设立行业准入标准

明确以基层医疗机构和一级、二级医院、专科医院、康复医院为举办主体的“医中有养型”医养结合机构主办方的思路。这样既减少了三甲医院优质医疗资源在适合舒缓治疗的老年人身上的过度浪费，又调动了基层医疗机构和专科、康复医院利用闲置床位资源实现转型发展的积极性。参照卫生部门护理院和民政部门养老院的标准，制定适宜医养结合机构，要求既不偏高、也不偏低的行业准入标准。对面积、人员、硬件设备、管理制度等方面，针对不同规模的机构，制定不同的有针对性的标准。其中，常规消毒及传染病防治标准，预防跌倒宣传和具体措施标准，意外保险标准等作为医养结合机构运行中的关键环节，一定要契合服务对象特点。

（二）设立护士培养计划，规范护工队伍标准

一是让好待遇留住人。宁波医养结合型机构中护工的待遇从6000～

9000 元不等，部分护工月薪过万，每工作几年还有海外休养的机会。这么好的待遇并不是因为机构“高档”、入住老人收费贵，相反，宁波市大部分机构里，全护理型老人的收费仅在三四千元。机构不可能赔本运营，宁波市的做法是医养结合型护理院的房屋和硬件设施为政府整合社会捐助力量建设，为医养结合型机构省去了前期房屋和硬件设施的巨大投入，让机构能够有足够的资金提高护士和护理员的待遇。二是建立医养结合型护理人员的培训机制。鼓励各大院校和职业技术学院设置老年护理专业，培养专护人才。在学校和养老机构设立实训基地，畅通医疗卫生机构与养老机构内医护人员间的流动，并逐步实现从业人员的专业化。三是在养老机构从事医护工作的专业技术人员申报、评定职称时，与医疗机构医护人员同等对待，统一执行卫生系列高级专业技术职务任职资格评审标准，医疗卫生机构医护人员在养老机构从事的专业技术工作可计入总工作量中，所取得的与本专业相关的业绩成果予以认可。四是在养老服务、医养结合、科技助老等重点领域，培养、引进一批高级管理、运营等“复合型”人才。通过继续教育提高医护水平，将“4050”人员培训为护理员，建立医卫养老服务人才培训长效机制。五是提高医养结合型护理人员的职业荣誉感。借鉴苏州经验，政府设立“医养结合型养老护理岗位特殊津贴”。对于在政府准入的医养结合型护理院工作的护士和护工，根据工作年限，给予每人每月至少 200~500 元的特殊津贴，提高其职业荣誉感。政府通过设立“优秀护工”“优秀护士”等评选，对优秀护理人员进行表彰，鼓励更多人投身老人护理工作。

（三）出台医养结合服务对象标准和服务内容细则

立足现有评判标准，完善失能、半失能、失智、半失智老人的评估详细标准，老年人分级护理的服务工作需要有明确的评估依据，包括充分考虑老年人的年龄、生活自理程度、身体状况、精神状况等。针对老人的不同情况，设立服务内容细则。针对疾病诊治、应急救治、康复服务、健康教育、感染防控、生活照料、心理/精神支持、膳食等服务内容作具体要求，设置具体的操作和量化指标。其中主要的几个方面标准为：一是明确医疗服务内容和流程，建立多样化的分级护理体系。针对老人日常慢性病医疗护理和临时性急诊医疗服务两大方面，对医养结合养老机构所提供的医疗服务制定相关标准。此外，医养结合养老机构有些老人会自带药品，如何做好这些药物的管理需要设置规范和标准。对医疗和康复护理项目详细梳理，针对老年人常见病种，结合个人情况，为老人提供最合适的几种服务，并可根据效果评估进行调整，保障老人得到最有效和专业的服务。二是膳食标准。老年人营养不良问题较为常见，营养状况与老年人体重和死亡率呈正相关，医养结合机构必须以老年人的身体健康为主线，从养生、保健、生活照料护理等多方面考虑，为老人们提供精美、健康、合理的营养膳食，并由专业营养师来监测和调整老年人的营养状况。三是心理关爱标准。包括入住前的心理测试标准，入住后的疾病心理、家庭关系心理等心理关怀内容，并细化辅导方式和辅导频率。四是单独收费项目标准。个性化、高端化的中医理疗，专业康复、健康教育等服务的操作和收费标准。五是按疾病种类的管理标准。失能失智老年人大多由中风、老年痴呆等引起，同时心脑血管等慢性病普遍，所以可以按照导致失能、失智主要原因的疾病种类入手，设置管理标准。如中风管理标准、精神健康管理标准等。六是监督标准。逐步建立数据平台，利用大数据分析入住老年人的生理、心理受益程度，医保资金、保险资金等的合理利用程度，机构经营者、工作人员的获益和满意度。基于以上主要因素，不断简化、改进、优化各项运营、服务内容和标准，力求简便、实用、效率高、满意度高，不断提高服务的有效性和针对性。

医疗卫生体系应对老龄化社会开展医养深度结合服务的探讨

❖郑振佺

【摘　要】本报告在了解福建省老年人口及其医疗服务状况以及福州市现有养老机构提供医养结合情况的基础上，分析医疗卫生体系面对老龄化社会老年医学的急需发展、老年人的医疗费用负担重、养老与医疗卫生服务结合还处于探索阶段等挑战与加强老年医疗护理服务体系基础设施建设、加强老年医疗护理学科建设、加强老年医疗护理人才队伍建设等主要任务，最后提出将医疗服务融入居家养老全过程、探索社区养老服务模式的深度医养结合、医疗卫生体系积极参与养老机构开展深度医养结合、发挥医学院校作用，加快养老服务业人才培养等医疗卫生体系推进医养深度结合服务的对策建议。

【关键词】医疗卫生体系；老龄化社会；医养结合服务

【作　者】郑振佺：福建医科大学公共卫生学院教授

一、引言

随着社会老龄化程度的不断加深，老年人重点关注的社会保障、医疗服务、养老服务等任务更加繁重，然而，有限的医疗和养老资源以及彼此相对独立的服务体系远远不能满足老年人的养老需求。为此，2017 年 10 月 18 日，习近平总书记在党的十九大报告中提出“积极应对人口老龄化，构建养老、孝老、敬老政策体系和社会环境，推进医养结合，加快老龄事业和产业发展”。本报告拟就医疗卫生体系应对老龄化社会开展医养深度结合服务进行探讨，以便为有关部门开展相关工作提出对策建议。

二、福建省老龄化社会现状

（一）福建省人口老龄化现状

60 岁以上人口占总人口 10% 或 65 岁以上人口占总人口 7% 就算老龄化社会。福建省统计年鉴数据显示，2010—2015 年，福建省老龄人口呈现不断上涨趋势（见图 1），截至 2015 年底，福建省 60 岁以上老年人口占总人口的 13.41%，65 周岁以上老年人口占总人口的 8.45%；福建省老年人口数量增多、老龄化程度不断加深，福建省已进入较高程度老龄化社会。

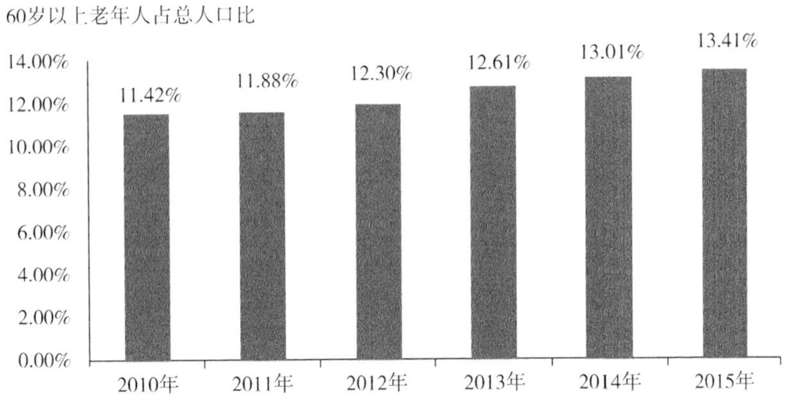

图 1　2010—2015 年福建省老龄人口变化趋势

（二）福建省老年人的疾病谱与就医负担

1. 慢性非传染性疾病是老年人的主要疾病

2012—2016 年福建省新农合 60 岁以上老年人主要因 15 种疾病住院。前 6 位的疾病主要为：脑血管疾病、慢肺/气肿/扩张/哮喘、恶性肿瘤、高血压、心脏病和骨骼关节病（见表1）。可见，当前影响福建省新农合老年人住院的疾病主要为慢性非传染性疾病。此类疾病最大的特点是病程长、费用高且不易治愈。慢性病对老年患者包括医疗支出、非医疗消费具有显著影响，给低收入家庭老年患者带来的医疗负担尤为突出。

表1　2012—2016年福建省新农合60岁以上老年人住院患者疾病谱

老年人主要疾病	疾病构成比（%）				
	2012年	2013年	2014年	2015年	2016年
脑血管病	8.71	8.98	9.22	8.99	9.00
慢肺/气肿/扩张/哮喘	7.46	6.78	6.93	6.76	6.67
恶性肿瘤	5.77	6.51	6.70	4.91	5.03
高血压	7.30	7.01	5.80	4.98	4.56
心脏病	4.58	4.85	5.00	4.76	4.79
骨骼关节病	4.02	4.58	4.64	4.67	5.08
白内障/视觉障碍	1.75	2.13	2.34	2.54	3.22
糖尿病	1.91	2.00	1.94	1.64	1.60
精神病/痴呆	0.64	0.65	0.61	0.61	0.59
尿毒症/末期肾病	0.27	0.31	0.33	0.38	0.39
结核病	0.34	0.31	0.31	0.26	0.21
意外伤害/自害	0.20	0.22	0.25	0.08	0.03
白血病	0.06	0.09	0.09	0.09	0.10
听觉障碍	0.02	0.03	0.04	0.06	0.07
性病/AIDS	0.03	0.03	0.03	0.02	0.02
其他疾病	56.96	55.52	55.77	59.25	58.65
小计	100.00	100.00	100.00	100.00	100.00

2. 老年人患病人次多，疾病经济负担重

从福建省某医院住院患者数据可以看出，2012—2016年住院患者总人次呈增长的趋势，60~65岁及65岁以上老年患者住院人次呈波动增长趋势，同时2012—2016年，60岁以上老年住院患者分别占到总住院人次的

31.25%、24.65%、34.87%、36.13%、37.07%，老年住院患者人次不断增加（见表2）。此外，老年住院患者疾病经济负担也较重，从2012—2016年住院患者费用可以看出，60岁以上老年住院患者次均住院费用有逐年增长趋势，其中65岁以上老年人疾病负担更重（见表3）。

表2　2012—2016年福建省某医院老年人住院人次

年份	住院总人次数	60~65岁住院情况		65岁以上住院情况	
		住院人次数	构成比（%）	住院人次数	构成比（%）
2012	64000	7200	11.25	12800	20
2013	71000	7200	10.14	10300	14.51
2014	76000	8300	10.92	18200	23.95
2015	80000	9200	11.5	19700	24.63
2016	82000	9800	11.95	20600	25.12

表3　2012—2016年福建省某医院住院患者疾病负担情况

年份	所有患者次均住院费用（元）	60~65岁次均住院费用（元）	65岁以上次均住院费用（元）
2012	16600	19000	21200
2013	17800	20000	22200
2014	18400	20400	22400
2015	19801	22100	24000
2016	19900	22200	23800

三、福州市健康养老（医养结合）服务模式发展现状

调研发现，福州市不同健康养老机构的运行情况各有特色。

（一）晋安区城乡社区居家养老综合服务中心

晋安区城乡社区居家养老综合服务中心以智慧养老云平台为支撑，构筑区、乡镇（街道）、村（社区）三级养老体系。年内将全面启动每个镇

街建立日间照料服务中心，引进专业化服务组织为镇街老年人提供居家养老照料服务，形成晋安特色具备医养融合（分级诊疗、分级照护）、老年人健康膳食管理、老年大学等服务，实现老人身心、健康、维护于一体的照料中心建设模式。

（二）仓山区对湖街道马场照料中心

该照料中心目前主要提供老人娱乐活动场所、健康理疗体验、午餐等日间服务照料。使用该中心场所运动和体验健康理疗均是免费服务，按人头收取膳食费用。该中心与福建省民政厅合作，场所是民政厅免费提供，通过后期的装修和改进等来适应养老服务产业的需要。因此，中心收费较为物美价廉，适合自主活动性较高的老年人。

（三）鼓楼区福州市金太阳老年综合服务中心

金太阳养老产业的核心机构福州市金太阳老年综合服务中心创立于2007年，以子女的行孝者，父母的守护者，纯爱的传播者为使命，在国内率先提出并实践“没有围墙的养老院，十五分钟到家服务”的养老服务创新理念，为老年人提供便捷、专业的养老服务。该中心所提供的服务包含了应急救助、生活照料、医疗保健、法律维权、文化教育、精神慰藉等各类养老服务。

（四）马尾区福州市新莲花医院

以福州新莲花医院为依托，致力于打造“医、养、护、康、社”五位一体的爱心护理院，为住在护理院的老年人提供医疗服务+护理服务+颐养服务+康复服务+社工服务。护理院引进日本先进养老理念，所有家具、病床均是全适老，专门定制。目前护理院的发展模式都比较成熟，但是迫切地希望政府给予一定的病床补助政策支持，参考厦门莲花医院，每张病床每月200元的补助，以减少医院和病人的负担。

（五）马尾区附一医院护养中心

护养中心依托于福建医科大学附属第一医院优秀的管理团队、精湛的医疗技术、优质的护理经验和先进的医疗设备、完善的服务设施，吸收了发达国家先进的养老理念，秉承着“关爱如家，温暖呵护”的服务理念和“让长者开心、家属安心、政府放心、员工称心”的服务宗旨，为长者提供优质、温馨、人性化的护养服务，实现了养老、护理、医疗、康复全程无缝衔接。

四、医疗卫生体系面对老龄化社会的挑战与主要任务

医疗卫生体系，包括从事医学科研与医学教育的医学院校、从事医学实践（预防、治疗、保健、康复、健康教育与健康促进等）的医疗卫生服务体系、医疗卫生服务产品的生产流通环节、医疗卫生各个环节的管理部门等。

（一）医疗卫生体系面对老龄化社会的挑战

1. 老年医学的急需发展

老年人群由于身体素质等原因，对医疗保健的要求远远高于一般人群，老龄化进程的加快对医疗保健服务的数量和质量提出了更高要求。然而，现有的老年医疗保健服务无法很好地满足老年人口的需求，专门为老年患者服务的老年医院数量较少，综合医院中单独设立老年医学科的很少，养老院、老年护理院等都较少。老年患者能否战胜疾病、提高生活质量和延长健康期望寿命，老年病医生的专业化服务将起到很大的积极的作用。

2. 老年人的医疗费用负担重

老年人是医疗卫生资源消费的主要人群，表 2、表 3 显示 60 岁以上老年人住院人次占总住院人次的 24.65%~37.07%，且次均住院费用比较高；根据福建省新农合资料，近年来住院老年患者的主要疾病是脑血管病、慢性肺部疾患、恶性肿瘤、高血压、心脏病、糖尿病、白内障等医疗费用较高的疾病，这些疾病占比达 40%左右（见表 1），而且，老年人患多种疾病，带病生存时间长，长期住院，导致老年病人的医疗费用更高。同时，医疗技术进步也增加了医疗卫生费用。老年人医疗卫生消费支出越来越

大，给医疗保障体系带来巨大压力。

3. 养老与医疗卫生服务结合还处于探索阶段

失能、部分失能老年人口大幅增加，老年人的医疗卫生服务需求和生活照料需求叠加的趋势越来越显著，老年人常与慢性病形影相随，单纯为老年人提供生活照料的养老服务已无法满足现实需求，迫切需要为老年人提供医疗卫生与养老相结合的服务。“医养结合”养老模式，作为社会养老模式的一种创新，将医疗和养老有机结合，强调有效整合现有医疗和养老资源，为老年人提供生活照顾、医疗服务、健康管理及临终关怀等持续性的一站式照顾服务。但是，目前提供养老与医疗相结合的机构相对缺乏，无法满足当前老年人的养老需求。随着收入水平的增长，老年人对医养结合的支付意愿不断增大，更加迫切需要发展“医养结合”服务。

（二）医疗卫生体系面对老龄化社会的主要任务

1. 加强老年医疗护理服务体系基础设施建设

合理规划布局和调整老年医疗护理机构，形成“3-2-1”三级老年医疗护理机构布局，即以护理院、护理站、养老机构设置医疗机构为三大托底，老年医学专科和区域老年医疗中心为两大支撑，市老年医学中心为一大引领。优化公立和社会办老年医疗护理机构、养老机构和医疗机构的比例。按照户籍老年人口数1.5%的标准推进老年护理床位建设，鼓励二级综合医院建设老年护理床位，鼓励社会办老年护理床位。

2. 加强老年医疗护理学科建设

推动老年医疗护理相关学科积极开展国际交流与合作，推动老年医疗护理学科与交叉学科的合作，加强老年康复护理器材设施研发，提升护理对象生存质量。加强老年医学重点学科临床基地建设，对康复、老年护理、精神卫生等薄弱学科进行建设，培育具有竞争力的学科优势，形成各自发展特色，以点带面，整体提升福建省老年医疗护理相关学科水平。

3. 加强老年医疗护理人才队伍建设

按照人力资源配置架构，合理构建人才培养梯度，完善院校“学历教育—职后人才培养输送”链。加快培养和培训老年医疗护理人才，与老年护理床位数增量及医疗护理服务发展相适应。通过政策倾斜，吸引相关人才，优化老年医疗护理基层服务队伍人员结构。为养老护理员、医疗机构护理员的健康照护专项技能培训等提供支持，加强老年医疗护理服务队伍能力建设，提升职业能力。

五、医疗卫生体系推进医养深度结合服务的对策建议

“医养结合”养老模式要想更好更快地发展，应对不同健康状态下的老年人，需要采取不同的健康养老模式。医疗卫生服务体系在推进医养深度结合服务方面具有不可替代的重要作用，对此建议如下。

（一）将医疗服务融入居家养老全过程

1. 通过家庭医生签约服务建立居家养老“医养结合”模式

“医养结合”居家养老模式主要是以能力完好的老人为服务对象，以老年人家庭、老年宜居社区为服务载体对社区家庭医生签约的居家老人提供周到、细致的专业化基本医疗服务，必要时提供特需医疗服务，如为居家高龄、重病、失能、部分失能等行动不便或确有困难的老年人提供上门巡诊、家庭病床等医疗服务。

2. 发挥基本公共卫生服务的作用

通过基层社区卫生服务机构开展国家基本公共卫生服务项目的相关内容为老年人提供健康管理服务，如建立健全老年人健康档案、为老年人提供基本项目的健康体检，了解老年人健康状况，以及为老年人提供预防保健服务等基本公共卫生服务项目。

（二）探索社区养老服务模式的深度医养结合

1. 完善老年医疗护理服务的运行机制

发挥社区卫生服务中心平台支撑作用，实现社区内老年群体基本医疗服务的全覆盖，建立社区卫生服务中心与养老服务机构签约服务机制。全面推进老年照护统一需求评估体系建设，做好与长期护理保险制度的衔接。

支持社区卫生服务机构推广家庭医生和家庭病床，为社区养老老年人建立健康档案，开展健康教育和咨询、慢性病管理等社区卫生服务，更有助于为老年人提供连续的健康管理和医疗服务。在建立健康档案的基础上，进行全程健康追踪管理，加强疾病的早期识别与干预。完善居民健康自我管理机制，积极倡导居民养成健康生活方式，利用互联网、微信平台、App 等信息技术，借助社区卫生服务中心和家庭医生平台，向居民推送健康相关信息。

2. 提升老年医疗护理服务体系运作效率

结合老年人多层次医疗卫生服务需求和现有资源配置，通过社区卫生服务中心平台进行有机整合、按需分类、对接供给。增强服务体系内部的联动效应。以家庭病床服务为载体，向社区、居家和养老机构内符合标准的老年人提供上门医疗护理等服务，同时形成社区卫生服务中心护理床位和家庭病床的有效转介。制订、推广老年护理院出入院标准，与周边社区卫生服务中心形成合作机制，推进机构护理与居家护理之间有效的转介。进一步夯实社区和居家护理的托底功能作用，有效发挥社区卫生服务中心和老年护理院的技术支撑作用，推进医疗护理服务延伸至社区和家庭。鼓励发展社区老年人护理站。

（三）医疗卫生体系积极参与养老机构开展深度医养结合

1. 推进机构养老的“医养结合”模式

随着社会的发展，机构养老的需求将会越来越大，“医养结合”是医疗服务和养老服务相结合，并集中体现在一个养老机构之中的运营模式。“医养结合”模式在机构养老中主要是以养老护理机构、临终关怀医院为载体，服务对象为患病老人，包括一些慢性疾病、大病恢复期、易复发疾病、绝症期老人等失能老人。特色服务内容主要包括长期照护、日常门诊、康复指导、突发疾病的抢救、临终关怀等。

2. 建立健全医疗卫生机构与养老机构合作机制

机构养老可通过三种形式实现“医养结合”。一是鼓励养老机构与周边医疗卫生机构开展多种形式的协议合作，建立健全协作机制，本着互利互惠原则，明确双方责任；二是医疗卫生机构为养老机构开通预约就诊绿色通道，为入住老年人提供医疗巡诊、健康管理、保健咨询、预约就诊、急诊急救、中医养生保健等服务，确保入住老年人能够得到及时有效的医疗救治；三是通过建设医疗养老联合体等多种方式，整合医疗、康复、养老和护理资源，为老年人提供治疗期住院、康复期护理、稳定期生活照料以及临终关怀一体化的健康和养老服务。

3. 支持养老机构开展医疗服务

养老机构中增设医疗机构，可以在“公建民营”的形势下产生，即由政府出资建造，再借助民间专业机构运营，由其引入专业的医疗机构，为老年患者提供更加优质和高效的服务；也可以将中小型医院的一部分资源整合进入养老机构，为老年患者提供专业的医疗服务。养老机构可根据服务需求和自身能力，按相关规定申请开办老年病医院、康复医院、护理院、中医医院、临终关怀机构等，也可内设医务室或护理站，提高养老机构基本医疗服务的能力。养老机构设置的医疗机构，符合条件的可按规定纳入城乡基本医疗保险定点范围。鼓励执业医师到养老机构设置的医疗机构多点执业，支持有相关专业特长的医师及专业人员在养老机构规范开展疾病预防、膳食营养、中医调理养生等非诊疗行为的健康服务。

4. 鼓励社会力量兴办医养结合机构

鼓励社会力量针对老年人健康养老需求，通过市场化运作方式，开办医养结合机构以及老年康复、老年护理等专业医疗机构。通过特许经营、公建民营、民办公助等模式，支持社会力量开办非营利性医养结合机构。支持企业围绕老年人的预防保健、医疗卫生、康复护理、生活照料、精神慰藉等方面需求，积极为老年人提供安全有效的食品、药品、康复辅具、日常照护、文化娱乐等用品用具。

5. 加强完善养老机构自身建设

机构养老可从健康老人一直到临终关怀，为老人提供人生最后一段旅程的“一条龙”服务。如在养老机构建设中，整个养老服务中心分为养老院和养护院两部分，养老院入住的是身体健康、生活可以自理的老人，养护院的入住对象则是经过评估的失能老人。在养老机构医疗站，老人可以享受医保基本的医疗服务，推动建设老年医院，老年护理医院将为每位老人建立健康档案，提供日常的医疗保健与膳食营养方面的咨询服务，并提供常见病、多发病的基本诊疗服务，同时与三级甲等医院建立合作，为院内老人开设绿色通道。

（四）发挥医学院校作用，加快养老服务业人才培养

1. 加强养老技术性服务相关专业技术人才培养

加强老年服务与管理、老年医疗、老年康复治疗技术、老年营养、老年心理咨询、老年社会服务与管理等方向人才培养。在中等职业技术学校开设老年人服务与管理、老年护理、家政服务与管理、市场营销（老年产品方向）人才培养；在高等职业院校开设老年服务与管理、老年康复医学、智能化养老管理、老年健康管理、老年人营养与养生、社区护理、社区服务与管理、智能化养老服务与管理等专业，在本科院校开设医学（老年医学方向）、心理（老年心理方向）、金融（老年理财方向）、老年教育、法律（老年权益方向）、管理、产品设计（涉老产品方向）及相关专业，为福建省养老服务提供合格人才。

2. 加大成人教育力度，提高养老服务队伍专业素质

鼓励相关院校通过成人教育、短期培训、专项技术培训等方式，不断提高现有养老服务业专业队伍的专业技能及文化素质，满足现有养老服务人员的学习需求，提高他们的职业素质和服务质量。

参考文献

1. 同春芬，王珊珊．关于医养结合的研究综述［J］．老龄科学研究 2016（07）：63-72.

2. 刘文莉，张新宇，徐凌忠．老龄化背景下医养结合养老模式的伦理价值和可行性初探［J］．中国医学伦理学，2016（04）：671-673.

3. 陈宏．“医养结合”机构养老模式研究［J］．中国老年保健医学，2015，13（3）：77-78.

4. 王晓迪，王力，郭清．医养护一体化——新型医养结合老年健康管理服务模式的构建与发展趋势［J］．健康研究，2017（01）：33-37.

5. 杨立雄．中国老龄服务产业发展研究［J］．新疆师范大学学报（哲学社会科学版），2017（02）：69-71.

6. 王雯．推行“医养结合”养老服务模式的必要性、难点和对策［J］．中国老年学杂志，2016（10）：2538-2540.

浅析吉林省失独家庭养老问题

❖董小溪

【摘　要】失独家庭是我国计划生育政策执行后产生的一个特殊群体，近年来，它的数量正在不断增长，越来越庞大的群体已经引起社会各界的高度关注。在这些失独家庭中，好多母亲已经过了育龄期、步入老年时代。这些积极响应国家政策的群体承受着丧子所带来的精神和经济方面的双重痛苦和压力。如何让他们安享晚年，是全社会面临的重大问题。2016年吉林省纳入计划生育特别扶助制度的计划生育特殊家庭目标人群27251人，这部分人年龄都在49岁以上，失去了再生育能力。本报告重点研究如何解决好这部分人的养老问题。

【关键词】失独；养老；吉林省

【作　者】董小溪：吉林市教育局科员

计划生育政策实行30余年后，我国出现了一个特殊的群体——失独者。据卫生部发布的数据，在我国，失独家庭每年以7.6万户的速度增长，现在我国已有超过100万失去独生子女的家庭，这些家庭大多数“独自”承受失独之痛，独自面对养老、基本生活照顾和精神痛苦等问题。在失独者中年龄超过49岁的失独老人占据了很大比重。失去孩子之后老人的社会支持状况和生活状况发生了很大的变化，更要面对现实的养老问题，特别是失能之后的养老问题。

吉林省作为国家老工业基地之一，30多年来，严格执行国家各个时期的人口和计划生育政策，独生子女家庭所占比重相对较大，因此，失独家庭的数量也相对庞大。截至2016年底，全省共有49岁以上的失独家庭万余个，这是对吉林省未来的社会养老服务的巨大挑战。

为全面了解掌握吉林省失独家庭的生存状况、面临的困难及生活诉求，更好地推动政府和社会力量共同关爱失独家庭，解决好失独家庭的养老问题，农工党吉林市委会带领船营区总支委员会对吉林省失独家庭养老问题进行了调研。现将调研情况汇报如下：

一、概念界定

失独家庭是一个我国特有的新出现的名词，他们积极响应国家计划生育政策，只生育了一个孩子，然而，他们的独生子女因疾病、意外、犯罪、工伤、自然灾害等原因死亡，失独人员年龄大多在50岁以上，而且一般情况下，由于年龄或其他原因不愿再生育、收养子女。

二、吉林省失独家庭的现状

（一）基本情况

2016年吉林省纳入计划生育特别扶助制度的计划生育特殊家庭目标人群27251人（这个数字仅指女方年满49岁领取独生子女死亡特殊补贴的家庭成员数，其中：城镇15948人，农村11303人），投入资金926.5万元；2017年增至30927人（其中城镇17924人，农村13003人），投入资金1051.5万元。目前出现的这群失独者大多出生在20世纪50—60年代，恰逢我国80年代独生子女政策严格执行的年代。这部分人执行了计划生育基本国策，年龄大都在50岁以上，已经失去了再生育能力（个别因绝育手术失去生育能力），在遭遇失去独生子女的沉重打击之后，普遍存在家庭经济状况不好、心理健康状况较差、患病率较高、婚姻变故和生活照料资源缺乏等问题。

（二）失独家庭的生活状态

吉林省虽为老工业基地，当前经济状况欠发达，但失独家庭父母却由于过去有单位，退休后多数能够有一定的稳定收入保障，调查问卷中显示，有 73.68%的家庭有退休工资或者退休金，另外还有 5%的家庭通过缴纳社会养老保险，得到了晚年的收入保障。尽管吉林省失独家庭的经济状况并没有发达省市那样充裕，但是社会保障体系发挥了巨大作用，为 14%的失独家庭解决了一定的经济难题。

失去孩子后，失独老人和朋友关系发生了细微的变化。一方面，他们和原有的朋友的关系逐渐疏离，交往频率逐渐减少，话题逐渐疏远，只会进行嘘寒问暖之类的交流，亲密关系淡化；另一方面，他们构建新的朋友关系，部分失独老人自发组织成团体，“抱团取暖”。这些新朋友因为有着同样的遭遇，他们在一起互诉衷肠，互相帮助，互相体谅和安慰，共同走出失独的阴影。

令人惊喜的是，不同于大多数人认为的那样，失独老人会离群索居，相反，他们在原来的居住环境里会更有安全感，有 43.86%的老人愿意选择居家养老或者社区养老。他们认为，在儿女曾经生活过的环境里度过余生，是对自己情感的一种安慰。

（三）吉林省失独家庭养老面临的问题

本次调查中，有 3.5%的失独老人悲观地表示自己对未来没有任何憧憬，对养老问题没有任何期待。生活和精神支柱双坍塌，“经济问题”“养老就医”“情感缺失”成为失独家庭生活中的三座大山。

1. 家庭经济状况较差。很大一部分家庭的独生子女由于疾病缠身最终让病魔夺去了宝贵的生命，但是之前在住院期间花费了巨额的费用。这让大多数中低收入阶层在支付大量医药费后陷入经济困难，面临巨大的经济负担。66.67%的失独家庭父母没有任何积蓄可用于养老，8.8%的失独家庭还有赡养老人和抚养孙辈的负担。多重压力之下，12.23%的失独家庭老人认为自己生活艰难。有 54.39%的老人认为养老机构费用过高，给自己的经济造成很大压力。

2. 面临养老就医难题。医疗开支让失独老人原本贫困的生活雪上加霜。调查中，仅有17.54%的老人认为自己身体状况健康，还有7%的老人说，由于身体状况不好，他们日常生活中医疗支出压力非常大。同时，失独老人还常常面临无人办理正常医疗住院手续和术后无人照料等问题。访谈中，很多失独的父母表示，他们不怕死亡，而是怕面对慢慢变老、失能。94.74%的老人希望得到医疗救助方面的支持。70.18%的老人希望自己能通过锻炼提高身体素质，远离病痛。

3. 存在心理健康问题。由于失去了自己的孩子，他们情感缺失，容易出现心理疾病。在经历了“白发人送黑发人”的悲痛后，失独老人失去了精神依靠和寄托，心理变得脆弱和敏感，容易陷入精神抑郁，甚至导致更加严重的心理疾病。调查中有68.42%的老人，希望在未来，社会能为他们提供精神慰藉方面的服务。63.15%的失独老人认为，在老弱病残集中的养老院里生活，会有很强的压抑感。61.4%的老人认为养老机构缺乏家庭的温暖。因此，相对于物质帮扶而言，失独老人的精神慰藉更为迫在眉睫。

三、吉林省针对失独家庭养老已经出台的相关政策

（一）政策跟进

2015年7月，全国计划生育特殊家庭扶助关怀工作会议召开后，省卫生计生委领导高度重视，召开党组会认真研究，安排部署。经过反复沟通协调，省卫生计生委与财政厅、民政厅、住建厅、人社厅联合下发了《关于进一步做好计划生育特殊家庭扶助工作的实施意见》（吉卫联发〔2015〕27号）文件，出台了4个方面12条措施，并不断完善落实。

1. 从2015年1月1日起，全省不分城镇和农村实行城乡统一的特别扶助金标准，即独生子女死亡家庭每人每月340元。根据特殊家庭多次上访的诉求，2016年又将提高扶助标准列入重要工作内容，经向省政府汇报

和与省财政厅多次协调沟通，省政府、省财政决定自 2017 年 1 月 1 日起将扶助标准提高到每人每月 450 元。

2. 对失独家庭有生育能力和再生育意愿的，卫生计生部门帮助提供再生育所需各项服务。为了使计划生育“失独家庭”通过辅助生殖技术助孕治疗实现再生育，吉林省决定在 2016—2017 年实施“生育关怀 · 天使计划”项目，为采取辅助生殖技术生育成功的计划生育“失独家庭”提供一次性补助，补助金额为成功家庭每例 20000 元。2016—2017 年省财政下拨专项资金 200 万元，将由省卫生计生委和省计生协共同抓好实施。

3. 强化医疗保障。独生子女死亡家庭成员每年可自愿在户籍所在地基层医疗机构免费体检一次。各县（市、区）医疗机构为计划生育家庭开通“绿色通道”，为持有计划生育特别扶助资金卡的人员提供优先挂号、优先检查、优先入院的便利就医条件。

4. 开展“护工补贴 · 亲情援助”行动。从 2013 年开始，针对计划生育家庭特别扶助对象因病住院期间无人护理的突出问题，省卫生计生委、省计生协、省人口福利基金会与中国人寿吉林分公司合作，在全省开展“护工补贴 · 亲情援助”行动，为全省 60 岁以上计生特殊家庭提供住院护工服务保险。2015 年“护工补贴 · 亲情援助”行动进一步提标扩面，全省护工补贴经费增加 200 万元。

5. 进一步完善扶助对象联系帮扶制度。2015 年 11 月省卫生计生委下发了《关于建立计划生育特殊家庭基本信息档案和完善联系人制度的通知》（吉卫家庭发〔2015〕6 号），要求各地对每一户计划生育特殊家庭建立“二对一”联系人帮扶工作制度，实行领导包片、干部包抓到户，并将帮扶工作纳入干部绩效考核。截至 2017 年 6 月，全省计划生育特殊家庭基本信息档案全部建立。

（二）有益探索

2015—2017 年，省卫生计生委多次协调省财政厅、民政厅、住建厅、人社厅等相关部门，和基层计划生育特殊家庭成员代表进行座谈。座谈会中听取了代表的主要诉求，并向失独代表通报了近年来主要开展的工作。

针对座谈中发现的问题，采取了以下措施：

1. 积极协调民政、财政、人社、住建、卫生等部门，在制定和完善社会公共服务和社会保障政策时，充分考虑计划生育特殊家庭的利益，体现对他们的优生优惠，切实解决养老、就医、住房、生活等方面的困难。

2. 计生特殊家庭成员因遭受精神重创导致生理心理易患各种重大疾病，无子女照料易出现各种意外情况，省计生协依托省人口福利基金会，与保险公司协调，为每位计生特殊家庭人员免费办理一份意外伤害险，包括 70 岁以上的老人，费用由人口基金会和各级协会共同承担，为他们出行或日常生活中出现意外提供保障。

3. 基层卫计生部门、计生协会定期走访慰问计划生育特殊家庭，及时了解他们的生活情况和生活需求，加强感情沟通，特别是传统节日期间，从物质和精神上予以帮助、慰藉，让他们感受到党和政府的关怀关爱。

虽然吉林省在对失独家庭经济帮扶方面做了一些努力，但依然不能解决失独家庭因为失去唯一的孩子而造成的经济和生活上的困难。

四、现有社会养老帮扶措施及不足之处

（一）社区帮扶

在一些特殊的节日，比如：春节、中秋节等，社区里的工作人员会探望失独老人，为他们提供一些物质上的帮助，表达节日的问候和社区的关心。有的社区还会为失独老人提供一些就业机会，增加他们的家庭收入。这些帮助使失独老人感到了社区的温暖，对改善失独老人生活困境，缓解心理孤独的状况有一定的帮助，但是这种间断性的帮助效果不大，反而在有些特殊节日下刺激失独老人的心灵，加深了他们的孤独感。

（二）慈善机构与爱心企业帮扶

在访谈中，失独老人提出过向某些慈善机构提出扶助申请的想法，但是介于程序复杂，他们最终没有提出申请，而且外地的慈善机构也并没有

主动给出帮助与支持。外地慈善机构可能只是一个可望而不可即的支持源。

（三）家庭和配偶帮扶

失去孩子后，家庭的结构和关系发生了很大的变化。有的家庭在失去孩子之后，两个老人相依为命，互相照顾，互相关心，将生活的中心重新放到夫妻关系上，两个人会讨论未来的休闲娱乐活动，也会学着享受两个人的节日。但是有的家庭，关系紧张甚至破裂，夫妻两人互相埋怨，经常吵架，只有在生病等重要时刻才会提供关心和帮助。还有的家庭因为种种原因，直接破裂——离婚。甚至有的失独老人还遭受了丧偶的打击。调查中，有 50.88%的失独老人为单身。可见，家庭这个支持源能否发挥应有功能还存在一定的异议。

（四）亲属帮扶

在调查中，仅有 1.75%的老人得到了亲戚资助。在失去孩子之后，失独老人和外界的联系逐渐减少，那些远方亲戚基本上没有联系，虽然偶尔有的远方亲戚会通过电话、网络等手段进行一些交流，但是效果不佳，失独老人表示“远水解决不了近火”。

（五）志愿者帮扶

一些高等学校在得知失独老人的境况之后纷纷组织志愿者帮助他们。大学生们结合自己的专业有针对性地为失独老人提供帮助。这些大学生志愿者确实在一定程度上为失独老人的生活提供了帮助，但是大学生志愿者由于自身学业的原因，不能经常为老人提供帮助，而且大学生的人员不固定，太多的人介入反而打扰了老人的生活，甚至容易让老人触景生情，造成新的情感伤害。

五、失独家庭迫切的养老需求

中国社会最主要的养老模式是家庭式养老，“养儿防老、积谷防饥”

是沿袭多年的至理名言。而失去了独生子女，老人不得不面临着未来的养老选择。另外，无子嗣赡养、无处看病、无人送终，这是失独老人现在面临的最大难题。接受采访的失独老人一再强调在生活中他们不怕死，只怕病、只怕老。独生子女家庭，当独生子女存在的情况下，他们别无所求，只是希望自己的子女能够经常回家看望他们，履行赡养老人的义务，便是他们唯一的精神寄托。可是当自己的唯一子女去世后，失独家庭养老的需求便发生了变化。

第一，物质需求。他们年过 50 岁，大部分已经退休，生活基本依靠政府的微薄补贴。当失去自己的子女后，他们的经济来源便只能从政府的补贴中获取，因此他们在物质上希望政府会给予大力支持和帮助。

第二，精神需求。失独家庭的老人精神上也是脆弱的，他们更希望政府和社会能够从精神上给予他们慰藉。失去子女后，失独老人忍受着“白发人送黑发人”的精神折磨，整日里泣不成声，每到阖家团圆的节日时，失独老人为了避免触景生情，他们只好躲亲避友。失独家庭老人整日陷入沉痛之中，长期无法从丧失子女的阴影中走出来。因此失独家庭在希望政府能够给予物质上帮助的同时，更希望政府能够给予他们更多的精神上的慰藉，让他们能够在暮年失去独生子女后病有所医，老有所依，老有所养，住有所需。

第三，法律需求。吉林省失独老人的精神状态和日常行为并没有网上传言的那样极端化，他们表现得更温和，更平静，更内敛，除极个别情况外，基本上没有过激反应。他们更渴望社会对他们的接纳与被他人理解和关爱，不希望人们用异样的眼光来看待他们。所以他们希望政府能够给他们合理定位，不要被“人格化”，并且为他们的基本权益提供法律方面的保护。

六、吉林省在失独家庭养老方面存在的短板

（一）家庭养老保障不足

由于失独老人年逾花甲，获取生活资料的能力和自理能力逐渐衰退，选择居家养老的风险过大，一旦出现失能的情况，后果不堪设想。但是吉林省目前尚没有行之有效的家庭养老保障措施，仅靠社区互助和志愿者服务，远不能解决失独家庭的养老需求。

（二）独立养老机构缺失

失独家庭的老人患有常见疾病的占有一半以上；还有一部分人患恶性疾病；同时由于精神空虚导致一些人还出现了抑郁症。38.6%的失独老人可以接受在普通养老院安度晚年。但是，不可忽略的是，一部分失独老人的养老观念已经发生变化，14.04%的老人想选择国家为失独老人成立的特殊的公立养老院进行养老，使所有失独老人可以“抱团取暖”，借此来消除彼此内心的忧伤。目前北京已经建立了为失独家庭单独设置的养老机构，湖南省专家也表示要在长沙合理规划，建设硬软件设备齐全的独立失独家庭养老住宅区，让失独老人集中养老。但吉林省由于财力物力等原因，至今仍没有成立此类机构。

（三）养老方式不够丰富

当居家养老和机构养老这两种方式不适合失独家庭时，他们的养老便成为难题。针对这种情况的出现，失独家庭就希望养老方式能够多样化，以供他们根据自身不同情况选择适合自己的养老方式。比如法国政府推行养老券养老，使用者可以凭此券向养老机构提出申请；日本按体制选择养老院，养老院大致可分为“带全看护”“住宅式”和“健康式”三类；新加坡推行的以房养老政策，等等。国家在《关于加快发展养老服务业的若干意见》中提到以房养老的观点，而以房养老的首倡者则是以无子女或失独家庭为试点。各种针对失独家庭的养老方式的出现，将有利于失独老人

针对不同情况选择适合自己的机构进行养老。但在吉林省，失独家庭养老方式的可选择性不多，仍是以居家养老和进入普通养老院为主。

七、造成吉林省失独家庭养老问题的根源

一是吉林省是国家老工业基地，国有工厂多，实行计划生育政策以来，东北在执行该项政策上一直是全国的典范，因此，独生子女家庭比重较大。同时，带来的“副作用”就是，造成了数量巨大的失独家庭。

二是早期实行一家一孩政策时，国家的宣传口号是“计划生育好，国家来养老”。因此，当很多独生子女家庭变成了失独家庭时，他们一方面陷于巨大的悲痛之中，另一方面又对国家养老的期待值过高，导致心态不够平和，5.26%的老人在调查中强调了政府和国家应履行承诺，担负起失独老人养老的全部责任。

三是吉林省经济不够发达，在出台扶助政策时，缺乏财力支持，导致吉林省的扶助力度尚显不足，应该做的社会服务也不够完善，无法达到失独家庭的预期，更无法和经济发达地区出台的政策相提并论。

四是失独家庭是一个特殊的人群，心理相对脆弱，需要专业的有心理辅导工作经验的人引导他们走出阴霾回归社会，因此，在养老问题上，也是需要慎重考虑的，既不能引起失独家庭的心理问题，也不能给专业养老机构和提供帮扶者带来太大的工作压力。

八、关于解决吉林省失独家庭养老问题的思路

独生子女家庭，是我国计划生育政策的积极践行者，对降低人口出生率、抑制人口过快增长作出了重大贡献。帮助失独家庭解决养老问题，国家和社会责无旁贷。因此，应建立“以人为本”的多重养老关怀机制：

一是物质帮助。有些失独者面临严峻的生活挑战，应该得到制度性的帮助。国家层面出台政策，建立失独家庭关怀基金及建立失独养老院，帮

助失独者解决实际困难，真正深入到他们身边，了解他们的所求所需，提供更多帮助。国家计生委原巡视员、中国人口福利基金会原理事长苗霞表示，失独问题不解决是对人民不负责任，也是对计生工作的不负责任。让失独者不孤独，考量着国家文明和国家责任。顶层设计和底层自觉互动，失独者的孤独才能得以抚慰。“失独”已经不仅仅是哪一项政策的问题，而是个社会问题。整个社会要去关注、了解这个特殊的群体，给他们营造一个充满关爱的社会环境，才能让这个悲伤的群体走出阴霾，重获阳光。

二是精神关怀。很多失独者的心理变得脆弱和敏感，不愿意再接触社会，甚至选择自我封闭。因此，第一，要对基层社区工作者进行培训，对失独者进行科学的心理干预，比如开展心理辅导、义务巡诊、临终关怀等多元化服务。第二，是充分发挥民政部门的优势。从北京、大连等地的实践看，目前失独家庭的精神关怀，主要由民间自发的互助团体来承担。但这些团体的发起和延续，有一定的随机性与不稳定性。所以，各地民政部门应尽早建立失独家庭需求数据库，为失独互助组织提供必要帮助。在没有民间救助团体的地方，慈善机构应该协助成立民间社团，在运行经费、活动场所和精神支持等方面提供社会资源。第三，是开展亲情抚慰活动，帮助失独者建立与社会的正常联系，特别是组织失独者之间的联系，让他们相互取暖。

三是完善社会保障制度、开发利用社会资源。失独并非少数人固有的、特殊的不幸命运，而是多数家庭都可能面临的潜在风险。因此，政府更有责任及时采取措施，完善社会化养老和救助机制，帮助他们在社会的关爱中找到心灵的慰藉，从根本上逐步转变传统的家庭养老模式，实现真正的社会化养老。政府可以牵头，多渠道融资组建特殊养老机构（失独家庭养老院)，及时向他们提供心理援助，进行心理疏导咨询，帮助他们摆脱心理阴影。

四是积极开发利用社会资源。要想彻底解决失独家庭的养老问题，仅靠各级卫生计生部门的努力根本无法实现，关键还是依靠多部门合作，全社会共同参与。第一，要重视在社区中展开工作。社区不仅可以提供其他单位所不可超越的以归属感为表现形式的心理支持，从而降低失独者的精神风险，而且能通过社区的支持网络完成社会养老网络的构建，降低失独者的生存风险。第二，要借助社会力量。强大的社会力量是社会养老的基础，其中社会组织又是重要的一环，帮助失独家庭的社会组织即是其中的一个部分。逐步放宽社会组织登记管理条件，让非营利中介组织关注这个群体，使他们不至于成为被社会遗忘的一部分。例如北京市计划生育协会开展以独生子女死亡家庭为目标人群的“暖心计划”，为他们提供养老保险、意外伤害事故保险、意外伤害医疗保险、残疾保险、烧伤保险以及女性重疾保险，重点解决这些家庭的养老和医疗困难，真正保障了这一群体老有所养、病有所医。

以上是通过调查走访得出的结论，希望为解决吉林省失独家庭养老问题能够提供一定的思路，为推动社会和谐进步作出一些贡献。

发展健康产业提升养老服务的对策建议

——以青海省为例

❖张周平

【摘　要】关注和破解青海省人口老龄化问题，做大做强青海省康养产业，积极探索医养结合模式，是助推青海省人民创造高品质生活的关键之所在。本报告在分析青海省人口老龄化和康养结合的现状，以及社会化养老服务体系建设存在的问题和困难的基础上，提出了做大做强健康养老产业，创造高品质生活的建议和对策。

【关键词】青海；老龄化；健康产业；医养结合

【作　者】张周平：农工党青海省委主任委员

青海省委"一优两高"战略部署，在新起点上深入落实"四个扎扎实实"重大要求，科学把握发展趋势、彰显绿色生态优势、积极回应群众期待、决胜全面小康社会、推进现代化建设作出的重大战略抉择，明确了青海经济社会发展的目标导向、方法路径和重点任务。当前，青海省各族人民改善物质文化生活水平和质量的期盼尤为迫切。创造高品质生活，进一步提升各族群众的获得感、幸福感、安全感，实现全民共享、全面共享、共建共享、渐进共享，做大做强青海省康养产业，关注和破解青海省人口老龄化问题，积极探索医药结合模式，倾力关注劳有所得、病有所医、老有所养、住有所居、弱有所扶，是助推青海省人民创造高品质生活的关键之所在。

一、青海省人口老龄化和康养结合的现状

党的十九大提出实施健康中国战略，积极应对人口老龄化，构建养老、孝老、敬老政策体系和社会环境，推进康养结合，加快老龄事业和产业发展。随着青海省人口老龄化程度不断加剧，失能、半失能、失智和慢性病老年人的数量也在持续增加，独居、空巢现象已成常态化，老年人对长期护理的需求与日俱增，为更好满足老年人对于经济支持、日常照料和精神慰藉等方面的需求，保障老年人安享晚年，愉快地度过黄昏时光。培育发展壮大青海省健康养老产业，是目前的一项迫切工作。

1. 典型的“未富先老”省份。截至 2017 年底，青海省 60 岁以上人口已达到 73 万，占总人口的 12.4%，2020 年将达到 81.67 万。青海省已进入老龄化社会，是典型的“未富先老”省份。据调查，70 岁以上高龄老人 31.25 万，占老年人口总数的 43%。除了生活照料外，医疗、康复和护理服务需求与日俱增。空巢家庭的增加，家庭成员特别是子女成家立业、外出打工等社会发展，使得家庭向小型化发展，青海省城市和农村都出现了大量的“纯老家庭”、留守老人家庭。

2. 老年人口分布不均匀。在省辖 8 个市州中，西宁市、海东市的老年人口占青海省老年人口总数的 71.7%，青海省老龄人口约 56.5%集中在农村。此外，养老除了保障老年人的基本生活之外，还需要大量的适合老年人心理、医学等诸多方面的专业护理服务。未来养老的发展应该是老年人的生活保障逐渐走向社会化，变家庭养老为社会养老，由政府承担是大趋势。尽管机构养老在中国老年福利服务体系中处于补充地位，但其作用却是相当大的。随着经济的发展和社会的进步，特别是人口老龄化、家庭小型化、农村城市化，人民群众对于养老服务的需求将会越来越大，现有的养老设施总量很难满足日益增长的养老需求。

3. 人口老龄化压力巨大。据统计截止到目前，青海省已有 107 所县级以上医疗机构设立老年病科、老年病门诊或老年病床，84 所医疗机构为老

年人开通了就医绿色通道，133所医疗机构与146所养老机构签订协议建立了合作关系。10所康养结合机构已建成并投入运营。养老床位2.37万张，仅占60岁以上老年人口的3.26%，不仅低于发达国家5%~7%的比例，而且也低于一些发展中国家2%~3%的水平。青海省人口老龄化的巨大压力，考验着政府规划养老的能力。

二、青海省社会化养老服务体系建设存在的问题和困难

虽然青海省社会化养老保障体系中，经济和医疗基本生活保障制度已经建立，但是作为社会化养老保障体系中的传输带的养老服务体系的建设则严重缺位，这是完善青海省社会化养老保障体系的突出问题。

1. 养老服务队伍整体素质不高。2017年，青海省老年人失能和半失能的达到18.3%，农村已经超过18.9%，这部分老人需要专业的护理和照顾，按照老年人与护理员比例3：1推算，青海省最少需要4.4万名养老护理员。青海省老年福利机构的职工只有1328人，取得养老护理职业资格的也不过300多人。大部分从业者自身文化程度不高，服务能力不强，致使敬老院存在着管理不到位，服务不规范，未经过专业培训，整体服务素质不高，在应对突发事件时应急能力不足，养老机构、床位和专业人员的严重匮乏，已经成为青海省养老服务瓶颈问题，在一定程度上制约青海省社会养老服务机构规范化、程序化、制度化管理水平的提高。

2. 养老机构设施基础薄弱、服务功能不完备。由于养老资源供给不足，养老机构的收费较高；多数养老机构仅提供一般的生活照顾或日常护理，医疗设施相对简单，医疗服务能力较低，存在服务功能欠缺问题；受老人住院时间、报销比例金额的限制，老人在养老机构中所接受的医疗、护理、康复服务费用报销受限制。

3. 养老需求投入不足，健康养老主体参与度不高。老年人对于医养结合的概念及服务范围认识不足、主体参与度不高，医养结合概念认知现状不容乐观。医养结合机构之间缺乏监督机制，日常安全管理、医疗护理管

理、设备设施等各项管理制度有待健全。在农牧区大部分养老机构没有健身康复、休闲娱乐等生活配套设施，满足不了不同层次老年人的需求，造成供需情况不对接，供需双方不满意的现状。

4. 社会组织能力较弱，承接政府购买居家养老服务方面专业性不强。由于青海省社会组织承接政府购买公共服务等核心内容涉及小、引导少，同时，由于社会组织在人才引进方面吸引力不足，人才队伍流失较为严重，社会组织在承接政府购买居家养老服务方面专业性不强，只能为老年人提供简单的基本生活照料，而上升到精神慰藉、医疗保健、法律援助等方面就显得能力不足，社会组织作用难以充分发挥。

5. 社区养老服务机构缺乏优质医疗资源。在健康养老服务供给层面，医疗机构和养老机构相互独立、自成系统，养老机构只提供养老缺少医疗，不方便、不够经济，医院里又不能养老，老年人一旦患病就不得不往返于家庭、医院和养老机构之间，既耽误治疗，又加重了家庭负担。

三、做大做强健康养老产业，创造高品质生活的建议和对策

关注和破解青海省人口老龄化问题，做大做强青海省康养产业，积极探索医药结合模式，是助推青海省人民创造高品质生活的关键之所在。

1. 增加床位及人力资源供给量。首先，政府继续加大投人，改善基层医疗机构提供养老服务的条件，继续增加医养结合机构数量和老年人康复设施供给量。鼓励养老机构提高医疗服务能力，在设备更新、房屋改造及人员培训等方面给予财政扶持，优先审批医保定点申请，支持养老机构与附近的医疗机构合作建立绿色通道，逐步提高医疗机构、养老机构内老年人护理床位占总床位的比例，争取实现护理型床位占床位总数的 30% 以上。其次，增加全科医生和专业护理人员的供给量。大专院校、高等学校医学院应该考虑设置不同学历的老年医疗护理专业，解决专业老年护理从业人员不足问题；鼓励养老护理员参加各级民政部门举办的养老护理员培训班，考虑出台对医养结合机构工作人员的待遇及补贴政策，设置相关的

职业等级评定制度；兴办养老护理专业培训，鼓励在岗的护理人员长期从事老年人护理工作，推进青海省老年人护理专业人才队伍建设。

2. 完善服务项目，调整服务收费，扩大医保报销范围。针对居家社区服务模式，医养结合机构应该继续完善老年人相关服务，比如慢病管理、康复锻炼、健康照护、中医保健、临终关怀等内容；实惠服务项目的多样化和层次化，使老年人充分享有日常生活、基本医疗、精神心理慰藉、急诊急救等照料服务；继续完善养老机构和医疗机构的合作协议，当养老机构中的老年人突发疾病，该机构能够以最快的速度将老人送到就近的医院，得到医疗的专业救护；社区内医院工作人员进驻到养老机构对患病老人进行上门医治，逐步化解机构收费水平与老年人消费水平之间的矛盾，调整医养结合机构对老人的服务收费。政府部门应该逐步将老年康复、老年人护理费用等项目纳入城乡医保报销范围之内，且确保有条件的机构优先纳入。借鉴先进经验，尝试建立起老年人长期护理保险，将符合医疗条件的养老机构纳入范围，实行费用刷卡结算。

3. 改善认知状况、健全机构管理制度及法律法规。养老机构属政府的民政部门管理，而民政部门对于医疗资源的调配形式有限，对医疗服务的监督能力有限，在保障老人的医疗护理质量、老人的医疗服务安全方面仍存有不足，在开展医养结合型养老模式时民政部门应该加强同医疗卫生部门的合作，力所能及地开展健康养老、医养结合等健康教育活动，加强宣传力度，丰富宣传内容，持续改善社会公众对医养结合这一新型养老模式的认知情况。健全医养结合机构的日常安全管理制度、医疗护理管理制度，将老年人照护纳入国家社会保障体系之中，确保老年人照护保险制度顺利实施、老年人照护保险市场规范化运行，医养结合机构和老人权益受到法律保护，制定关于医养结合型关系机构运行法律法规，在法律法规中各部门协调工作，促进医养结合养老机构发展的职责，使青海省医养结合事业有章可循、有法可依。

4. 精心打造以西宁为中心的康养产业。青海空气清新、水源洁净、气候凉爽、景色独特，是多民族聚居的地区。民族医药有深厚的底蕴和发展历史，对高原健康养生产业提供了特色支撑。冷凉气候，特别是西宁市的空气质量优良天数比例达到92.4%，西宁南北山森林覆盖率达到79%，夏季平均气温15摄氏度，越来越成为人们避暑养生的绝佳之地，发展康养产业，可促使相关产业链和生态链的形成。把环西宁地区打造成为青藏高原秘境养生之都、康养休闲之都，打造成养老养生养心“三养合一”的生态文明之都、幸福健康之城，成为深化供给侧结构性改革、乡村振兴战略和健康青海创新融合发展的试点和样板，让季节性康养成为青海亮丽名片。

5. 做大做强青海省康养产业，培育新的经济增长点。要深入挖掘康养产业的特色和优势，使康养产业成为青海现代服务业战略性主导产业。康养产业涉及面广，综合性强，关涉度高，需要相关部门协力共担，必须树立系统性思维做好整体谋划和顶层设计，建议加快制定“青海生态养老养生养心专项发展规划”。用一种战略格局，把一个个零散、松散的产业串联起来，以“康养”理念为统领，大力发展“康养+农业”“康养+工业康养+医疗”“康养+旅游”“康养+运动”“康养+文化”“康养+房地产”，打造生态养老养生养心全产业链。让青海的产业有思想、有内涵、有元魂，活起来、强起来，既满足人们对美好生活的向往，又实现高质量发展，创造高品质生活。为此，青海的康养产业要立足青海，辐射全国，全面带动青海的基础设施建设，形成“康养+N”全产业链发展格局，增强青海省的自我发展和产业支撑能力。

第三篇

人口与城市研究

我国城市化的可持续发展探索

❖黄润龙[1]

【摘　要】本报告研究认为，城市容量随着社会发展和科技进步而不断增大，在技术层面城市发展已经突破了若干瓶颈。但城市发展，尤其是大城市面临资源生态环境等深层次问题。城市发展受水资源、土地资源、能源和生态环境等4个因素的制约，城市化水平越高，对资源环境的索取数量越高。江苏作为一个经济大省，城市化水平较高，房地产开发全面，然而一半城市开发过度，环境污染未能改变。

【关键词】可持续发展；城市化；环境生态

【作　者】黄润龙：南京师范大学社会发展学院教授

工业革命以来，人类通过科技革命改造社会，空前提高了社会生产力，成为自然的主宰。但是，一连串的环境、资源和生态危机接踵而来，大气污染、水污染、土壤退化和污染、气候异常，森林覆盖率降低、生物多样化丧失等环境生态问题，使人类面临着生存和发展危机。自21世纪初以来，专家对我国经济过热的警告就不绝于耳。各地以“经济开发区”“房地产”和部分行业产能过剩突出为典型的新一轮经济过热和失衡现象，造成了我国耕地的大量流失、产能过剩、消费结构失调；而耕地控制不严、产能过剩，又给经济过热、盲目投资等提供了土地和各种机遇。

① 《首届人口发展战略研讨会》研究报告。

一、城市容量随着社会发展和科技进步而增大

城市容量一直是个有争议的话题，北上广深人多，不断地疏散、分流，多少年来人未见减少；小城市人少，消费低迷，虽大力提倡，但发展缓慢。1980年我国城市工作会议提出的“控制大城市规模，合理发展中等城市，积极发展小城镇”的政策，也是限制人口迁入大城市的措施。中共中央1984年1号文件提出准许农民自理口粮自筹资金，进入小城镇务工经商的政策，人口迁移政策较前略有松动。但是，大城市迁移成本和生活成本低，法制相对健全，容易找工作。人们更愿意减少迁移代价，一步迁移到大城市，而不是不断升级多次完成迁移。城市发展受到很多社会条件和自然条件的限制，城市容量的极限一再被打破。

最早限制城市发展的传染病，通过建立下水道和污水处理网进行解决；

其次是水资源，由于河水、井水不够使用，于是发展了自来水及自来水管道网络解决；

然后是粮食和副食品供应，通过快速运输、规模化生产和大量超市解决；

接着是城市土地，通过高楼大厦、各种电梯、小区解决居民居住问题；

再次是城市通勤，城市化大，则上下班通勤时间长，通过地铁、轻轨大量建设；

最后是岗位、职业，城市岗位有限，通过发展三产、小微企业、民营经济来解决。

但城市化面临着大量深层次的问题：城市垃圾、地下水污染、城市生态环境变化等。城市的无限扩展，可耕地减少，农副产品价格激增；为了降低成本，大量假冒伪劣商品盛行，为了盈利什么事情都敢做。城市越建越大、高楼越建越多、城市的生态越来越脆弱，城市居民遭到大自然的报

复，北极圈遭遇几百年一遇的高温，气候反常，而我国城市资源生态环境十分脆弱。

二、城市化实际面临可持续发展问题

从全球看，目前超过54%的人口居住在城市，城市总人数已达39亿，1000万以上人口的超大城市从1990年的10个上升至2016年的28个（我国7个）。从国内看，1978—2016年，我国城镇常住人口从1.7亿人增加到7.9亿人，城镇化率从17.9%提升到57.35%，年均提高1.02个百分点；城市数量从193个增加到657个，建制镇从2173个增加到20883个。根据各国城市化发展经验，当城镇化率达到70%~75%时，城市化进程将放缓。这意味着我国城镇化的中高速增长还将持续十年左右。

据《中国统计年鉴》记载，到2016年底，我国4个直辖市、15个副省级城市、278个地级城市、360个县级城市，合计城市数量为657个。在长江三角洲、珠江三角洲、京津唐地区和辽东半岛地区已经形成完整的城市群。在我国东部、中部和西部地区城市占比分别为44%、37%和19%。若按行政区划和人口数量统计，到2017年年底，我国有地级以上城市298个，其中市辖区年末人口超过400万人的城市19个，100万~400万人的城市142个，50万~100万人的城市86个，20万~50万人的城市42个，余下9个是20万人以下的城市。

城市可持续发展涉及人口、资源、环境、经济发展和社会发展等方面，立足于以人为本的发展观，即城市发展的目的是为满足人的全面发展的需要，当今和未来发展的主要驱动力来自人力资本。其中人口可持续发展是城市可持续发展的关键，资源可持续发展是城市持续的前提，环境可持续发展是目标；而经济和社会的可持续发展，则是实现总体城市可持续发展的途径和手段。

吉婷婷等以苏州为例研究了城市化和水资源环境的耦合关系，刘凯等研究了中国城镇化的资源环境承载力的演变过程，王国霞等研究我国中部城市城镇化与生态环境的动态耦合关系。

方创琳等研究发现我国城市化发展面临着四大发展瓶颈。我国城镇化水平每提高1%，即城镇人口每增加1%时，我国各种自然资源面临着高额支出。由于城镇化水平的基数越来越高，人们生活水平越来越高，对自然资源的索取也越来越多。例如，我国1980—2010年城镇化水平每提高1%，水资源需要增加17亿立方米、建设用地需1004平方千米，同时需要6978吨标准煤。而2011—2030年由于基数加大、生活质量提高则需要增加水资源32亿立方米、建设用地3460平方千米和20135吨标准煤（见表1）。即同样增长1%的城市人口，则2011年后的20年内将比2010年前的30年，我国的水资源需要增加88%。其中，生活用水增加145%；建设用地增加245%；能源增加189%，人均生态用地增加38%。

表1　我国城镇化水平每提高1%而需要的各种资源

	1980—2010年	2011—2030年	增加倍数
水资源（亿立方米）	17（生活用水为9.4）	32（生活用水为23）	1.88（2.45）
建设用地（平方千米）	1004	3460	3.45
能源（吨标准煤）	6978	20135	2.89
人均生态足迹（公顷）	0.08	0.11	1.38

原始数据源于：方创琳、方嘉雯．解析城市化进程中的资源环境瓶颈．中国国情国力，2013（4）：33-34.

由于全国面积大人口多，情况复杂，下文部分章节以江苏为例，考察城镇化对资源环境的影响。由于篇幅有限，仅随机选2009年、2016年作为对比年份。同时，城市化、城镇化在本报告不同的表达，指的是同样意思。

（一）城市化的建设用地问题

我国人口多，粮食不能完全依赖进口。2005年全国13亿人口吃饭、加上工业用粮等，不考虑人口增长，每年粮食消耗量应该在4.5亿吨左右。2010年我国达到小康水平，人均粮食需求量应为420千克，全国粮食需求总量为5.88亿吨；2030年人均粮食需求量应为440千克，全国粮食需求总量为7.04亿吨。

2006年十届全国人大四次会议上通过的《国民经济和社会发展第十一个五年规划纲要》明确提出，18亿亩耕地是未来五年一个具有法律效力的约束性指标，是不可逾越的一道红线，要管到2020年，甚至更长时间。因该指标过于敏感，各地统计方法不一，自2010年前后《中国统计年鉴》中关于“耕地面积”指标，已经消失。而据《国际统计年鉴》官方公布的2007—2014年中国耕地面积，2007—2014年我国耕地面积从21.1亿亩减少到15.9亿亩。

据《江苏城市论坛》报道，到2015年上半年，江苏省土地开发面积比例为21%。国际宜居标准的开发强度是20%，国际开发强度的警戒线是30%。到2015年6月，江苏省13市土地开发强度有一半以上城市超过了国际宜居城市标准20%（无锡31.99%，苏州28.8%，南京28.1%，常州25.6%，镇江25.3%，连云港23.3%，徐州20.4%）；而扬州、南通和泰州都超过19%，十分接近20%。国家发改委批准江苏省的土地利用总体规划，到2020年，全省建设用地总规模为3335.5万亩，到2015年已经所剩无几。包括南京在内，苏南不少行政区（市）建设用地已超过土地利用总规定的建设用地总量。江苏的南京、苏州、无锡、南通、扬州、镇江、泰州、徐州、常州9个城市，纳入全国重点限开发城市行列。9个城市永久基本农田总量不变，而且明确要求把建成区和重要道路周边的耕地划入。“城市周边”是指城市延伸的方向，而在“城市周边”划定永久基本农田，等于给城市蔓延“锁边”，拒绝“摊大饼”式发展，引导城市串联式、组团式、卫星城式发展。江苏省政府承诺确保开发强度总体不超过25%，6400万亩基本农田一亩都不能少。苏南节约本地土地开发已势在必行。

（二）城市化后商品房建设

我国城市无限扩张，商品房越建越多。据《中国统计年鉴》记载，2016年全国商品房销售面积比2009年增长66%，其中办公楼销售面积增加148%、事业营业用房增长103%、住宅销售面积增加60%。土地价格上涨，劳动力和建筑材料价格上涨，而政府大量货币的发行，其他投资渠道（股市、债市等）的缺乏，导致商品房价格上涨，老百姓买涨不买跌，促进商品房价格进一步上涨。商品房需求增加，刺激了房地产商拿地建房的积极性。在如此恶性循环下，商品房越来越多，远超出了人们合理居住的标准。

表2　2009年、2016年我国商品房销售面积（万平方米）

年份	商品房销售面积	住宅销售	办公楼	商业营业用房	其他
2009	94755.0	86184.9	1544.4	5328.0	1697.7
2016	157348.5	137539.9	3826.2	10812.0	5170.4
增长（%）	66.1	59.6	147.7	102.9	204.6

数据来源：《中国统计年鉴（2017年）》。

（三）城市化后的环境和自然灾害

由于快速的城市建设，周边植被破坏、水土流失，尤其在我国部分生态环境脆弱的地区，地质灾害频发。2009—2016年我国地质灾害发生数量由2009年的10580处增加到2016年的10997处，增加了3.94%，其中地质滑坡增加30%，年死亡人口增加9.4%，直接经济损失增加86%。即2016年我国平均每天有30处地质灾害，其中每天出现22处地质滑坡，每天直接经济损失970万元人民币。

表3　2009年、2016年我国地质灾害发生数量、死亡人员及直接经济损失

	地质灾害发生数量（处）	其中：地质滑坡（处）	人员死亡（人）	直接经济损失（万元）
2009	10580	6310	331	190109
2016	10997	8194	362	354290
增长（%）	3.94	29.86	9.37	86.36

数据来源：《中国统计年鉴（2017年）》。

当然，城市房地产开发过度，并不一定直接立刻造成地质灾害，但是大量、快速建设的廉价、低质的房产，由此造出2009年6月上海的“楼脆脆”、2008年山东烟台的“楼垮垮”等，无论是人为因素还是非人为因素显然与地质灾害、人们生命健康密切有关。此外，大型建筑工地或房地产过度开发，造成环境污染及PM2.5升高，由此造成周边居民呼吸道等疾病

增多有着千丝万缕的联系。

大量商品房的建设，很多城市水井、河流完全封闭，城市变成钢筋水泥森林，城市生态环境越来越差。城市的马路大都由水泥和柏油建成，不吸水，对于暴雨、台风，大量快速的降水无法短时间排出。各城市都持续出现地下水位下降，地震等地质灾害的抵御能力越来越弱。

（四）城市污染问题

城市垃圾处理和污水处理，处理难度越来越大，如何营造良好的城市生态环境，实现城市可持续性发展。人们的生活成本越来越高。PM2.5成为人们口中的热门话题。仍以2009年、2016年江苏各地指标来看，由于社会的发展，各级政府对污染的重视，很多指标（如工业废水排放、城市废水处理等）出现了一定程度下降。但全省各地工业烟（粉）尘排放量总体上升了46%，而在后开发城市连云港、徐州、常州和宿迁等分别上升了100%以上。江苏各地工业固体废物综合利用率有明显下降，其中淮阴、苏州和南京等地分别下降了5个百分点以上。当然，城市烟尘污染和废水污染不能仅看一时一地，更应注重其大范围长期的累计效果。

表4 2009年、2016年江苏各地工业烟尘排放量、工业固体废物综合利用及其增长

	工业烟（粉）尘排放量及其增长（吨）			各地工业固体废物综合利用率（%）		
	2016年（1）	2009年（2）	2009—2016年增长（%）[（1）/（2）-1]×100	2016年（3）	2009年（4）	2009—2016年增长[（3）-（4）]（%）
南京	48592	31168	55.9	85.8	91.4	-5.6
无锡	67638	41823	61.7	94.9	98.6	-3.7
徐州	57688	24014	140.2	96.9	99.3	-2.4
常州	57542	24917	130.9	98.1	95.5	2.6
苏州	61777	48051	28.6	83.8	98.6	-14.8
南通	13821	38899	-64.5	95.6	98.7	-3.1
连云港	30798	7334	319.9	93.6	92.1	1.5
淮阴	9212	16603	-44.5	80.0	99.8	-19.8

续表

	工业烟（粉）尘排放量及其增长（吨）			各地工业固体废物综合利用率（%）		
	2016年(1)	2009年(2)	2009—2016年增长(%)[(1)/(2)-1]×100	2016年(3)	2009年(4)	2009—2016年增长[(3)-(4)](%)
盐城	21934	13810	58.8	94.5	94.9	-0.4
扬州	9092	10648	-14.6	97.3	97.4	-0.1
镇江	20637	12233	68.7	91.0	92.5	-1.5
泰州	9794	15378	-36.3	98.9	99.7	-0.8
宿迁	20543	9844	108.7	98.9	99.8	-0.9
合计	429068	294725	45.6	——	——	——

数据来源：2010年、2017年《中国城市统计年鉴》。

三、几点思考

如果按照今天的传统城镇化发展模式和粗放的经济发展模式走下去，未来我国城镇化面对的高能耗、高水耗、高地耗和高污染的现实，在未来20年内将难以有显著的改变。要把单位城镇化水平的能耗、水耗、地耗、污染物排放量作为约束性指标。此外，我国城市化还存在如下问题。

1. 我国的城市缺乏特色、缺乏合理的角色定位。除了各地餐饮特色外，在城市定位、产业方面无序发展。都是科学教学文化中心、都是政治经济金融中心，都集中了大量的医疗卫生资源，本地特色不明显。无论城市文化，还是第二、第三产业，我国城市之间均缺乏科学分工、协调和合适的城市定位。长三角、珠三角和京津唐地区城市带，合作协调了多少年，但结果并不明显，各行其是，表面是为了本地居民的利益，实际上缺乏大局观。结果是各城市在低层次上重复，创新少。

2. 服务业和城市发展的关系。现代经济发展中第三产业占很大比例，北京、上海、南京也远超过50%，服务业发展依赖于一定的人口密度。城镇的人口密度高则服务业成本低，能够容纳更多的劳动力，促进经济繁荣发展。但是，服务业本身也在不断升级，由技术含量低的传统服务业或简单家政服务，已经升级到文教卫生、信息咨询等。以前我国依靠第二产业，迅速扩大了城市规模，目前面临着产业升级技术转型，我们还能否依靠技术含量高的服务业，保持或扩大城市规模。美国为减少污染、发展高科技，大量的第二产业转移到国外，造成国内失业人口增多。前车之鉴，后事之师。须考虑：未来我国城市服务业该如何发展？

3. 自然资源和城市发展。人们生活、经济发展离不开自然资源，尤其是水资源和土地资源。但任何资源都不是无穷无尽的，尤其是煤、铁、石油等矿产资源枯竭得更为迅速。在科技日益快速发展的今天，人们开采能力提高，资源不再是“取之不尽、用之不竭”。资源型城市对于矿产资源依赖多，面对新的可替代性资源、对于资源的进一步提炼等考虑不够，很多地区产业单一，一旦资源开采结束，城市转型困难。矿产资源开采对于环境破坏很大，长期地开采会污染环境，影响了居民的健康和生命质量。仅有人力资源的开发是绿色无污染，这才是城市可持续发展的动力。各地纷纷开办大学，大学专业、课程又高度雷同。学生毕业后工作难找，毕业即失业。以前存在于发达国家的问题，现在变为我国的现实。

4. 城市发展的其他问题。城市让人们生活更美好。从生产的集约化到生活的集约化，大量产业集中提高了劳动生产力、生活要素集中降低了人们生活的难度，提高了人们生活质量。城市是生人社会，邻里相见不相识。城市生活成本高，工作节奏快，于是很多人不得不回到农村；也有部分人，虽在城市工作，但不愿放弃家乡的土地，于是造成“户口地和居住地”的分离，农村大量土地被弃抛荒，户籍人口城市化远低于居住人口的城市化。还有部分人，看中城市的人口密度和工作机会，几百万居民的城市随便做什么活都能养活自己。而当他们看到城市居民之间真实的贫富差距时，往往很难把控自己，坑蒙拐骗、偷抢扒拿等各种犯罪现象都表现出来了。尤其是当城市居民逐渐转移到郊区居住，市中心往往出现“空洞化”，城市犯罪现象增多。

过去若干年内，我国对人口、资源、环境可持续发展认识、研究和实践诸方面均取得了长足进步。城市化是世界也是我国的根本发展战略。考虑到城市化可持续发展本身的长期性和艰巨性，我国城市化道路任重道远，未来应注重城市化发展质量而非城市化速度。

参考文献

1. 董延涛．关于新时代城市地质工作的几点思考［J］．中国国土资源经济，2018（8）：16-21.

2. 吉婷婷，倪立奇．苏州城市化与水资源环境耦合关系时序特征研究［J］．人民长江，2018（21）：49-55.

3. 刘凯，任建兰，程钰，王泽楠．中国城镇化的资源环境承载力响应演变与驱动因素［J］．城市发展研究，2016（1）：27-33.

4. 王国霞，刘婷．中部地区资源型城市城市化与生态环境动态耦合关系［J］．中国人口资源环境，2017 年 7 月．

5. 方创琳，方嘉雯．解析城市化进程中的资源环境瓶颈［J］．中国国情国力，2013（4）：33-34.

上海市人口承载力研究
——基于可能-满意度方法①

❖魏亿钢　张营营

【摘　要】随着全球城市化进程的加快，人口快速向城市特别是超大城市聚集。但是，在一定技术水平与资源环境约束下，城市可承载的人口存在阈值。人口过度集聚将会引起一系列的城市病问题。所以对城市人口承载力的测算对于城市可持续发展是非常必要的。可能-满意度方法是指从实现系统目标的客观可能性和主观的满意度两个维度来进行评价的多目标决策方法。本研究以上海市1985—2017年的数据为基础，采用可能-满意度方法预测上海市2020年的城市人口承载力。结果发现：（1）城市人口承载力随着可能-满意度的降低而升高，呈现反向关系。在可能-满意度为0.9时，2020年上海市的综合人口承载力的范围为1755万~2352万人；可能-满意度降低到0.6时，人口承载力的范围增长到2035万~3012万人。（2）基于动态的视角，随着可能-满意度的变化，不同约束因素的人口承载力上涨幅度不同。其中，城市生产总值、财政收入、道路铺装面积上涨幅度最低，说明随着上海市的可能-满意度下降，城市生产总值、财政收入、道路铺装面积对城市人口承载力的约束能力在增大，逐渐由弱约束因素成为强约束因素。（3）从关键性限制因素来看，执业医师数量、道路铺装面积和垃圾排放量是3个最重要的限制性因素。这意味着上海市需要着重从这三个方面入手，提高可能-满意度，提高人口承载能力。本研究创

① 本研究为教育部人文社会科学研究规划青年基金项目（18YJC840041）的阶段性成果。

新地利用可能-满意度方法测算人口承载力，该研究方法突出了城市人口承载力受客观的自然资源可持续供给的可能度与人们对现实生活水平的主观满意度共同决定这一客观事实，研究结果具有较高的可信度。基于多情景分析，本研究明确了在不同可能-满意度条件下的人口承载力范围，为各级政府制定城市人口流动与管理政策提供了研究方法和参考依据。

【关键词】可持续发展；人口承载力；可能-满意度；城镇化

【作　者】魏亿钢：北京航空航天大学经济管理学院助理教授；张营营：北京航空航天大学经济管理学院硕士研究生

一、引言

随着工业化和城镇化进程的推进，城市经济迅速发展，吸引着大量人口由乡村涌入城市，城市人口呈现不断增长趋势。城市人口的过度集聚导致城市交通拥挤、住房紧张、基础设施落后、公共服务不足、能源紧缺和环境污染等“城市病”问题的出现（Onishi，1994）。这些问题与提高居民的便利和生活质量的城市发展愿望相违背。以上海市为例，上海市常住人口从 2006 年的 1964.11 万人增长到 2016 年的 2419.7 万人。过快的人口增长带来水电、能源消耗量的逐年提升（见图 1）。2006—2016 年，上海市的能源消费量从 8604.89 万吨增加至 11712.39 万吨，年均增长 3.13%；电力消费量由 990.15 亿千瓦时增加至 1486.02 亿千瓦时，年均增长 4.14%（《上海市城市统计年鉴》，2017）。城市人口快速集聚的同时，环境污染日益严重，环境质量显著恶化。2006—2016 年，上海市工业废气排放总量由 9428 亿标立方米增加至 12669 亿标立方米，年均增长 3%（上海市环保局，2017）。资源瓶颈因素制约了城市的可持续发展，城市发展面临资源环境压力越来越大，因此必须在城市人口可承载量水平上寻找城市发展的合理途径，引导城市科学、持续、协调发展。

承载力概念最早来自工程地质学，其本意是指地基的强度对建筑物负重的能力，后来学者逐渐将这一概念运用于其他学科，比如生态学和经济

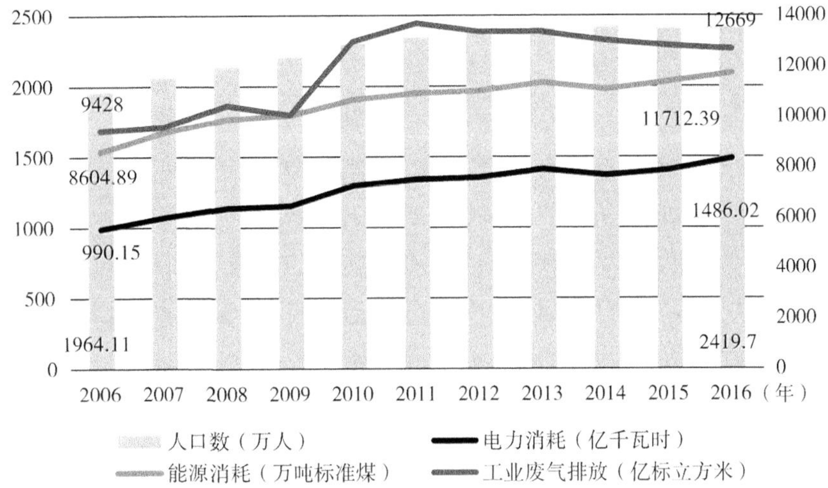

图1　上海市2006—2016年人口增长与资源消耗趋势图

学等领域。城市承载力是承载力概念在社会科学领域运用的重要理论成果，城市承载力是衡量城市可持续发展程度的重要标准和尺度（Wei，2015）。城市承载力的研究呈现出从单要素制约承载力发展到多要素制约的系统承载力、从单纯基于自然资源禀赋的承载力研究延伸到涵盖自然资源禀赋和人类发展需求的综合承载力、从单个城市承载力扩展到区域城市群综合承载力研究等演变特征（Shi，2013）。城市承载力又包括城市综合承载力、城市生态承载力、城市土地承载力、城市人口承载力等子概念。这些子概念在定义上大体相同，所关注的问题上存在一定的差异。城市生态承载力重点关注城市发展给城市的生态环境带来的破坏程度，使城市生态系统达到崩溃的临界点时的城市经济发展程度即为城市生态承载力，寻求城市发展与城市生态保护之间的平衡是城市生态承载力问题研究的重点（Fang，2017）。城市土地承载力是指在一定的经济、社会、技术、生态环境条件下，城市土地资源能够维持的人口阈值和各种人类活动的规模和强度（Shi et al，2013）。城市综合承载力是从宏观视角考量城市人口、经济发展与资源环境之间的关系（Tian，2018）。

城市人口承载力是将人口承载力与城市承载力相结合而衍生出的概念，

城市人口承载力研究的是城市的资源、生态环境及社会经济发展对城市人口规模的承载能力。城市人口承载力由两方面因素决定。一方面是所拥有的资源和环境条件基础（Tsai，2018）。这里所说的资源和环境，不仅包括人们生活和生产的各种硬性自然条件，如水、能源、土地、气候等，而且还包括各种人造物质条件和社会经济环境，例如城市公共基础设施、教育和医疗卫生条件等。这些方面无一不在影响着一个城市的人口状况，有时甚至成为关键的瓶颈制约因素。另一方面是人们对上述自然资源和环境条件的利用水平，反映了人们的生活质量水平。本研究选择了影响城市人口承载力的多种指标因素，包括社会因素、经济因素、资源因素和环境因素指标（童玉芬、刘广俊，2010）。

承载力的研究对于平衡人类发展与环境之间的关系具有重要的实践意义（Yu & Mao，2002）。每个城市发展都有其发展的内在限制（即城市承载力），超过这个限度快速城市化将会导致如城市贫困、住房短缺、健康问题与环境污染等问题出现（Rengasamy，2009）。对于特大城市来说，“城市病”问题尤为显著，不仅阻碍了大城市的可持续发展，而且使城市居民的生活水平下降。城市人口承载力的研究为城市的可持续发展提供了一种定性与定量化结合的评价方法，作为衡量城市发展的一把标尺，有利于发现和修正城市可持续发展中不和谐的因素。因此研究和分析上海市人口承载力，就成为上海市人口和资源环境是否协调的重要基础，同时也是上海市实现可持续发展的一个重要前提。

现有承载力研究根据不同的对象及研究尺度主要采取以下几种方法，但不同的方法在研究城市人口承载力方面都存在一定局限性。在测算生态或物种承载力时，通常采用 Logistic 法（Campbell，1998）、资源供需平衡法（程水英，2005）、指标体系法（吴翔，2018）和系统模型法（Forrester，1971；李文龙、任园，2017），这些方法分别适用于不同的研究目的和区域。Logistics 法主要用于种群的估算，至于资源对人口的承载水平，这一方法有很大的局限性，故已很少采用。资源供需平衡法包括土地资源承载力法（FAO，1976），生态足迹法（Wackernagel M.，ReeseW E.，

1997）和能值分析法（Odum H T.，1996）等，这些方法主要适用于封闭性较强、开放度不高的区域。而指标体系法比资源供需平衡法更适用于小尺度的研究，因为在设计指标体系时，已经能够考虑一定的开放条件。但是指标体系法也有一定不足：一方面由于指标体系庞大、复杂，因此对于统计资料不完备的区域应用性较低；另一方面，如果指标之间存在较高的相关性，则会影响研究的准确性。系统模型法是将研究区域看成一个系统，由系统的优化设计推动资源承载力，目前这一方法主要有多目标决策（王爱民、尹向东，2005）、情景分析（宁佳等，2014）和系统动力学方法（姜孟、李华姣，2016）等。但是这种方法在仿真模拟时要面对许多不确定因素，有时通过全部检验的回归模型定义辅助变量之间的关系也有可能导致不切实际的结果。

可能-满意度方法是基于多目标决策规划的优化方法，也可应用于承载力研究。可能-满意度法是根据系统目标实现的可能度和满意度分别建立的可能度函数与满意度函数，利用一定的并合技术综合成可能-满意度，这个可能-满意度便可以作为相对于设计目标而言的系统最优状态的确定依据。利用可能-满意度方法测算城市人口承载潜力具有以下两方面优点：第一，根据承载力的基本含义可知，承载力的大小与客观的资源可持续利用潜力以及人们追求的生活水平的主观满意度有关，因此城市人口承载力受自然资源可持续供给的可能度与人们对现实生活水平的满意度共同决定。第二，利用可能-满意度法测算人口承载力更贴切承载力的基本含义，具有较高的可信度。

因此本研究采用可能-满意度方法预测2020年上海市的人口承载力。具体包括以下几个研究问题：首先，明确城市人口承载力的概念内涵及城市人口承载力与可持续发展之间的关系。其次，根据上海市1985—2017年的历史数据和上海市政府规划文件，选取对城市发展起关键作用的五个要素：经济、社会、资源、环境和基础设施，构建上海市人口承载力综合指标。最后，从两个方面对结果进行分析，一方面是单因子因素承载力分析，即具体指标因素所能承载人口规模，分析在不同的可能-满意度下影响人口承载力的约束因素；另一方面是综合因素人口承载力，即赋予各指标不同的权重，计算不同的可能-满意度下城市人口承载力。这对于探寻人口、资源、环境协调发展的途径，为相关政策制定提供必要的咨询都有着现实的实践意义。

二、研究方法与数据

（一）可能度与满意度研究方法

可能-满意度方法是王浣尘于 1982 年提出的一种多目标决策方法，可能-满意度方法在多目标决策问题中引进了“价值”的概念，建立起了一个分价值合成总价值的计算结构，给出了反映实际含义的并合规则（Wang，1982）。人们在面对将要决策的问题时，一般要从“需要”和“可能”两方面来考虑，前者反映的是主观的意愿和期望，而后者则反映客观上的允许条件和可行性（Zhang，2003）。

可能-满意度方法在解决人口问题时，将多目标决策准则与人口问题的特点相结合，引进了相关属性的可能度（p）和满意度（q）的概念、定量描述方法及其合并成另一个相关属性的可能-满意度（w）的方法和算式，使得“需要”和“可能”这一对概念得以进行定量描述和运算，从而使问题的研究更能反映实际情况（Wang，1982）。

1. 可能度

可能度是指如果一个事物肯定能够做到的话，其可能度为最高，可以给予定量的描述记为 p，并定为 $p=1$。如果一个事物肯定做不到的话就可用 $p=0$ 来表示；而 p 从 $0\sim1$ 的实数就可以表示对应着各种不同的可能程度，即为 $p\in[0, 1]$。而之间的可能度用线性内插成三折线型曲线（见图 2），其关系式如下：

$$p(r)=\begin{cases}1 & r\leqslant r_A\\ \dfrac{r-r_B}{r_A-r_B} & r_A<r<r_B\\ 0 & r\geqslant r_B\end{cases}\tag{1}$$

注：p：可能度。

r：影响可能度 p 的指标值。

r_A：当可能度 $p=1$，即完全可能时的指标值。

r_B：当可能度 $p=0$，即完全不可能时的指标值。

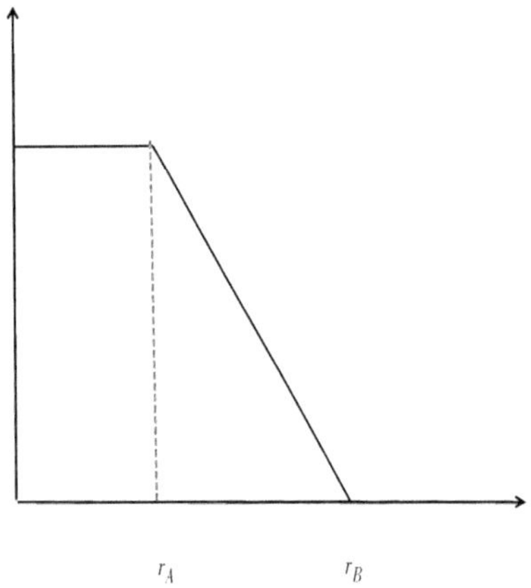

图 2　可能度 p 的三折线图

2. 满意度

满意度是指一个事物出现后，人们会存在主观的愿望满意与否。采用"满意度"这个定量指标描述满意的程度记为 q。当完全满意的时候取 q = 1。如果一个事物完全不满意的时候，取 q = 0。而一般满意的程度就用 q = 0~1 中某个实数来表示，即 q ∈ [0, 1]。如果用线性内插，则为三折型曲线（见图 3），其关系式为：

$$q(r)=\begin{cases}1 & s\geqslant s_A\\ \dfrac{s-s_B}{s_A-s_B} & s_B<s<s_A\\ 0 & s\leqslant s_B\end{cases}\tag{2}$$

注：q：满意度。

s：影响满意度 q 的指标值。

s_A：当满意度 q=1，即完全满意时的指标值。

s_B：当满意度 q=0，即完全不满意时的指标值。

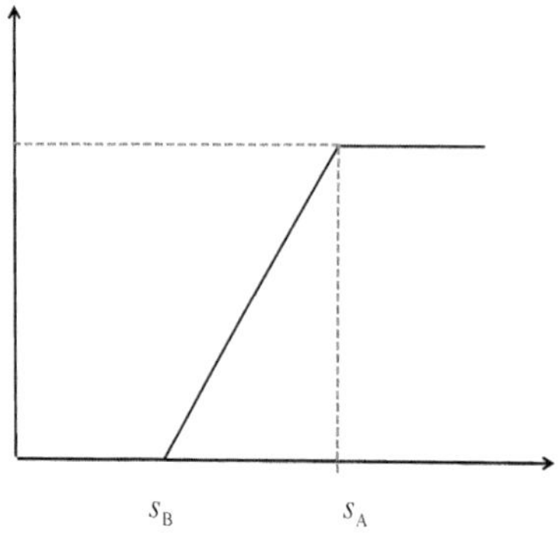

图 3　满意度 q 的三折线图

3. 可能度和满意度的并合

如果一个事物，对某个属性 r 具有可能度曲线 p（r），对另一个属性 s 具有满意度曲线 q（s），而 r，s 同另一个属性 a 满足某个公式，即限制条件 f（r，s，a）=0，那么就可以设法将 p（r）和 q（s）并合成一条相对于属性的可能-满意度曲线。它定量地描述了既可能又满意的程度，以记号 ω 表示，其度量也是用 0~1 的实数来表示，即 ω∈［0，1］。当 ω=1 时，表示百分之百的既可能又满意；当 ω=0 时，表示或者完全不可能，或者完全不能令人满意，或者既是完全不可能，又是完全不能令人满意的。这种合并可用符号表示如下：

$$\omega(a) = \langle p(r) - q(s) \rangle \quad (3)$$

$$s.t. f(r, s, a) = 0$$

$$r \in R, \; s \in S, \; a \in A$$

R，S，A 分别表示属性 r，s，a 的容许集合，这种运算结果表示既有可能，又要满意。

当 p（r）和 q（s）取三折型曲线，限制条件为 r=a · s，r，s，a 都

$\in R^1$（实数集），则 p（r）和 q（s）的弱合并公式解为

$$W(a)=\begin{cases}\dfrac{-r_B+as_B}{(r_B-r_A)-a(s_B-s_A)} & 当0<解<1\\ 1 & 当解\geqslant 1\\ 0 & 当解\leqslant 0\end{cases} \quad (4)$$

公式（4）中，r 表示影响可能度 p 的指标，r_A 是当可能度 p=1，即完全可能时的指标值；r_B 是当可能度 p=0，即完全不可能时的指标值。在本研究中，反映城市人口承载力的指标值越高，城市资源环境可持续供应的可能性越低，成反比关系。s 表示影响满意度 q 的指标，s_A 是指当满意度 s=1，即完全满意时的指标值；s_B 是指当满意度 s=0，即完全不满意时的指标值。本研究中，反映了城市人口承载力指标值越高，城市居民的生活满意程度越高，成正比关系。

（二）数据

1. 研究区域

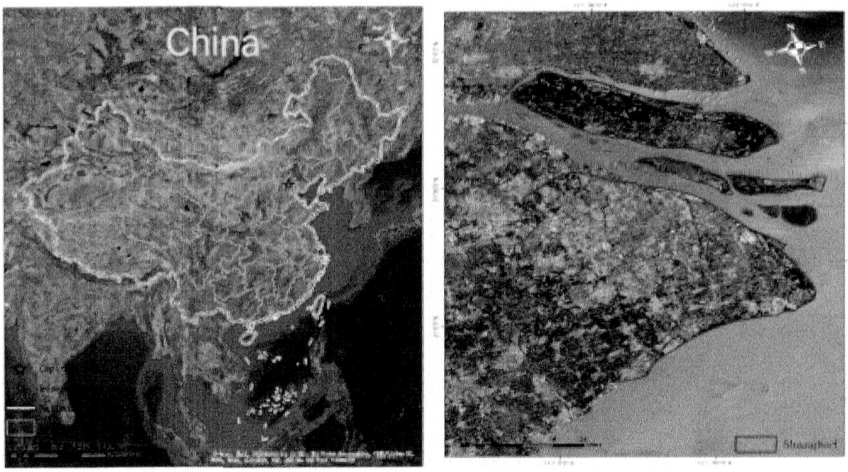

图 4 研究区域地理信息

上海市地处东经 120°52′~122°12′，北纬 30°40′~31°53′，面积 6340 平方千米，位于太平洋西岸，亚洲大陆东沿，中国南北海岸中心点，长江

和黄浦江入海汇合处。上海市是国家中心城市，超大城市，沪杭甬大湾区核心城市，国际经济、金融、贸易、航运、科技创新中心（见图4）。上海市辖16个市辖区。2017年常住人口为2418.33万人，地区总产值为30133.86亿元（《上海市城市统计年鉴》，2017）。

上海GDP居中国城市第一位，亚洲城市第二位，仅次于日本东京。上海是全球著名的金融中心，全球人口规模和面积最大的都会区之一。上海是中国最大的经济中心和贸易港口城市，也是全国最大的综合性工业城市。城镇化的加快带来了更多的城市人口，城市化水平每提高一个百分点，城市人口就会增加1500万人左右（李艳飞，2012）。新增人口需要在城市就业、居住、通行、医疗、上学等，对城市经济、环境和社会承载力提出了新的要求。从1978年到2016年上海市的人口呈现了高速增长，数量增长超过一倍（《中国统计年鉴》，2017）。人口的快速增长和积累，不仅加快了上海的水资源、能源、土地资源的消耗速度，导致资源的紧缺，而且加剧了城市的环境污染和治理难度。因此探寻城市人口与社会、经济、环境的关系，对城市人口承载力的研究得到了各界学者的重视。上海市作为中国的特大城市，在发展过程中遇到的问题具有一定的普遍性，在一定程度上能代表城市发展的普遍特征，因此上海市人口承载力研究可以为其他城市的发展提供借鉴。基于以上原因本研究选取上海市为研究对象展开讨论。

2. 选择指标

本研究根据上海市“十三五”规划、《上海市统计年鉴（2017）》、2017年《上海市国民经济和社会发展统计公报》等政府规划目标来推测2020年上海市各指标数据可能度和满意度阈值。按照城市人口承载力和上海的实际情况，采用5组18个因素指标（见图5），分别为：①经济因素（生产总值，财政收入）；②社会因素（医院床位数，卫生技术人员）；③自然因素（用电总量，用水总量）；④城市基础设施（道路铺装面积）；⑤生态环境因素（绿地公园面积，垃圾排放量）。

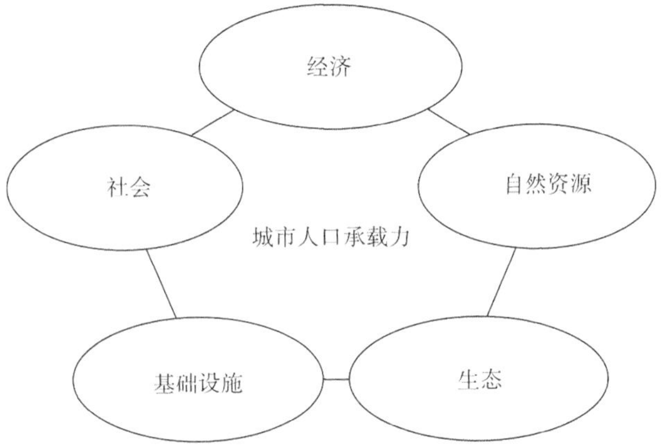

图5　城市人口承载力概念体系

（1）城市生产总值

生产总值是指一个地区或一个国家在一定时期内生产的最终产品的市场价值。根据《上海市统计年鉴》，上海市生产总值2011—2015年年均增长率为7.5%。上海市“十三五”规划中要求全市生产总值预期年均增长为6.5%以上，到2020年人均生产总值达到15万元左右。根据国家经济发展战略，我国经济将从高速发展逐渐步入“中低速”的经济新常态，因此本研究将上海市经济增长速度最高限定在7.5%，最低限定在6.5%。这样可测算出上海市2020年的经济规模，最小可能度值为37632亿元，最大可能度值为36251亿元。相应的在满意度方面，本研究人均生产总值最高满意度使用“十三五”规划中的预期值150000元（上海市“十三五”规划），最低满意度设为2017年人均生产总值124600元。

（2）财政收入

根据上海市“十三五”规划要求，一般公共预算收入与经济保持同步增长，从而推算2020年财政收入的最小可能度值为7225亿元；最大可能度值取2017年现状值6642亿元。按照人均财政收入的增长，人均财政收入最大满意度测算为42710元；最小满意度为2017年的现状值27466元。

（3）医院床位数

选取医院床位数作为衡量医疗公共服务能力的一个指标。上海市医院床位数近五年的年均增长率为 4.7%，目前平均每一万人口中拥有床位数为 46 张。参照关海玲和杜薇（2016）的天津市人口承载力文章中提出假定 2020 年前天津市卫生机构床位数年均增长率最低为 2.5%，最高为 5.5%，由于上海市和天津市同属直辖市，在经济社会发展拥有相似政府政策，因此本研究假定上海市的医院床位数年均增长率为 2.5%～5.5%，推算出 2020 年上海市最小可能度床位数为 133706 张，最大可能度床位数为 121419 张。满意度方面，参考发达国家 2005 年每万人拥有床位数 60 张标准（关海玲、杜薇，2016），设定 2020 年上海市最高满意度为 60 张/万人，最低满意度为现状值 46 张/万人。

（4）执业医师数量

参考上海市执业医师近 5 年的年均增长率 4.7%，以及平均每一万人中可用医师数量是 27 人。因此医师人数的最小可能度值按照年均值测算为 78710 人，最大可能度值按照近 5 年的最低增长率 3%计算为 73721 人。满意度方面，参考 1978—2016 年平均每万人可用医师数据，最大满意度取上海市在 1978—2016 年中呈现的最大值 44/万人，最小满意度值取现状值 27/万人。

（5）城市用电量

由于上海市近 5 年的社会用电量的平均增长率为 5.7%，按照年均增长率为 5.7%测算 2020 年上海市社会用电量最低可能度值是 2075 亿千瓦时，最高可能度指标值则取 2017 年现状值 1526.77 亿千瓦时。满意度方面，最大满意度和最低满意度采用发达国家人均用电量标准 1000～4000 千瓦时/人（关海玲、杜薇，2016）。

（6）城市用水量

根据 2017 年《上海市国民经济和社会发展统计公报》，2017 年上海市供水能力为每日 1184 万立方米，社会总用水量为 31.01 亿立方米，因此推算 2020 年上海市的用水量范围 31.01 亿～43.21 亿立方米，那么可以认为城市用水量最大可能度和最小可能度为31.01亿立方米与43.21亿立方米。在满意度方面，人均城市用水量的最高满意度取1978—2017年中最大值160立方米/人，最低满意度值采用2017年人均城市用水量128.22立方米/人。

（7）铺装道路面积

选取铺装道路面积作为衡量城市道路状况的指标，2016年上海市城市铺装道路面积为29250万平方米。上海市“十三五”规划要求，到2020年全市城市建设用地规模318500万平方米，而目前现有的城市建设用地为314500万平方米，假设城市铺装道路与城市建设用地保持同步，计算得到2020年上海市城市铺装道路面积的最高可能度指标值和最低可能度指标值分别为29250万平方米与29622万平方米。满意度方面，根据上海市“十三五”规划要求，人均铺装道路面积最高满意度值为15平方米/人，最低满意度值为目前的12平方米/人。

（8）城市公园绿地面积

2016年上海市公园绿地面积为18957公顷，近5年平均增长率为2.9%，最小增长率为1.7%。人均公园绿地面积近5年增长率为2.3%。推算得2020年最低公园绿地面积可能度指标值为21237公顷，最高可能度指标值为20311公顷。满意度方面，2017年城市人均公园绿地面积为8.02平方米/人。根据上海市“十三五”规划要求，到2020年人均公园绿地面积要大于8.5平方米/人，因此公园绿地面积满意度取值范围为8.5~10.32平方米/人。

（9）垃圾排放量

垃圾排放量是城市环境状况的重要衡量指标。根据《上海市统计年鉴》我们可以将现状值7796吨作为最低可能度值，将近5年出现的最大值15135吨作为最高可能度值，满意度方面，最大满意度取近5年的平均值3.2吨/人，最低满意度取现状值4.9吨/人。

具体数值如表1所示：

表 1 可能度与满意度临界值

	指标	最高可能度或满意度	ref	最低可能度或满意度	ref
经济因素	城市生产总值（亿元）	36251	b	37632	a
	人均 GDP（元）	150000	a	124600	c
	财政收入（亿元）	6642	c	7225	a
	人均财政收入（元）	42710	b	27466	c
社会因素	医院床位数（万）	12	b	13	b
	医院床位数（每 10000 人）	60	d	46	b
	执业医师人数（万）	7.4	b	7.9	b
	人均执业医师数（每 10000 人）	44	b	27	b
资源因素	城市用电量（亿千瓦时）	1527	b	2075	b
	人均用电量（千瓦时）	4000	d	1000	d
	城市供水量（亿立方米）	31.0	c	43.2	c
	人均用水量（立方米）	160	b	128	c
基础设施	道路铺装面积（万平方米）	29250	b	29622	b
	人均铺装道路面积（平方米）	15	d	12	d
环境因素	公园绿地面积（公顷）	20311	b	21237	b
	人均公园绿地面积（平方米）	10.3	b	8.5	a
	垃圾排放（万吨）	15135	b	7794	b
	人均垃圾排放（吨）	4.9	b	3.2	b

注：

a：上海市“十三五”规划；

b：2017 年《上海市统计年鉴》；

c：2017 年《上海市国民经济和社会发展统计公报》(http://www.stats-sh.gov.cn/html/sjfb/201803/1001690.html)；

d：基于可能满意度的人口承载力研究——天津市。

三、实证结果

（一）单因素的人口承载力分析

根据表1中确定的各因素临界指标，将各因素的指标值代入相应的可能-满意度公式，利用公式（4）计算得到2020年上海市各个目标的可能-满意度状况。如表2所示。

表2　上海市单因子情况下人口承载力　　（单位：万人）

可能满意度	0.9	0.8	0.7	0.6
城市生产总值（亿元）	2468	2520	2575	2632
财政收入（亿元）	2040	2094	2150	2209
医院床位数（万）	2093	2166	2242	2322
执业医师人数（万人）	1755	1840	1934	2035
城市用电量（亿千瓦时）	4274	4813	5455	6235
城市供水量（亿立方米）	2055	2177	2304	2437
道路铺装面积（万平方米）	2008	2069	2132	2198
公园绿地面积（公顷）	2013	2662	3029	3519
垃圾排放（万吨）	1802	2029	2274	2538

从决定人口承载力的各种因子或资源条件来说，基本都存在着两种属性：一个是各种制约性资源因子的总量在客观上可能达到的程度，即在某一特定时期可能达到的上下限。另一个属性是各类制约性资源因子的人均占有或者人均利用水平，人们对它们存在着不同的期望或满意程度，因而也同样存在上下限。这两个方面的属性结合，正好可以反映一个区域或城市的某种资源条件在各种可能-满意度下的人口承载力状况（童玉芬等，2011）。当可能-满意度等于1时，表示百分百的既可能又满意，受客观现实条件的制约，往往达不到。当可能-满意度等于0时，表示完全不可能或者完全不满意，在现实生活中这种情况往往是人所厌恶的，也是不合理

存在的情况。参考童玉芬（2011）文章确定可能-满意度为0.6是可接受水平的底线。这一假定符合本研究的目的，探讨上海市在满足城市居民的基本生活条件下资源因素对人口承载力产生的影响。因此，本研究主要考虑当可能-满意度为0.6~0.9时，各种情形下上海市最大人口承载力水平。通常情况下，可能-满意度等于0.9视为理想状况；可能-满意度等于0.8视为比较理想；可能-满意度等于0.7为比较满意；可能-满意度为0.6则看作尚可接受水平（关海薇，2016；童玉芬，2011）。

对表2结果进行分析，首先，我们可以看到不同可能-满意度目标下，上海市有不同的人口承载力水平，并且在不同约束因素下，城市人口承载力水平与可能-满意度值呈现反向变化的关系。从城市生产总值角度看，当从理想状况到尚可接受水平时（即可能-满意度为0.9到可能-满意度为0.6时），城市人口承载力从2468万人上升至2632万人，人口数量增加164万人；从财政收入看，从理想状况到尚可接受水平时，城市人口承载力为2040万人上升至2209万人，人口数量增加169万；从医院床位数来看，理想状况到尚可接受水平时，城市人口承载力为2093万人上升至2322万人，人口数量增加229万；从执业医师角度看，理想状况到尚可接受水平时，城市人口承载力为1755万人上升至2035万人，人口数量增加280万；从城市用电量看，理想状况到尚可接受水平时，城市人口承载力为4274万人上升至6235万人，人口数量增加1961万；从水资源角度看，理想状况到尚可接受水平时，城市人口承载力为2055万人上升至2437万人，人口数量增加382万；从道路铺装面积看，理想状况到尚可接受水平时，城市人口承载力为2008万人上升至2198万人，人口数量增加190万；从公园绿地面积角度来看，理想状况到尚可接受水平时，城市人口承载力从2013万人上升至3519万人，人口数量增加1506万人。从垃圾排放角度来看，理想状况到尚可接受水平时，城市人口承载力从1802万人上升至2538万人，人口数量增加736万人。

其次，基于单因素的可能满意值计算，不同约束因素的可能-满意度的变化所引起承载人口数量变化的速率不同，人口速率变化反映了承载人

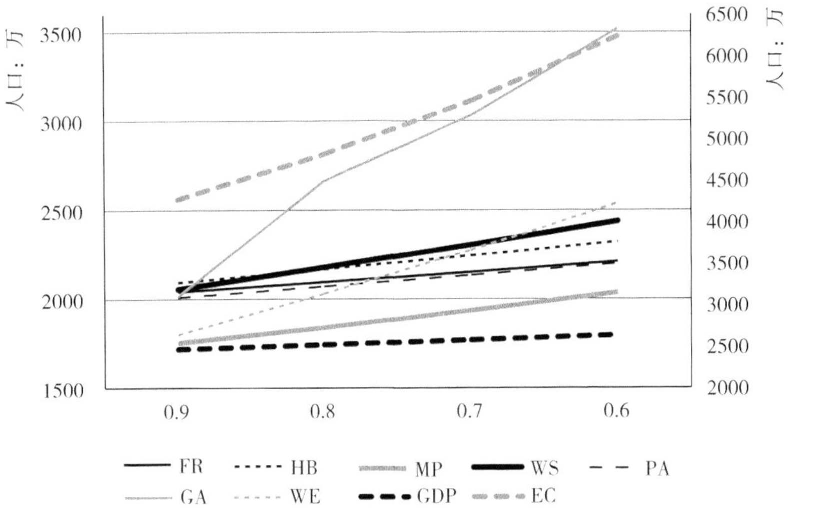

图 6　不同约束指标因子下可能-满意度的人口承载力变化

注：FR 表示财政收入；HB 表示医院床位数；MP 表示执业医师人数；EC 表示城市用电量；WS 表示城市供水量；PA 表示道路铺装面积；GA 表示城市公园绿地面积；WE 表示垃圾排放数量；GDP 表示城市生产总值。其中 GDP 与 EC 曲线（虚线）以右纵坐标轴为刻度标准，其他因素曲线（实线）以左横坐标为刻度标准。

口对于不同约束因素变动的反应敏感程度。由图 6 明显可以看出，当可能-满意度从理想状况（0.9）到尚可接受水平（0.6）时，城市用电量与公园绿地面积对应的城市人口承载力上涨幅度最大，分别为 1961 万人与 1506 万人，而城市生产总值、财政收入以及道路铺装面积，对应的人口承载力上升幅度，分别为 164 万、169 万与 190 万。这意味着相比较城市用电量与公园绿地面积，城市生产总值、财政收入、道路铺装面积三种制约因素人口承载力上涨幅度小，说明当上海市的可能-满意度下降时，城市生产总值、财政收入、道路铺装面积对人口承载力的约束能力增大，逐渐由弱约束因素成为强约束因素。例如财政收入从排位第五约束因素上升到第三关键限制因素；道路铺装面积从排位第三上升到第二大关键限制因素；城市生产总值的关键约束因素排位从第八上升到第七。这表明与其他敏感度高的因素相比，这三个因素随着可能-满意度下降对人口承载力约束力在逐渐增强。

最后，纵向探讨在不同可能-满意度目标下的关键约束指标因素。根据表2，明显可以看出可能-满意度从理想状况到尚可接受水平，执业医师数量因子的城市人口承载力分别为1755万、1840万、1934万与2035万，远小于在同一可能-满意度下其他约束因子的人口数量，因而认为可能-满意度从理想状况到尚可接受水平，执业医师数量一直是首要关键约束因素。这一结果与现实情况是相照应的，与目前大城市表现出的“看病难，就医难”，现有医疗卫生条件不能满足人们的需求的状况相吻合。这意味着目前上海市在任何可能-满意度下（理想水平、比较理想水平、比较满意水平、尚可接受水平）执业医生的数量都难以满足不断增长的城市化人口数量。

从第二大约束因素来看，当可能-满意度为理想状况时，排位第二的约束因素为垃圾排放量，此时的人口承载力为1802万人；当可能-满意度为比较理想水平时，第二大约束因素仍为垃圾排放量因素，城市人口承载力数量为2029万；但是当可能-满意度为比较满意水平时，道路铺装面积上升为第二约束因素，而垃圾排放因素降到第四约束因素，在该因素下城市人口数量为2132万。当可能-满意度为尚可接受水平时，第二大约束因素也为道路铺装面积，人口承载力为2198万人，而原有的垃圾排放量因素已经降到第五排位约束因素。

按照前面所述，分析不同可能-满意度下的第三关键约束因素。随着可能-满意度的变化第三大约束因素也在发生变化，在可能-满意度为理想和比较理想水平时，第三位的约束因素为道路铺装面积，城市人口承载力为2008万和2069万。在可能-满意度为比较满意和尚可接受水平时，处于第三排位的关键约束因素是财政收入，此时城市人口承载力为2150万和2209万。

而相比于前三位强关键约束因素，城市用电量、城市生产总值与公园绿地面积可以归为弱约束影响因素，这三个指标在可能-满意度为0.8、0.7和0.6时属于后三位约束因素，表现为这三个因素对人口承载力水平比较高，人口承载力水平至少在2500万以上。对于目前上海市常住人口为2420万，这三个约束因素充分满足上海市现有人口需求。

（二）情景分析：多种因素组合下的人口承载力

按照不同因素组合方法，探讨不同可能-满意度下的人口承载力并进行分析。

方案一：在同时满足所有约束因素的条件下，计算不同可能-满意度条件下上海市的综合人口承载力。满足所有因素约束条件是指对各种约束因素的人口承载力进行弱合并并取最小值，类似于“木桶原理”，寻找所有约束因素的“短板”（向云波，2012）。根据上述单因素人口承载力的分析，执业医师人数的承载力在各项约束因素的人口承载力中最小，意味着在满足所有限制因素的弱合并情况下所得到的人口承载力实际上是由执业医师人数测算出的人口承载力。从可能-满意度为理想水平到尚可接受水平，按照方案一计算出上海市在此方案下的人口承载力分别为1755万、1840万、1934万与2035万。在方案一中，其余所有限制因素条件都可以得到满足。

方案二：在各约束因素等权重条件下，测算上海市在不同可能-满意度条件下的人口承载力。等权重表示给予各因素相同权重，各限制因素处于同等重要程度。由于本研究的实际使用约束因素数为9，所以各因子权重都为1/9。根据方案二的描述，可以认为方案二的方法就是在求解不同可能-满意度下各限制因素人口承载力的算数平均数。因此，将单个限制因素的人口承载力计算结果与因子权重（1/9）对应相乘，得到一个综合人口承载力。按此方案计算得到从可能-满意度为理想状况下到尚可接受的状况下上海市的人口承载力分别为2051万、2237万、2410万与2613万。

方案三：各约束因素按比例互相补偿，测算上海市在不同的可能-满意度条件下的人口承载力。所有约束因素按比例互相补偿的实质是指根据一定的方法确定各指标因素权重，考虑各约束因素间的相互补偿对人们感受产生的影响，牺牲部分因素的限制，加权合并后得到一个综合人口承载力值。这种因素间的互相补偿可以得到一条人口规模更大的可能-满意度曲线，在方案三中，各约束因素的权重将根据上海市的各因素的历史数据值，通过因子分析方法计算得到每个因素的权重比例。此时可能-满意度从理想状况到尚可接受的水平，城市综合人口承载力分别为2352万、2572万、2774万与3012万。

综上所述，三种方案计算的上海市多因素综合人口承载力，见表3。

表3　上海市多因素人口承载力　（单位：万人）

可能-满意度	0.9	0.8	0.7	0.6
各因素同时满足	1755	1840	1934	2035
各因素等权重	2051	2237	2410	2613
各因素按比例补偿	2352	2572	2774	3012

比较三种方案，各有优劣。方案一偏向考虑限制因子中处于最强约束的那一影响因素，忽视了其他约束因素所带来的补偿效应；方案二认为所有约束因素处于同等地位，给予各指标因素同等权重，计算简便；而方案三是根据各约束因素对人口的实际影响程度，通过因子分析法计算得分权重，综合加权，计算复杂，但是更能够反映城市实际情况。

由表3可以看出，2020年上海市在可能-满意度为理想状况下，城市人口承载力范围为1755万~2352万；在可能-满意度为比较理想情况下，人口承载力范围为1840万~2572万；在可能-满意度为比较满意情况下，人口承载力范围是1934万~2774万；在尚可接受情况下，上海市的人口承载力的范围是2035万~3012万。上海市“十三五”规划要求“严格控制城市常住人口总量，到2020年将常住人口控制在2500万以内”。目前上海市常住人口为2419.7万，处于可能-满意度为比较理想状态水平。上海市常住人口控制若能够低于“十三五”规划的目标值，就意味着上海市在2020年仍会处于可能-满意度比较理想的状态水平，并表明现存资源条件能够满足城市人口发展的需要，不会产生更多的城市问题。但是如果上海市人口超过2500万并超过了比较满意状态的最高值2572万，那么上海市可能-满意度将会降到比较满意状态水平。这说明上海市自然资源持续性供给的可能性相比之前降低，人们对现实生活满意程度也会随之下降。

四、主要结论及启示

城市作为人类生产生活的载体，不仅支撑着人类社会文化的发展，同时担负着伴随城市发展而出现的生态环境污染、资源消耗等问题，城市可持续发展在一定程度上正是人类社会可持续发展的诉求。可持续发展的基本要求是实现区域人口、资源与环境协调发展。而人口、资源、环境之间达到相互协调的重要表现，就是它们在数量、质量和结构等各方面要能与资源条件相匹配。其中人口规模与区域环境资源所能承载的能力相适应，这就是相互协调的最基本体现。文章选定上海市的经济、社会、资源、公共基础设施及环境等因素指标，利用可能-满意度多目标决策方法，构建可能度函数和满意度函数，对上海市未来的人口承载力进行分析。

评估结果获得以下重要的研究发现：（1）从横向角度分析不同可能-满意度的人口承载力，发现城市人口规模数量随着可能-满意度的降低而升高，呈现反向关系。（2）不同的限制因素下人口承载力对于可能-满意度反应敏感程度不同。整体来看，城市生产总值、财政收入、道路铺装面积因素对于可能-满意度反应敏感程度相比其他约束因素较小，这三种约束因素越易成为潜在关键约束因素。（3）从单因素人口承载力角度看，最大的限制因素为执业医师人数；当可能-满意度为理想和比较理想水平时，处于第二位的限制因素是垃圾排放量，当可能-满意度为比较满意与尚可接受的水平下时，道路铺装面积为第二关键约束因素；当可能-满意度为理想和比较理想水平时，第三关键限制因素是道路铺装面积，当可能-满意度为比较满意与尚可接受的水平下时，财政收入为第三约束因素。随着可能-满意度的变化，各指标因素约束能力也在发生变化。（4）从多要素综合的人口承载力分析结果来看，在可能-满意度为理想状况下，上海市综合人口承载力为1755万~2352万；在可能-满意度为比较理想状况下，上海市综合人口承载力为 1840 万～2352 万；在可能–满意度为比较满意时，上海市综合人口承载力为 1934 万～2774 万；在可能–满意度为尚可接受的情况下上海市综合人口承载力为 2035 万～3012 万。因而，到 2020 年上海市政府需按照实际资源条件稳定上海市人口规模，以期实现城市均衡可持续发展。

综上所述，上海市为实现更高可能–满意度值，需要采取一定的政策行政手段改善关键约束因素条件。首先，总体来看上海市当前医疗人员布局不完善，医师人数不能满足所有居民的医疗救济需求。对此上海市政府应积极完善覆盖城乡居民的基本医疗卫生制度，完善公共卫生服务体系，优化医疗资源布局和提升医疗服务水平，以减弱医疗卫生因素对城市人口承载力的限制。其次，上海市要大力完善多层次交通系统，优先发展城市公共交通，满足人们对交通的需求，减少交通拥堵。最后，上海市政府应该加大垃圾回收处理力度，大力推进政策制度创新，显著减少废弃物排放。推进绿色清洁生产，发展先进再制造工艺，争取减少城市环境污染。

参考文献

1. 程水英. 煤炭矿区水资源承载力定量研究的推广应用［J］. 科技经济市场，2014（01）：135–136.

2. 关海玲，杜薇. 基于可能–满意度方法的城市人口承载力研究［J］. 决策参考. 2016，14（02）：47–50.

3. 姜孟，李华姣. 基于系统动力学的区域页岩气开发水资源承载力评价模型研究［J］. 资源与产业，2016，18（06）：33–39.

4. 李龙熙. 对可持续发展理论的诠释与解析［J］. 行政与法，2005（第一期）.

5. 李文龙，任圆. 城市综合承载力系统动力学仿真模型研究［J］. 生态经济，2017，33（02）：78–80+189.

6. 刘凤娟，宁云才. 基于可能–满意度的人口承载力研究及风险管理研究——以苏中市区为例［J］. 财会月刊，2016，20：79–84.

7. 刘钦普，林振山，冯年华．土地资源人口承载力动力学模拟和应用［J］. 南京师大学报，2005（4）：114-118.

8. 宁佳，刘纪远，邵全琴，樊江文．中国西部地区环境承载力多情景模拟分析［J］．中国人口·资源与环境，2014，24（11）：136-146.

9. 邱思钧，叶翠柳，米红．多目标可能满意度法在城市承载力测算中的应用——以深圳市南山区为例［J］．福建电脑，2011，27（02）：121-122+115.

10. 童玉芬，刘广俊．基于可能-满意度方法的城市人口承载力研究——以北京为例［J］．吉林大学社会科学学报，2011，51（01）：152-157.

11. 王爱民，尹向东．城市化地区多目标约束下的适度人口探析——以深圳为例［J］．中山大学学报，2006，（1）：116-120.

12. 王浣尘．采用可能度和满意度的多目标决策方法［J］．系统工程理论与实践，1982，2（1）：14-22.

13. 王浣尘．可能度和满意度在多目标决策中的应用［J］．信息与控制，1981，5（02）：8-13.

14. 卫云龙，江激宇，杨良杰等．基于可能-满意度的合肥承载力研究［J］. 资源开发与市场，2013，29（12）：1264-1269.

15. 吴翔，赖格英，王怀清．南昌市气候承载力评价研究［J］．江西科学，2018，36（04）：615-618.

16. 夏军，王中根，左其亭．生态环境承载力的一种量化方法研究——以海河流域为例［J］．自然资源学报，2010（6）：786-794.

17. 向云波，谢炳庚，邓楚雄．基于可能-满意法的湖南省人口容量研究［J］．西北人口，2013，3（34）：53-56+62.

18. 张志良．人口承载力与人口迁移［M］．兰州：甘肃科技出版社，1992.

19. 张子珩，濮励杰，康国定，雷敏．基于可能-满意法的城市人口承载力研究——以乌海市为例［J］．自然资源学报，2009，24（03）：458-464.

20. 朱宝数．人口生态学［M］．南京：江苏科学技术出版社，1989.

21. Fang, W., An, H., Li, H., Gao, X., & Sun, X. (2017). Urban economy development and ecological carrying capacity: taking beijing city as the case. Energy Procedia, 105, 3493-3498.

22. Odum H T. Environmental Accounting Emergy and Environmental Decision Making [M]. New York. Wiley. 1996.

23. Oh K, Jeong Y, Lee D, etal. An Intergated Framework for the Assessment of Urban Carring Capacity [J]. Korea Plan Assoc, 2002, 37 (5): 7-26.

24. Shi, Y., Wang, H., & Yin, C. (2013). Evaluation method of urban land population carrying capacity based on gis—a case of shanghai, China. Computers Environment & Urban Systems, 39 (3), 27-38.

25. Shi, Y. Z., Yin, C. Y., Wang, H. F., & Tan, W. K. (2013). Research progress and prospect on urban comprehensive carrying capacity. Geographical research, 32 (1), 133-145. (In Chinese)

26. Taagepera, R. (2014). A world population growth model: interaction with earth' s carrying capacity and technology in limited space. Technological Forecasting & Social Change, 82 (1), 34-41.

27. Tian, Y., & Sun, C. (2018). Comprehensive carrying capacity, economic growth and the sustainable development of urban areas: a case study of the yangtze river economic belt. Journal of Cleaner Production, 195, 486-496.

28. Tsai, I. C. (2018). Housing price convergence, transportation infrastructure and dynamic regional population relocation. Habitat International, 79, 61-73.

29. Wackernagel M. Rees W E. Perceptual and structural barriers to investing in natural capital: Economics from an ecological footprint perspective [J]. Ecological Economics. 1997, 20: 3-24.

30. Wei Yigang, Cui Huang, Patrick T. I. Lam, Yong Sha, Yong Feng. Using Urban-Carrying Capacity as a Benchmark for Sustainable Urban De-

velopment: An Empirical Study of Beijing, Sustainability, 2015, 7, 3244-3268.

31. Wei Yigang, Cui Huang, Jing Li , LinglingXie . An evaluation model for urban carrying capacity: A case study of China' s mega-cities, Habitat International, 53 (2016): 87-96.

32. Wei, Y. , Huang, C. , Lam, P. T. I. , & Yuan, Z. (2015) . Sustainable urban development: a review on urban carrying capacity assessment. Habitat International, 46, 64-71.

33. Zhang, Y, & Wang, H. C. (2003) . Research on rational scale of population in Shanghai. Journal of management sciences in China, 6 (2), 1-11. (In Chinese) .

当前人才争夺战的特点与启示

❖崔树义　王　莹

【摘　要】近年来，全国范围掀起“人才争夺战”，涉及面之广、影响力之大前所未有。本报告根据各地在“人才争夺战”中出台的吸引人才优惠政策，从“引什么、怎么引、怎么用、怎么服务”四个方面对“人才争夺战”的特点进行了概括总结，认为各地要在“人才争夺战”中赢得主动，就必须适应这些趋势特点，努力实现五个转变。

【关键词】人才争夺战；特点；启示

【作　者】崔树义：山东社会科学院研究员；王莹：山东省人力资源社会保障科学研究院研究员

近年来，全国范围掀起“人才争夺战”，并呈现白热化趋势，其来势之猛、涉及面之广、影响力之大前所未有。

一、“人才争夺战”的特点

综合分析全国各地在“人才争夺战”中出台的吸引人才优惠政策，尽管千差万别，但归纳起来，主要围绕“引什么、怎么引、怎么用、怎么服务”四个方面：

（一）围绕引什么，明确目标人群，引才针对性强

一是不同级别城市，引才各取所需。以北京、上海、深圳为代表的一线城市将引才目标锁定为“高、精、尖”的国际创新型顶尖高层次人才，

武汉、西安、天津等二线城市侧重吸引中高层次人才，进而优化城市人口结构。二是瞄准产业布局，分层分类引才。江苏实施“一行业领域一人才工程”，编制人才信息库，动态监测人才储备，研判人才缺口，定期发布人才需求目录；浙江围绕信息、环保、健康、旅游等八大万亿产业分别开展人才需求预测、动态发布人才引进目录、研究出台专项人才集聚政策。三是聚焦高校毕业生，收割储备人才。武汉、西安视大学生为“人才金字塔”塔基，先后提出“5 年留住 100 万大学生”，并且武汉率先出台大学生在汉工作指导性最低薪酬，成立“武汉大学毕业生最低薪酬联盟”，发起最低年薪公约，签订最低年薪集体合同。

（二）围绕如何引，突破政策限制，引才力度大

一是多维补贴。实施人才住房专项计划，深圳出台 20 年最强房产新政，大学本科以上人才可以同地段商品住房 6 折左右的价格购买人才住房。武汉出台大学毕业生保障房管理办法，符合条件的留汉大学毕业生安居房享受 8 折优惠，并筹建人才公寓；太原、石家庄、郑州等城市推出购房和租房补贴；设立青年人才驿站，成都为来蓉应聘的本科及以上学历应届毕业生提供 7 天以内免费住宿，呼和浩特为呼市以外的博士、硕士及“双一流”大学本科毕业生提供 4 天内的免费住宿；南京为外地来宁高校毕业生提供每人 1000 元的一次性面试补贴。二是低门槛落户。西安连续 4 次升级落户政策，从放宽学历、年龄限制到“身份证+学历证明”落户再到最新的“在校大学生凭身份证和学生证在线落户”，门槛不断放宽；天津针对学历型、资格型、技能型、创业型、急需型人才推出“史上直辖市最低落户门槛”。三是拓展引才渠道。江苏、浙江、广东通过常设海外引才平台、组建民间引才联盟、依托海外网络建成多元化引才渠道；武汉、深圳聘请相关领域产业领军人才当“引智大师”，探索实施“校友经济”战略，形成以才引才、以才聚才的抱团效应；四川、上海壮大人力资源服务业，做大做强猎聘、高级人才寻访等业务。四是加大资金扶持力度。西安、郑州明确提出未来 5 年将安排 100 亿元人才发展经费用于人才资源建设；合肥计划未来 5 年安排不少于 20 亿元人才发展专项经费；广东出台意见，每年

资助200名博士和博士后，每人给予50万元生活补贴，每年资助100名优秀在站博士后科研人员到国外（境外）合作研究，每人资助40万元。

（三）围绕怎么用，优化体制机制，人才作用发挥好

一是搭建事业发展平台。安徽、四川努力打造“众创空间—创业苗圃—孵化器—加速器—产业园”全链条创业平台体系；杭州依托名校名企名城优势打造“城西科创大走廊”，形成以高端人才为引领、以高新技术为主导的特色小镇，建设“之江实验室”，集聚了一批全球顶尖人才研发团队。二是大力培育新型科研机构。江苏成立江苏省产业技术研究院，深圳组建深圳光启高等理工研究院，特别是中科院深圳先进技术研究院通过引进“诺奖专家”“千人计划专家”等高端人才，直接控股、孵化企业497家，孕育了一大批“独角兽”“瞪羚”企业。这些新型科研机构紧紧围绕产业发展实际开展研究和产业化开发，较快实现从源头创新到新技术、新产品、产业化的快速转换，打通了从基础研究到商品化规模化生产的创新链条。广东支持新型研发机构在政府项目承担、职称评审、人才引进、建设用地、投融资等方面享有国有科研机构待遇。深圳支持各类主体创办新型科研机构，予以最高1亿元的支持。三是突破用人体制障碍。浙江事业单位针对高端人才实施“一事一议”“一人一策”，事业单位人才引进不受单位岗位总量、结构比例的限制，特殊招聘人才由审批制改为备案制。四是产学研精准对接。浙江创办“技术成果电子商务市场”，利用“技术淘宝网”促成技术交易，助推科技成果转化，实现创新链、人才链与产业链无缝对接。五是实施市场化激励。西安创新薪酬绩效机制，事业单位引进的急需紧缺高层次人才可单独制定绩效工资倾斜政策，不纳入绩效工资总量；同时鼓励高校、科研院所、国有企业的科研人员以技术入股参与企业协同创新，取得合理收益。六是推行人才计划退出机制。四川实施人才定期考核退出机制，不合格者取消资格；杭州将人才项目发展实际与人才项目资助捆绑，打破“一顶帽子定终身”。

（四）围绕怎么服务，打造软环境，让人才留得住

一是简政放权。浙江落实人才管理简政放权，建立人才管理权力清

单、责任清单，探索取消高层次人才服务机构行政许可，逐步探索高校、公立医院不再纳入编制管理。二是完善服务。广州开发区成立人才工作集团，整合人才服务、人才创业、人才投资、人才安居、人才教育培训五大板块，探索人才工作产业化、市场化的道路，“上管老，下管小”，打造全链条人才服务产业。深圳改革高校应届毕业生接收申报模式，增加个人申报方式，取消现场报到环节，优化申报流程，一步到位，无须多部门办事，实现系统“秒批”办理。三是营造环境。浙江以“硬着头皮、厚着脸皮、磨破嘴皮、饿着肚皮、踏破脚皮”的“五皮”精神招才引智，为引才打造平安和谐、诚信友善的社会环境，尊重人才、见贤思齐的人文环境，鼓励创新、宽容失败的工作环境，待遇恰当、无后顾之忧的生活环境，山清水秀、宜居宜业的自然环境，公开平等、竞争择优的制度环境，开明清廉、干净干事的政治环境。深圳出台《深圳经济特区人才工作条例》，建设全国首个以“人才”命名的主题公园——深圳人才公园，园内设有人才功勋墙、人才景观墙、人才驿站、人才咖啡、项目路演、人才沙龙等，同时将每年11月1日定为“深圳人才日”，系列创新措施和宣传报道形成了巨大的“叠加效应”。四是优化保障。西安强化人才创新创业“清单制”“帮办制”服务，设立人才服务专员岗位和统一受理窗口，由政府出资选择专业的社会代理服务机构，对高层次人才提供“两个清单”（服务清单、政策清单）、免费实行“四个帮办”（引进落户、创办企业、人才政策兑现、社保医疗教育等服务）。

二、“人才争夺战”的启示

要在“人才争夺战”中赢得主动，就必须适应这些趋势特点，努力实现五个转变：

一是要由抢高端人才向抢高素质人口转变。各大城市在这场“抢人大战”中，不仅瞄准高精尖人才，还将目光投向高素质人口，注重“人才蓄水池”的搭建。在人才新政的驱动下，各省市引才成效开始显现，截至目前，西安新迁入落户64.5万人，相当于一年迁入一座中等城市；武汉2017年实现30万大学生留汉创业就业，是2016年的3.1倍，大学生在汉新落户14.2万人，是2016年的9.6倍。

二是要由拼优惠政策向拼人才生态环境转变。本轮“人才争夺战”中，各大城市均意识到仅靠优惠政策并不能留住人才，人才争夺必须由打“价格战”“政策战”转变为以平台搭建、项目资助、服务保障等为载体的“人才生态环境战”。

三是要由“漫天撒网”向“精准捕捞”转变。各地在人才引进上“因地制宜”，根据城市发展需求、产业转型升级需求，分类施策，“定向”抛出橄榄枝，人才引进更加具有针对性、精准性。

四是要由人才数据孤岛向构建人才大数据平台转变。为克服人才数据条带状分割，北京、上海、杭州等城市着力突破信息壁垒，整合碎片化的人力资源数据，搭建人才大数据平台，动态分析人才现状，定期公布人才工作动态、人才需求等信息，据此发布人才政策，形成精细化、多元化、高效化的引才平台。

五是要由粗放式引才向品牌化引才转变。改变过去部门和企业单兵作战轰隆声大、成效小的招才引智模式，按照“企业用人、政府买单”模式对引才活动分门别类进行精准化设计，以品牌引才。

广东省城镇化、流动劳动力与人口长期均衡发展的矛盾与冲突

❖杜金沛

【摘　要】广东省作为外来人口移入最多的省份，一直面临着在推动城镇化建设中，如何实现城乡人口、人口年龄化以及外来人口与本地人口的长期均衡发展的挑战。在当前，由于广东省城镇化的地区分布得严重不均衡，特别是受到人口的老龄化、外来人口年龄结构以及流动方向的影响，广东迫切需要实现人口的长期均衡发展以推动城镇化的健康推进。

【关键词】城镇化；流动人口；老龄化；均衡发展

【作　者】杜金沛：华南农业大学广东农村政策研究中心副教授，经济学博士

城镇化建设是一项长期的系统化工程，在推进过程中，必须与广东省人口长期均衡发展以及流动人口更好融入当地社会相协调，才能切实促进城镇化的健康发展，才能为广东省经济社会的全面均衡、协调和可持续发展发挥更大的作用。

一、当前广东省城镇化的推进面临来自人口结构及分布问题的挑战

广东省是一个较发达地区，与全国其他省份比起来，城镇化率相对较高，经济社会发展程度也相对较高，正面临着加速城镇化与经济社会结构

转型升级的双重机遇和挑战。

（一）广东城镇化率的地区分布不均衡

2012年底，广东省城镇化率达67.4%，大幅高出全国的平均水平52.6%，显示广东省在推进城镇化方面的工作和成效是突出的。但广东省各地区的发展却很不平衡，珠三角城镇化率达83.84%，已经步入城镇化的成熟阶段；而粤东、粤西、粤北地区的城镇化率分别只有59.1%、39.7%、45.3%，虽然处于城镇化加速发展阶段，但与珠三角地区比起来，差距巨大，而且在三个地区之间差距也较大，显示出三个地区的城镇化质量不高。下一步，我们要大力推进城镇化就必须考虑到我们面临的这个最基本的事实——城镇化的地区差异性。

（二）人口老龄化对城镇化的冲击

城镇化能否成功在很大程度上取决于城镇化过程中的产业是否有强有力的支撑，而产业的发展又在较大程度上取决于是否有充足的劳动力供给。但目前广东省人口老龄化形势严峻，老龄化、高龄化趋势加快，未来能为城镇化提供充足青壮年劳力的潜力呈现出显著下降趋势。

统计数据显示，2010年底全国1.78亿名60岁以上老年人中，广东省户籍老年人口已达1072万，约占总户籍人口的12.6%。到2015年末，60岁以上户籍老年人口将达到1288万，约占总户籍人口的14.6%。80岁以上的老龄人口达到200万人。需要指出的是，广东省的老龄化速度显著高于全国平均水平。在过去10年间，全国共增加了7000万老年人口，其中广东便增加了1000万，占全国的七分之一，增长率是1.9%，是全国水平0.57%的三四倍。

（三）外来流动人口的年龄结构及流动方向对广东省城镇化的影响

广东省作为全国第一经济大省，一直是外来流动人口主要流入地区，外来流动人口为广东经济发展提供了大量廉价的劳动力供给。但也正因为如此，一旦流动人口流向发生改变，将会对广东省城镇化带来巨大的冲击。

大量统计数据显示，广东省户籍老龄化程度已比较严重，但我们似乎对自己身处老龄化社会的感觉却并不明显。这是因为，大量的外来人口已将老龄化“稀释”了。研究表明，广东省外来流动人口的年龄构成中，少年儿童和老年人比重极低，0~14岁以及65岁及以上人口的比重分别为4.73%和0.98%（60岁及以上老年人口比重为1.75%），绝大多数是青壮年劳力，他们为广东经济发展作出了巨大的成就。也正因如此，一旦外来流动人口流向稍有风吹草动，则对广东省经济发展以及城镇化带来重大的影响。

这种影响一方面会使大量廉价的城镇化建设大军逐步消失，影响城镇化的推进；另一方面，城镇建设好后所需要的长期性居住人口却在意外地减少。随着西部大开发、长三角经济的超越、中部崛起以及东北老工业基地的振兴等，目前流入广东的外来劳力已经不像过去那样“蔚然成风”了，每年春节后的“招工难”正向常态化发展，伴随工资成本大幅提升的同时，外来劳力却在不断流失。过去十年里，广东省有2500多万流动人口，而目前只有约1700万~2000万，减少约20%~30%，而且流失的速度和幅度还在进一步扩大。

（四）老龄化区域分布得异常对广东省城镇化的影响

国际经验以及一般理论表明，由于生活水平改善的差别及其所决定的预期寿命延长的不一致，经济越发达地区的老龄化程度会越严重，城市老龄化也将显著高于农村。但目前广东省的情况却相反，发达地区的老龄化程度低于欠发达地区，农村人口老龄化程度明显高于城市。

一般来说，城镇化所需要的人口，特别是青壮年劳力将主要来自农村，即通过将大量的农村人口转变为城镇人口的途径，来有效地推动城镇化。如果农村人口老龄化程度严重，则意味着可供转化为城镇人口，特别是城镇生产力人口的可能性在下降。

导致产生这一问题的原因在于：一方面，广东省农村劳动适龄人口大量进入城市务工，加剧了农村老龄化程度，今后随着城市化进程加快，年轻劳动力向城市转移，这一差距还会进一步扩大；另一方面，流动人口中

90%以上聚集在珠江三角洲地区，拉低了该地区的老龄化水平。但无论如何，意味着广东省未来所需要的城镇人口已并非想象的那么庞大，即可供进入城镇的人口，似已大部进入了城镇。纵使未来农村人口再向城市转移，转移来的也是负担，而非动力。即，转移到城市来养老的老人，将多过转移到城市来的儿童，青壮年则几乎没有，因为他们早就来了，只是有的没有常住，无法统计而已。

二、政策建议

（一）要为新型城镇化的推进提供最大公约数的思想基础

人的城镇化即新型城镇化的推进不可避免地涉及社会各个利益主体的利益，如果大家紧紧看住自身的利益，而看不到全社会的利益，则我们的城镇化必然会面临许多意想不到的麻烦和困难。如何统一认识，化解矛盾，这是实现新型城镇化的一项重要工作，对此，政府应该更多地以社会最大多数的利益为前提，统筹安排和综合协调各项工作。

（二）推进新型城镇化必须与人口及其结构的未来发展相适应

城镇化的目的主要有两个，一是通过人口集中实现生产效率的提高，二是为人的高标准生活提供单位成本更为低廉的公共物品。这两方面都必须顾及人口规模、结构及其发展变化的基本规律。目前广东省城镇化在当前及未来将主要在人口老龄化、流动人口以及全省性不均衡城镇化率等方面遭受冲击和影响。“城镇化不是土地城镇化，而是人口城镇化”。没有适当人口相匹配的城镇化，或没有和谐社会生活的城镇化，都意味着城镇化发展的巨大失败。目前城镇化所推进的各项工程，最终需要人来享用。没有足够的人口数量以及相应的产业支撑，任何城镇化都将趋于失败。从目前广东省人口发展态势来看，劣化趋势胜于大多数其他省份，为此，我们必须引起高度重视。必须将科学的人口发展趋势与预测相结合，科学、合理和有所提前地安排广东省的城镇化战略布局。

(三) 建议建立发改委与卫健委之间的常态化工作联系机制

大量事实表明，城镇化不是单纯的发改部门以及工程实施部门的事情。要科学规划广东省城镇化发展方向和战略布局，就必须要更好地与卫计委就广东省人口发展趋势和人口发展战略相结合。此项工作关系到广东省未来发展战略的根本，建议相关部门建立稳定且有效的常态化工作机制。

参考文献

1. 钟敏，周洁珺，刘海金．广东城乡老龄化现状及对策研究［J］．产业与科技论坛，2018. 2.

2. 钟庆才．解决广东人口结构性矛盾的对策和措施［J］．南方人口，2012. 6.

3. 邱凯付，罗彦．人口输入型地区的城镇化发展特征与趋势——以广东省为例［J］．城市发展研究，2017. 3.

4. 于潇，陈新造．广东省流动人口典型化特征识别与启示［J］．人口学刊，2016. 11.

5. 金万富，周春山．2000—2010 年广东省对流动人口吸引力变化及影响因素［J］．南方人口，2016. 2.

6. 路琪，周洪霞．人口流动视角下的城镇化分析［J］．宏观经济研究，2014. 12.

第四篇

生育与公共政策研究

2017年陕西省生育状况监测报告

❖渠盛辉　李　乐　冯新维　程谦克

【摘　要】全面两孩政策实施距今已有两年，政策的实施效果与生育水平的提高、人口的均衡发展息息相关。本研究使用“2017年全国生育状况抽样调查数据”，主要用统计学分析方法分析陕西省全面两孩政策实施以来群众的生育行为、生育意愿、生育养育服务的现状、变化趋势及群体间差异。研究结果发现：陕西省总和生育率明显回升，但随着全面两孩政策效应逐渐减弱，育龄妇女婚育年龄推迟，育龄妇女数量和占比逐年下降，未来出生人口将会大概率下降；陕西省女性的生育意愿较2013年明显下降，“经济负担重”“年龄太大”“没人带孩子”成为阻碍生育的前三位因素；居住类型、婚育类型等因素会影响到二孩生育意愿；群众的直接生育成本构成了一定的家庭经济压力；生育间接成本较高是造成低生育意愿、低生育行为人群的主要原因。因此亟须协同整合资源、借鉴先进经验、完善配套政策，贯彻落实“全面两孩”政策，稳步提高生育水平。

【关键词】生育行为；生育意愿；生育养育服务；群体差异

【作　者】渠盛辉：陕西省卫生计生政策评估与信息中心助理研究员；李乐：陕西省卫生计生政策评估与信息中心实习研究员；冯新维：陕西省计划生育协会副秘书长；程谦克：陕西省卫生计生政策评估与信息中心副主任、高级讲师（通讯作者）

一、引 言

随着全面两孩政策的实施，我国的生育政策发生了重大变化。当前中国养一个孩子几乎耗尽家庭的大部分经济、时间与精力资源，带来（尤其是母亲）家庭-工作的严重失衡，也造成祖辈对隔代照料的忧虑，不敢照料次孙。进而也导致很多夫妻或家庭哪怕有较强烈的二孩生育意愿，在行动中却对二孩生育“望而却步”（杨菊华，2018）。因此，及时、准确地把握群众生育水平和生育意愿的变化情况，并掌握群体间差异，对客观评估两孩政策实施效果，及时调整完善生育政策及相应的配套政策，满足群众生育需求，促进人口长期均衡发展十分重要。为此，国家卫健委在全国组织生育状况抽样调查，为不断完善相关政策措施，稳步提高生育率、促进人口均衡发展提供重要依据。

2017 年全国生育状况抽样调查采用分层、三阶段、与规模成比例的概率抽样方法（PPS）抽取样本，陕西省共抽取 15~60 岁的女性 8000 人，实际有效样本 7984 人。为了克服由于抽样框的缺陷所产生的样本结构偏性，在数据处理阶段根据相关数据对样本数据进行了事后加权（庄亚儿等，2018）。本报告使用加权后的陕西省调查数据，主要用描述分析方法研究陕西省全面两孩政策实施以来群众的生育行为、生育意愿、生育养育服务的现状及总体变化状况，通过列联分析研究各群体间差异，并进行分组间的两两卡方检验。

二、基本信息

本次调查女性平均年龄 37.45 岁；未婚者占比 27.41%，在婚者占比 72.59%；整体教育程度偏低，56.75%为初等及以下教育程度；所有调查女性中，77.16%为农业户口，22.84%为非农业户口；家庭居住类型中现居住地在农村、县城、地级市、省会城市[①]的比例分别为42.46%、11.45%、24.14%、21.96%；99.25%以上为汉族女性；个人年平均收入17650.56元；家庭年平均收入41368.14元。

表1　基本信息描述　（%）

变量	百分比/均值	变量	百分比/均值
年龄（岁）	37.45	家庭居住类型	
婚姻状况		省会城市	21.96
未婚	27.41	地级市	24.14
在婚	72.59	县城	11.45
受教育程度		农村	42.46
初等及以下	56.75	民族	
中等	33.20	汉族	99.25
高等教育	10.04	其他	0.75
户口性质		个人年平均收入（元）	17650.56
农业	77.16	家庭年平均收入（元）	41368.14
非农业	22.84		

三、主要调查结果

（一）生育行为

1. 总和生育率较2015年回升

截至2017年7月1日，7984名调查对象共生育子女10853人，平均每人生育1.36个子女，50岁及以上妇女平均生育数量超过两个；2015年、2016年一般生育率分别为40.33‰、51.52‰，总和生育率分别为1.36、1.65[②]。

2. 二孩占比上升

调查对象全部生育孩次中，一孩次占比35.01%，二孩次占比

① 农村：居住区县为县且为村委会；县城：居住区县为县且为居委会；地级市：除西安市外，居住区县为区；省会城市：居住在西安市市辖区。

② 根据此次调查设计方案以及加权处理方法，陕西省生育率数据可能存在误差。

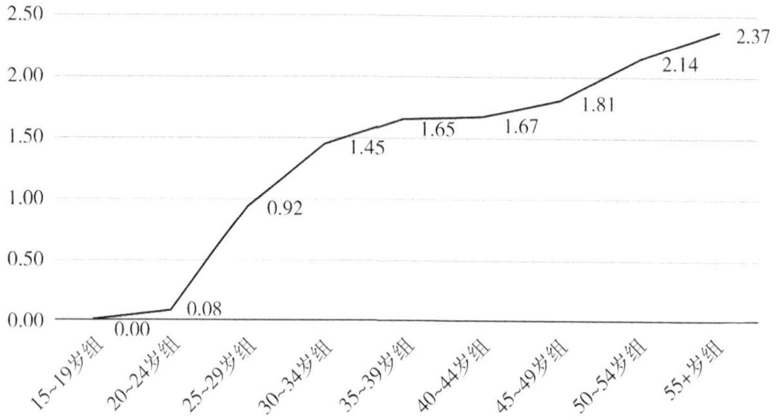

图 1　各年龄组平均生育数量

50.03%，多孩次占比 14.95%。

自 2005 年至 2017 年上半年，平均一孩次占比 54.55%，二孩次占比 40.83%，多孩次占比 4.62%。一孩次占比呈下降趋势，从 2005 年占比 66.42%下降至 2017 年上半年 39.10%，一孩总和生育率从 2005 年 0.89 下降至 2016 年 0.62；二孩次占比呈上升趋势，从 2005 年占比 28.36%上升至 2017 年上半年 54.20%，二孩占比自 2015 年首次超过一孩占比，二孩总和生育率从 2005 年 0.40 上升至 2016 年 0.90。

全面两孩政策放开以后，截至 2017 年 7 月 1 日，有 13.88%已经生育一孩的家庭生育了二孩。相较于 2013—2015 年，2016 年总和生育率、二孩生育率和二孩占比明显升高，由于叠加了“单独二孩”政策效应，“全面两孩”政策实施效果更加明显，26~29 岁育龄妇女二孩生育率提高尤为显著。

3. “全面两孩”政策实施以后，省会城市、体制内就业一孩家庭①“最不敢生”二孩

全部调查对象中 48.15%已经生育了二孩，而在 15~49 岁的育龄妇女中 62.01%尚未生育二孩。全面两孩政策实施以后，有 13.88%的育龄妇女

① 一孩家庭：截止到 2015 年年底生育了一孩的家庭，且母亲的年龄在 15~49 岁。

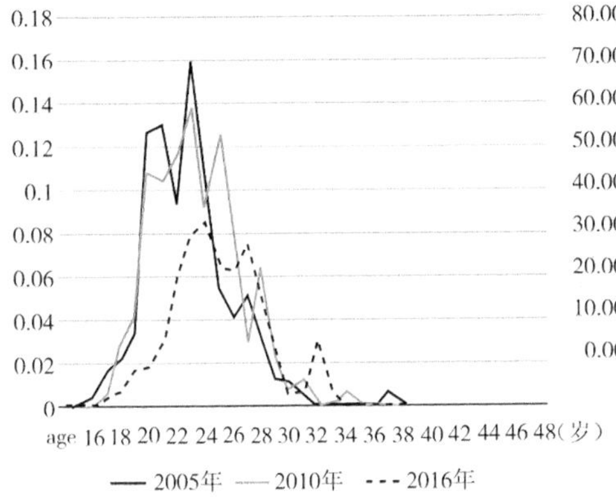

图 2　2005/2010/2016 年年龄别一孩生育率

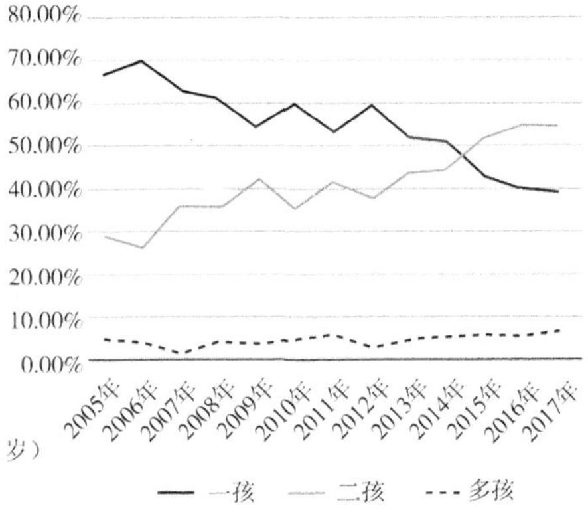

图 3　2005—2017 年孩次结构

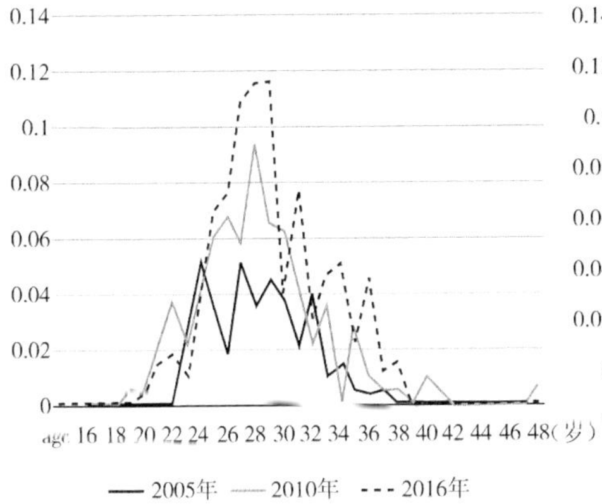

图 4　2005/2010/2016 年的年龄别二孩生育率

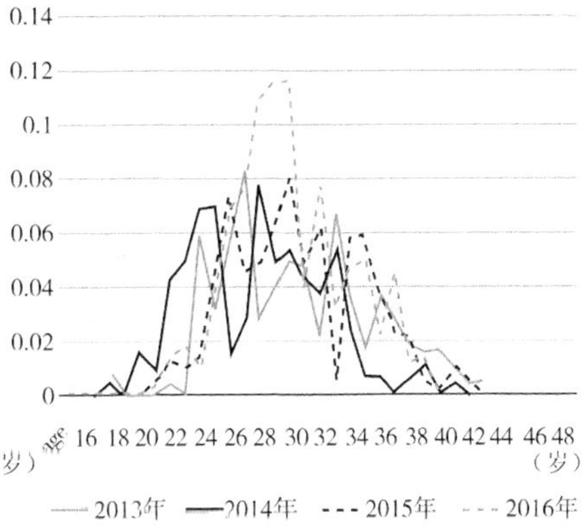

图 5　2013—2016 年二孩生育率

一孩家庭选择生育了二孩。

图 6~图 12 描述了不同类型家庭生育二孩比例的群体差异。从家庭户籍类型来看，相对一孩农户家庭，一孩单边户和一孩非农户家庭①，生育二孩比例更低，占比分别为 7. 23%、5. 86%。从计生家庭类型来看，相对于单独一孩家庭，双非一孩家庭选择生育二孩比例更低，占比为 12. 59%。

① 农户家庭：父母双方均为农业户口；单边户家庭：父母双方仅一方为农业户口；非农户家庭：父母双方均为非农户家庭。

从家庭居住地类型来看，相对于居住在县城和农村的一孩家庭，省会城市一孩家庭二孩生育比例更低，占比为 7.92%。从就业类型来看，相对于母亲无业的一孩家庭，母亲务农、体制外非农就业和体制内就业的一孩家庭选择二孩生育比例更低，占比分别为 8.59%、5.46%、8.07%。从教育程度来看，相对于母亲为初等及以下教育一孩家庭，母亲接受过中等教育的一孩家庭生育二孩比例更低，占比为 10.66%。从年龄组别来看，相对于其他年龄组，母亲为 40~44 岁组的一孩家庭，二孩生育比例最低，占比为 1.24%，相对于 25~34 岁组人群，35~39 岁组人群生育二孩比例更低，占比为 9.45%；20~24 岁、25~29 岁、30~34 岁组一孩家庭生育二孩比例最高，占比分别为 21.82%、27.04%、20.51%。从一孩性别来看，相对于一孩家庭是女孩的，一孩男孩家庭生育二孩比例更低，占比为 12.17%，说明全面放开二孩以后，二孩生育行为上存在性别偏好。

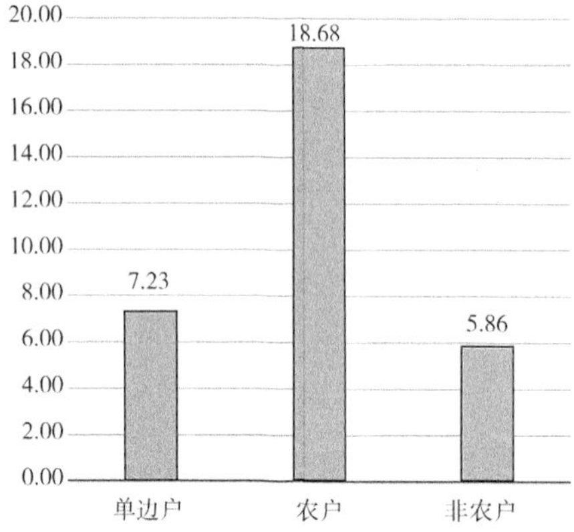

图 6　不同家庭户籍类型生育二孩比例（%）

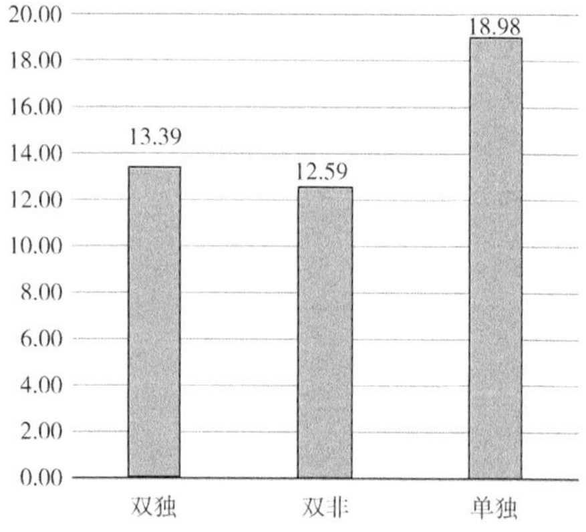

图 7　不同计生家庭类型生育二孩比例（%）

4. 生育模式有较大改变

（1）初婚年龄推迟。调查对象总体初婚年龄为 22.30 岁，但自 2005 年至 2016 年，平均初婚年龄从 22.63 岁延迟至 25.13 岁，延迟了 2.5 岁。

（2）生育年龄延迟。调查对象平均生育年龄 25.41 岁，一孩平均生育年龄 23.75 岁，二孩平均生育年龄 28.09 岁；一孩平均生育年龄从 2005 年

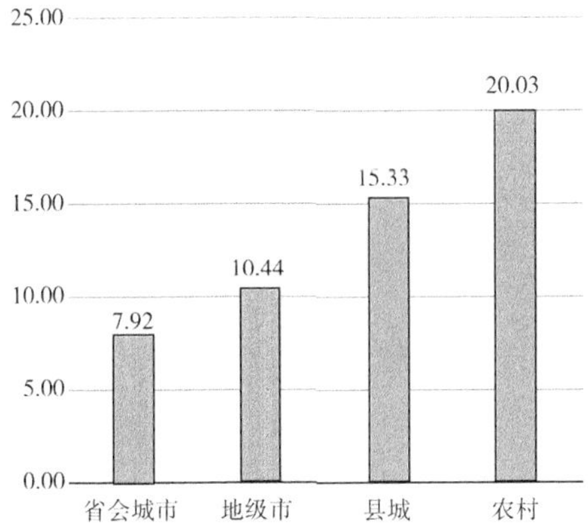

图 8　不同家庭居住地类型选择生育二孩比例（%）

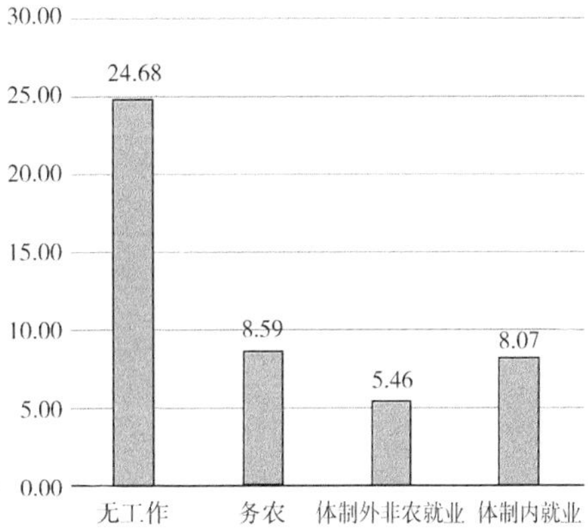

图 9　不同就业类型二孩生育比例（%）

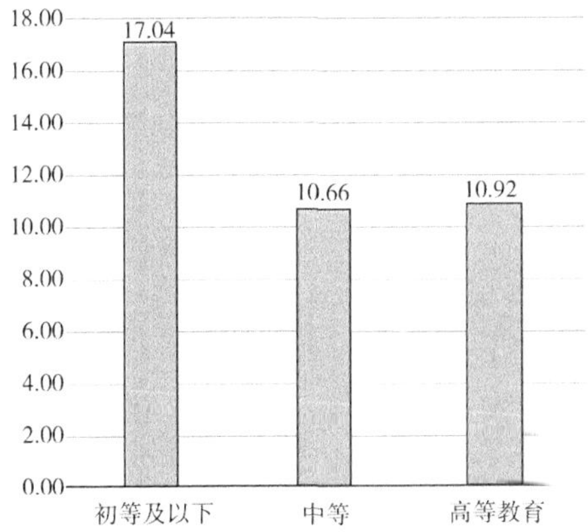

图 10　不同教育程度生育二孩比例（%）

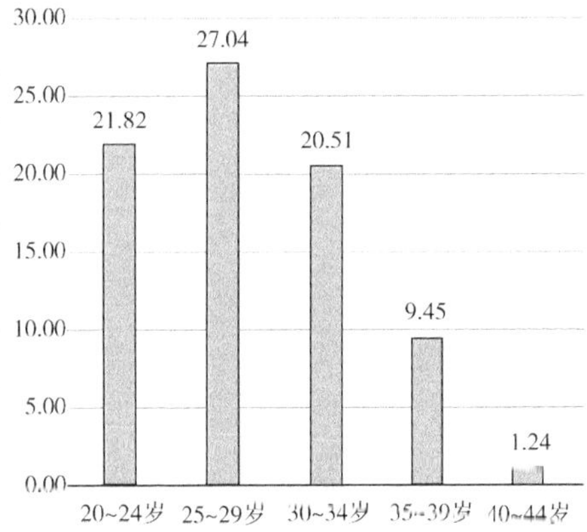

图 11　不同年龄组一孩家庭生育二孩比例（%）

23.56 岁上升至 2016 年 26.83 岁；二孩平均生育年龄，12 年来起伏变化不大，2005 年 29.61 岁与 2016 年 29.60 岁基本持平；从年龄别生育率变化情况来看，生育旺盛期延迟，整体生育年龄推迟。

（3）近十年来，婚育间隔和二孩生育间隔整体趋向缩短。调查对象平均婚育间隔 1.62 年，二孩生育间隔 4.46 年；随着育龄妇女初婚年龄和生育年龄延迟，未婚先孕比例升高，黄金生育时间缩短，婚育间隔和二孩生育间隔总体缩短；自 2005 年至 2016 年，婚育间隔整体呈下降趋势，2005

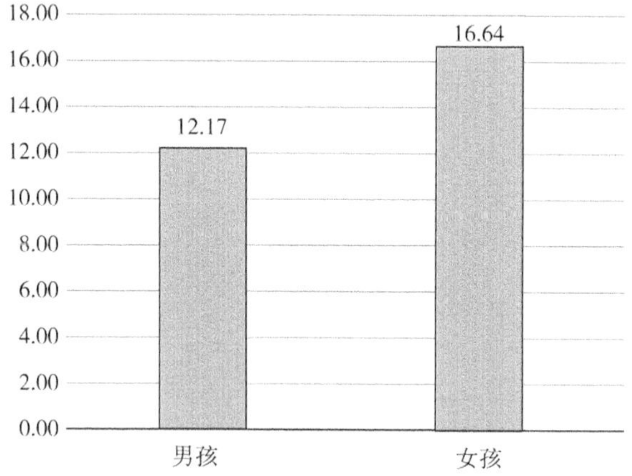

图 12　不同一孩性别家庭生育二孩比例（%）

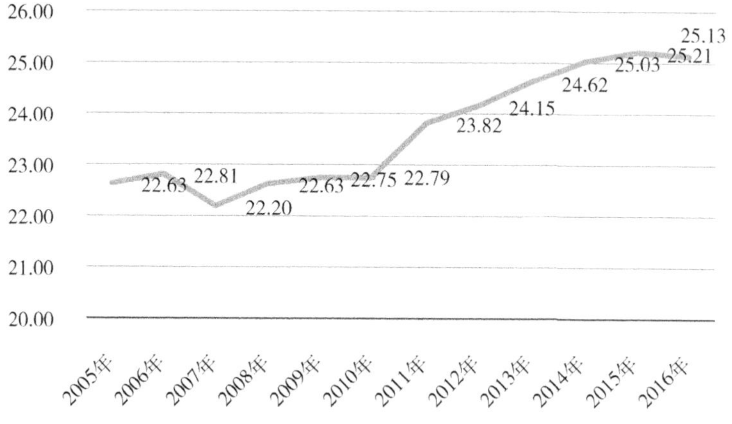

图 13　2005—2016 年平均初婚年龄（岁）

年平均婚育间隔 1.58 年与 2016 年 1.61 年基本持平；相对于婚育间隔，二孩生育间隔整体下降趋势明显，从 2005 年 6.24 年下降至 6.07 年。

未来几年，育龄妇女占比下降趋势明显。从 2000 年以后的历年人口普查和抽查数据来看，相对于 2005 年，2015 年除 20～29 岁处于生育旺盛期和 45 岁以上接近生育期尾声的育龄妇女外，其他育龄妇女占比都明显降低。根据 2015 年抽查数据显示，2015 年各年龄组占总人口比重分析如下：

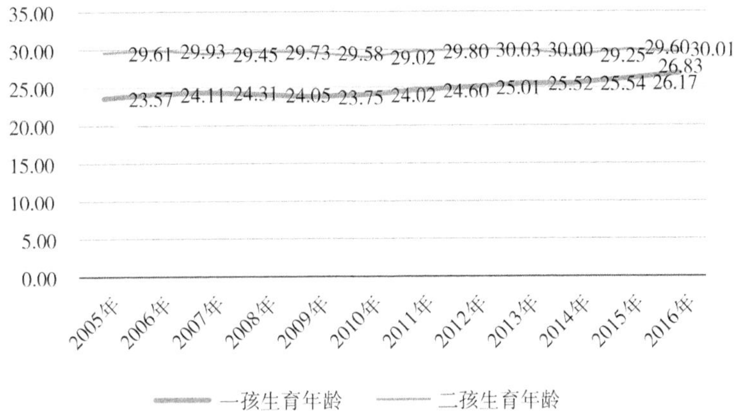

图 14　2005—2016 年分孩次平均生育年龄（岁）

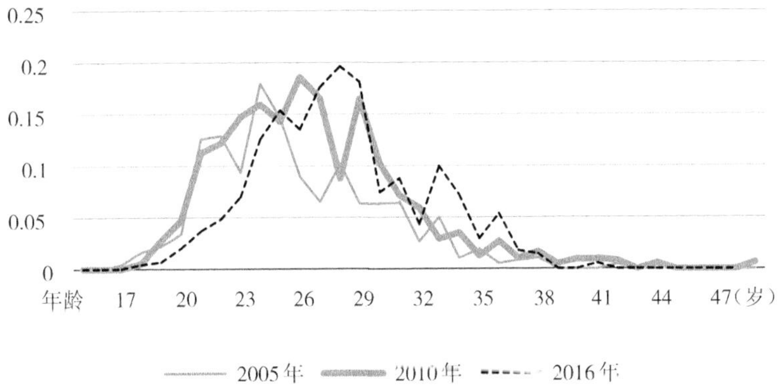

图 15　2005/2010/2016 年年龄别生育率

15 岁以下低年龄组人口比重下降趋势明显，20～24 岁组、15～19 岁组、10～14 岁组、5~9 岁组占全员人口比重依次为 4.85%、2.87%、2.01%、2.27%，这意味着未来几年，育龄妇女占全员人口比重和绝对数量下降很快。

（二）生育意愿

1. 平均意愿生育子女数为 1.67

理想子女数是生育观念的内容之一，是相当稳定且简单的测量指标，

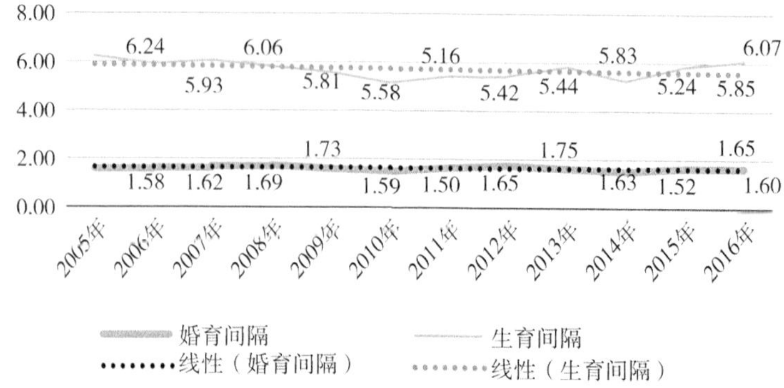

图 16　2005—2016 年平均婚育间隔和生育间隔

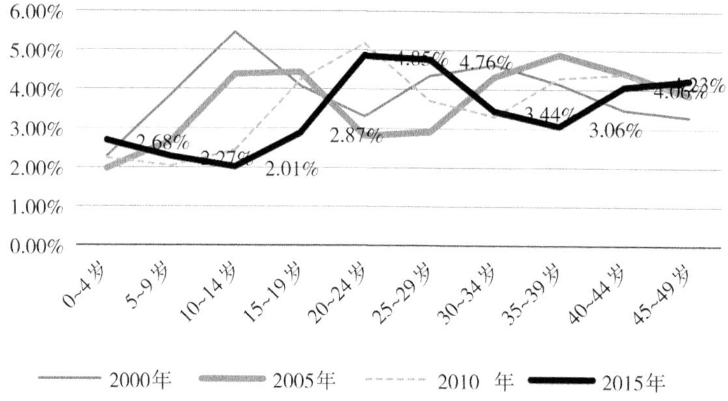

图 17　2000/2005/2010/2015 年 0~49 岁女性占全员人口比重

反映了普遍接受的价值观念（郑真真，2011）。相对于 2013 年①，2017 年平均理想子女数从 2013 年 1.90 降到 1.89，理想子女二孩比例降低，从 86.10%下降至 82.31%。相对于理想子女数，2013、2017 年意愿子女数中二孩比例均大幅降低；相对于 2013 年，2017 年意愿子女数中二孩比例为 57.23%，降低了 5.6 个百分点；2017 年平均意愿生育子女数为 1.67 人，略高于 2016 年陕西省常住人口的总和生育率 1.65；两次调查数据显示，一孩比例均大于多孩比例。

① 数据来源于中国人口与发展研究中心“2013 年生育意愿调查”。

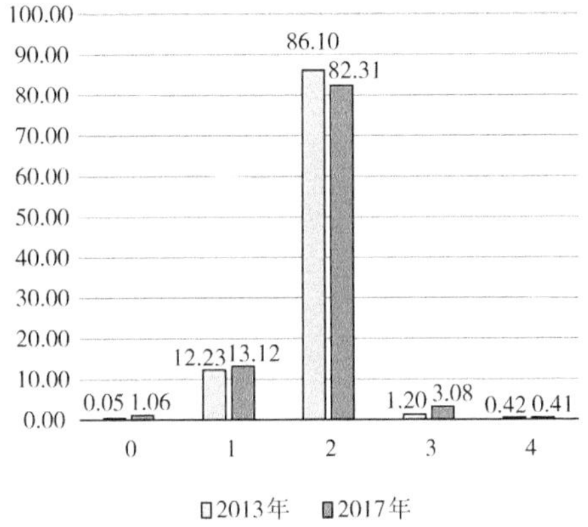

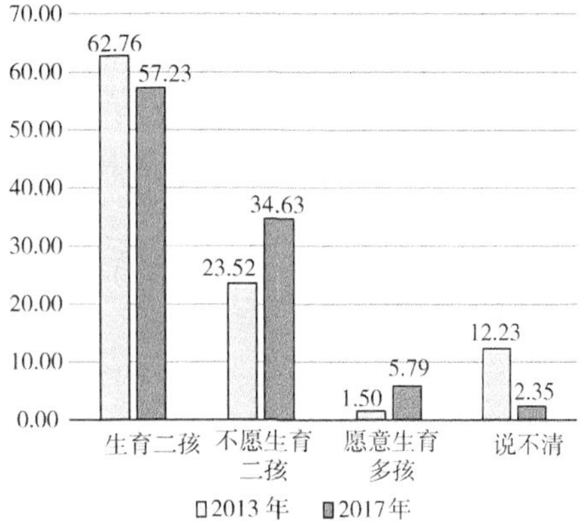

图18　2013年、2017年理想子女数量(%)　图19　2013年、2017年意愿子女二孩生育比例(%)

2. 相对于意愿子女，理想子女性别结构中不存在明显的“男孩偏好”

2017年理想子女数中，男孩平均数为0.92，女孩平均数为1.0，理想子女数性别比为0.92；意愿生育子女数中，男孩、女孩平均数都为0.87，性别比为100。生育数量在二孩及以内的子女性别结构中，理想子女数一男一女比例最高，一男比例低于一女比例，二男比例低于二女比例；但是在生育意愿中，男孩比例高于女孩，一男比例高于一女，二男比例高于二女。

3. 不同人群的育龄妇女二孩生育意愿①比例有显著不同

图21—图30描述了不同类型育龄妇女二孩生育意愿的群体差异。从家庭户籍类型来看，单边户、农户、非农户二孩生育意愿均有显著不同，分别占比为52.70%、72.48%、41.81%，非农户二孩生育意愿最低。从计生家庭类型来看，双独家庭二孩生育意愿最低，占比为50.26%，单独家庭和双非家庭二孩生育意愿占比分别为63.85%、70.82%。从家庭居住地类型来看，农村更倾向于生育二孩，占比为75.16%。所居住城市级别越高，意愿生育二孩比例越低，省会城市、地级市、县城二孩比例依次从低到高，占比分别为49.82%、58.98%、68.43%。从就业类型来看，职业为务农的母亲意愿生育二孩比例最高，占比为74.70%，无工作、体制外非

① 二孩生育意愿指愿意生育两个及以上的孩子。

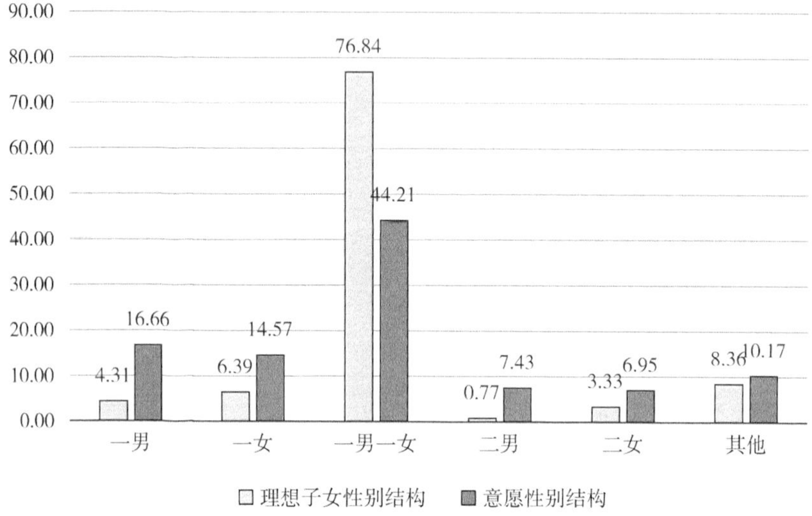

图 20　2017 年理想子女与意愿生育子女性别结构（%）

农就业、体制内就业意愿生育二孩比例从高到低依次为 68.92%、58.52%、44.21%。从受教育程度来看，教育程度越高，意愿二孩生育比例越低，初等及以下意愿生育二孩比例为 76.41%、中等教育为 53.88%、高等教育为 46.84%。从年龄分组来看，相对于 30~34 岁组、35~39 岁组、45~49 岁组，15~19 岁组、20~24 岁、25~29 岁组育龄妇女二孩生育意愿比例更低，分别为 59.41%、58.87%、64.22%。从现有子女入托/园性质来看，在同一类型的居住地，入托/园的公立与私立性质之间无明显差别，但是相对于入托/园属地级市私立，入托/园属省会城市私立的意愿生育二孩比例更低，占比为 59.78%。从现有子女入托/园费用来看，每月花费在 700 元以上的意愿生育二孩比例最低，占比 64.67%。从婚育状况来看，在婚一孩的二孩生育意愿比例最低，占比为 28.06%，其次为单身和已婚未育的育龄妇女，二孩生育意愿分别为 55.81% 和 46.02%。从在婚一孩的性别来看，其中在婚一孩为男孩的二孩生育意愿更低，占比为 25.71%，比在婚一孩为女孩的家庭低出将近 10 个百分点。

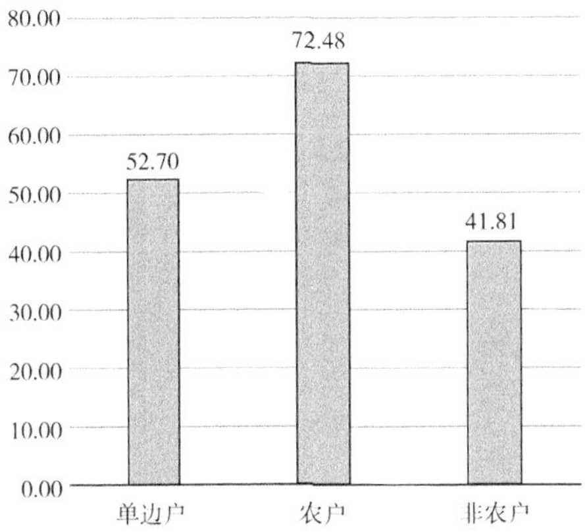

图21　不同家庭户籍类型育龄妇女的二孩生育意愿（%）

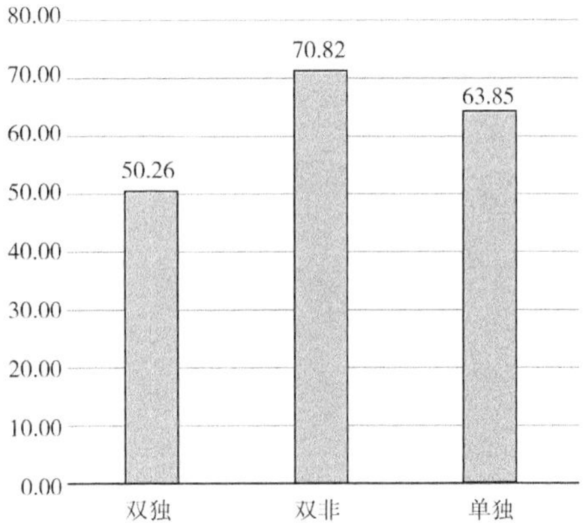

图22　不同计生家庭户育龄妇女的二孩生育意愿（%）

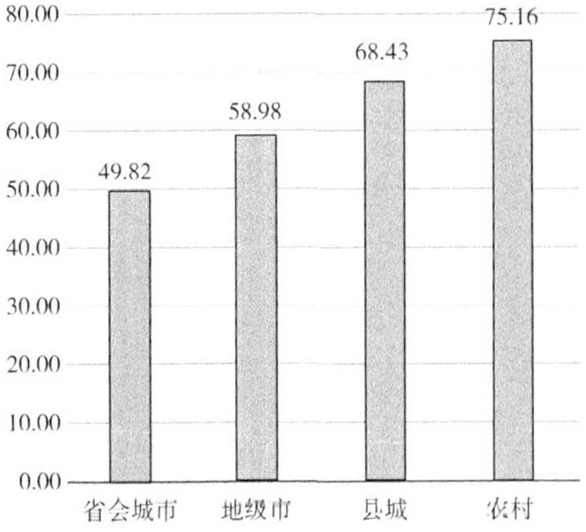

图23　不同家庭居住地类型育龄妇女的二孩生育意愿（%）

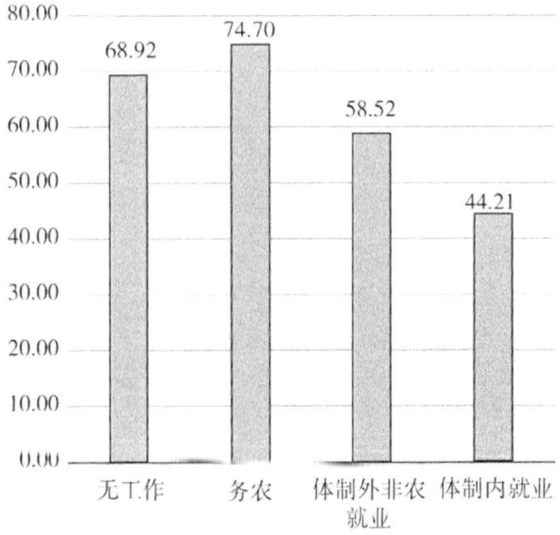

图24　不同就业类型育龄妇女的二孩生育意愿（%）

4. 高年龄组育龄妇女抢生意愿明显

未来三年内，2018年意愿生育比例最高，随着时间推迟，至2020年，意愿生育比例逐步降低，打算在2018年、2019年、2020年生育的比例分别为28.92%、18.49%、5.50%。分年龄组来看，25~29岁、30~34岁、35~39岁、40~44岁组育龄妇女，未来三年来意愿生育的比例均超过50%，高年龄组育龄妇女抢生意愿明显。

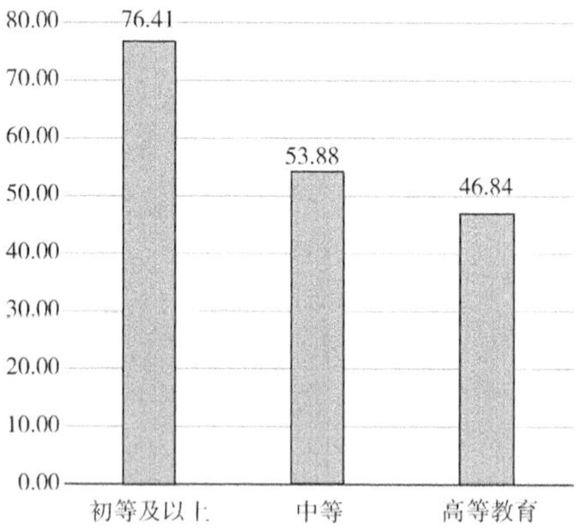

图 25　不同教育程度育龄妇女的二孩生育意愿（%）

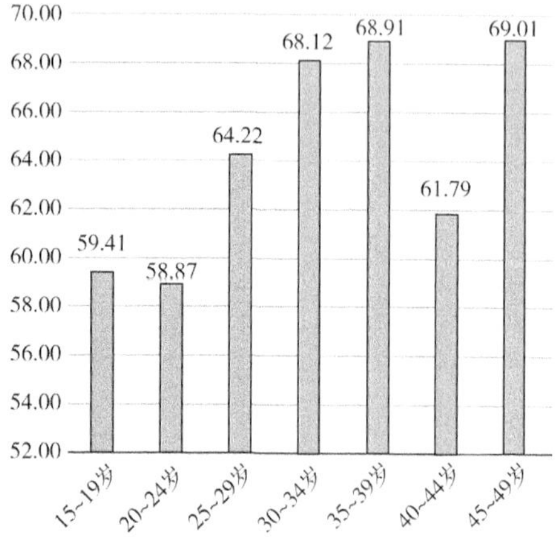

图 26　不同年龄育龄妇女的二孩生育意愿（%）

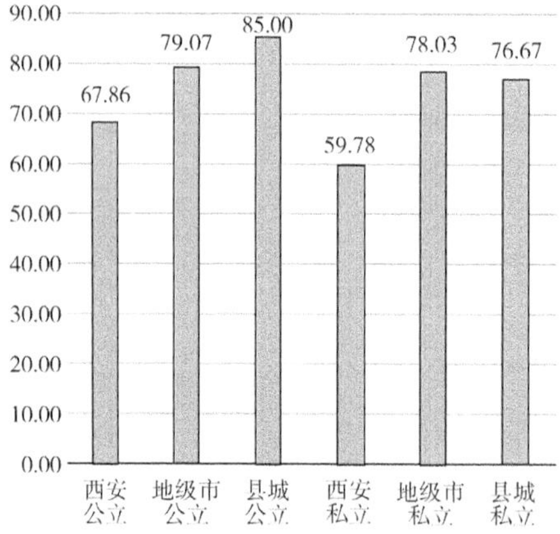

图 27　不同托/园性质育龄妇女二孩生育意愿（%）

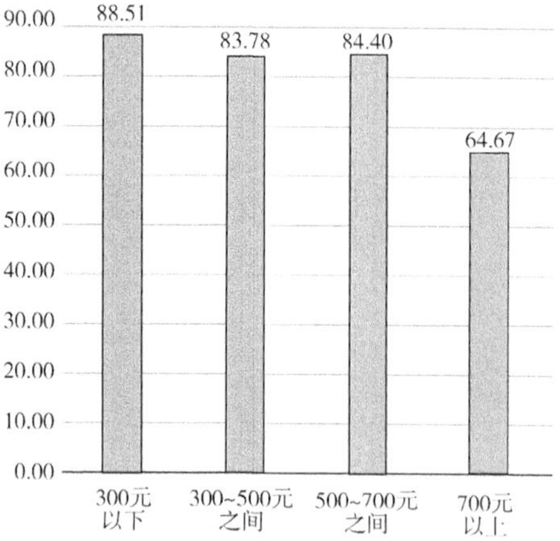

图 28　不同入托费用育龄妇女二孩生育意愿（%）

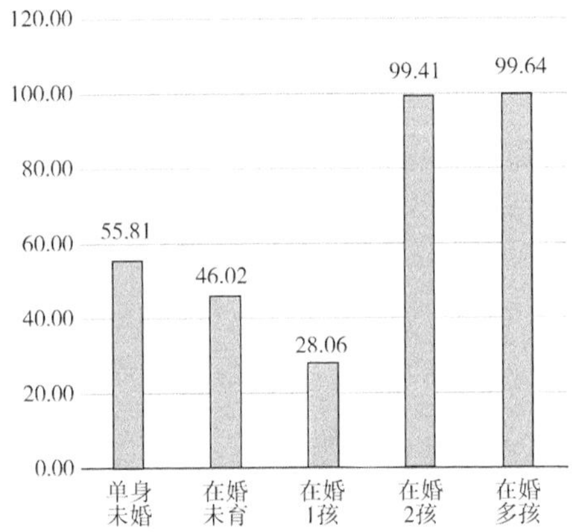

图 29 不同婚育状况育龄妇女的二孩生育意愿（%）

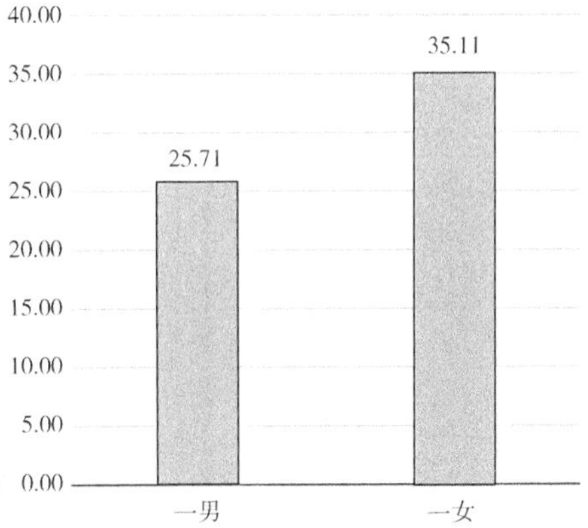

图 30 不同一孩性别育龄妇女的二孩生育意愿（%）

表 2 分年龄组意愿生育时间（%）

意愿生育时间	全体	20~24 岁	25~29 岁	30~34 岁	35~39 岁	40~44 岁	45~49 岁
2018 年	28.92	12.00	24.10	35.47	42.62	38.10	12.50
2019 年	18.49	16.00	20.95	18.02	13.11	19.05	0.00
2020 年	5.50	8.00	7.51	3.49	1.64	0.00	12.50
2020 年以后	9.00	22.00	13.04	4.07	0.00	0.00	0.00
没想好	38.08	42.00	34.39	38.95	42.62	42.86	75.00

5.“全面两孩”政策对受过高等教育和体制内就业人群影响较大

总体来看，“全面两孩”政策的放开对生育计划有很大影响的占比为 11.05%，有一定影响的占比为 22.56%，没有影响的占比为 66.39%。

分人群来看，从家庭户籍类型来看，单边户和非农户家庭相对于农户家庭受“全面两孩”政策影响较大，占比分别为 50.00%、54.12%。从居住地类型来看，相对于农村，省会城市受“全面两孩”政策影响较大，占比为 43.18%。从母亲就业类型来看，相对于无工作、务农、体制外非农就业，体制内就业受“全面两孩”政策影响最大，占比为 54.17%。从母亲受教育程度来看，相对初等及以下教育、中等教育，受过高等教育的母亲受“全面两孩”政策影响最大，占比为 61.73%。从年龄分组看，相对

20~24岁、25~29岁组，30~34岁、35~39岁组受“全面两孩”政策影响更大，占比分别为40.50%和50.00%。

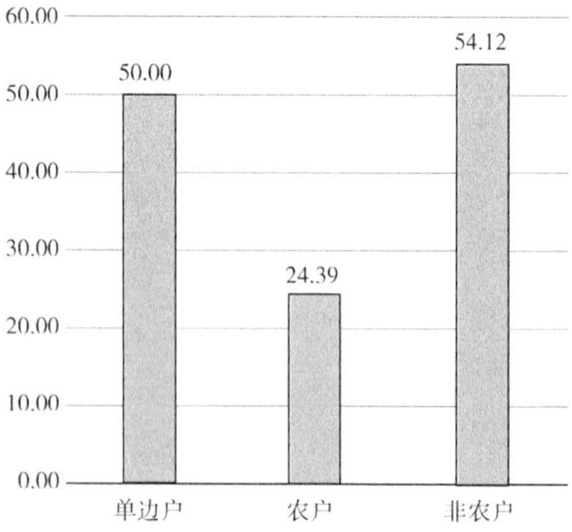

图31　不同家庭户籍类型“两孩政策”影响率（%）

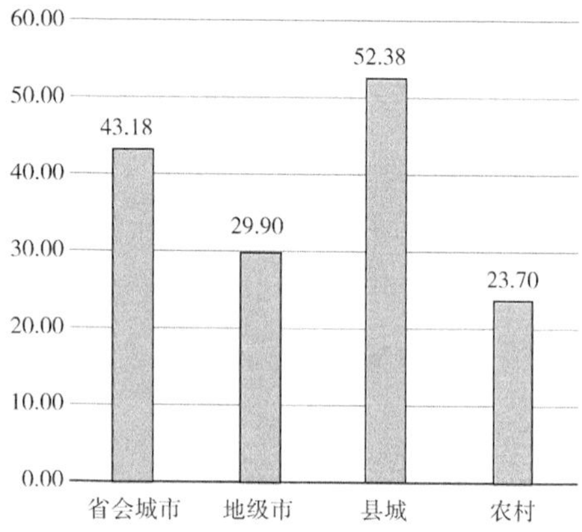

图32　不同居住地类型“两孩政策”影响率（%）

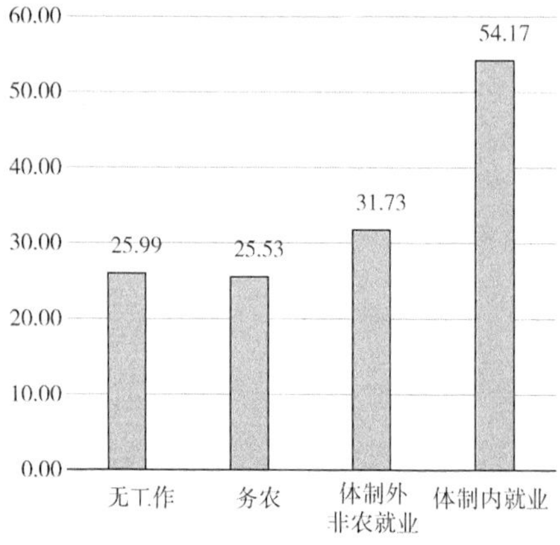

图33　不同就业类型“两孩政策”影响率（%）

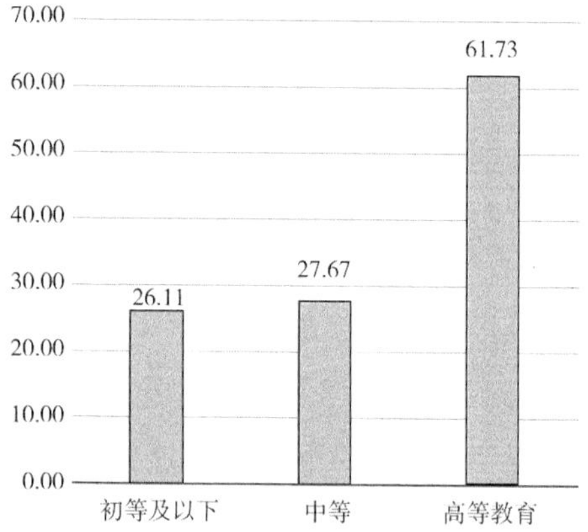

图34　不同教育程度类型“两孩政策”影响率（%）

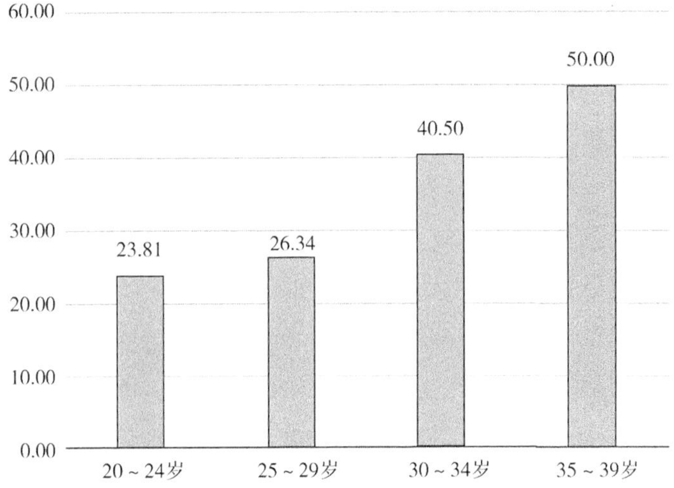

图35　不同年龄组“两孩政策”影响率（%）

6. 一孩家庭相对于非一孩家庭，不愿意生育二孩的原因占比有显著不同

总体来看，3424名不愿意生育（再次生育）的调查对象，原因占比最多的前四位，从高到低依次为“经济负担重”“年龄太大”“没人带孩子”“养育孩子太费心”，分别占比为82.04%、42.09%、36.80%、29.48%（见表3）。

表3~表9描述了育龄妇女不愿意生育原因的群体差异。从是否一孩家庭来看，现有一孩家庭不愿意生育二孩，原因占比最多的前四位与调查对象总体相同，但是相对于非一孩家庭，一孩家庭选择“经济负担重”“养育孩子太费心”的比例减少，而选择“年龄太大”“没人带孩子”比例显著增多。从家庭户籍类型来看，相对于农户和单边户，非农户因“没人带孩子”“年龄太大”不愿意再生育的比例显著增多；非农户因“经济负担重”不愿生育的比例显著低于农户家庭。从计生户籍类型来看，相对于双独和单独家庭，双非家庭因“年龄太大”不愿再生育的比例显著增多；因“没人带孩子”不愿生育的家庭，双独、单独、双非家庭比例逐渐减少。从家庭居住地类型来看，相对于居住在农村地区的育龄妇女，省会城市、

地级市选择“没人带孩子”比例显著增加；农村家庭、地级市家庭选择“经济负担重”比例显著高于省会城市。随着教育程度增加，选择“经济负担重”比例显著减少，“没人带孩子”比例显著增多。从就业类型来看，相对于职业为务农的育龄妇女，体制内就业家庭选择“经济负担重”比例显著减少；非农就业群体选择“没人带孩子”比例显著增多；而相对于其他就业群体，体制内就业“没人带孩子”比例显著增加，占比47.64%。从不同年龄组来看，相对于20~24岁和40岁以上育龄妇女，25~39岁组的育龄妇女选择“经济负担重”“没人带孩子”“养育孩子太费心”的比例显著增加，选择“年龄太大”的比例显著减少，不愿意生育二孩的群体相对于其他群体，更加看重经济原因以外的因素。

表3　是否一孩家庭妇女不愿意生育的主要原因（%）

不愿生育的原因	全体	一孩家庭	非一孩家庭
经济负担重	82.04	76.01	85.33
年龄太大	42.09	46.65	39.59
没人带孩子	36.80	43.09	33.36
养育孩子太费心	29.48	25.56	31.62

表4　不同家庭户籍类型妇女不愿意生育的主要原因（%）①

不愿生育的原因	单边户	农户	非农户
经济负担重	79.91a，b	83.91b	74.06a
年龄太大	39.73a	39.24a	56.17b
没人带孩子	40.64a	33.57a	50.27b
养育孩子太费心	31.51a	29.07a	30.77a

① 标记字母不同，表明有显著差异。

表 5　不同计生户籍类型妇女不愿意生育的主要原因（%）

不愿生育的原因	双独	双非	单独
经济负担重	85.27a	81.40a	83.98a
年龄太大	20.93a	46.50b	29.48a
没人带孩子	58.91a	33.45b	45.31c
养育孩子太费心	35.66a，b	28.13b	33.33a

表 6　不同家庭居住地类型妇女不愿意生育的主要原因（%）

不愿生育的原因	省会城市	地级市	县城	农村
经济负担重	77.18a	83.46b	79.95a，b	83.73b
年龄太大	43.38a	42.30a	42.38a	41.46a
没人带孩子	40.03a	40.53a	39.29a，b	33.11b
养育孩子太费心	29.82a，b	33.59b	29.83a，b	27.29a

表 7　不同教育程度类型妇女不愿意生育的主要原因（%）

不愿生育的原因	初等及以下	中等教育	高等教育
经济负担重	84.63a	78.16b	68.22c
年龄太大	42.38a	42.45a	37.85a
没人带孩子	32.86a	41.96b	61.03c
养育孩子太费心	27.77a	32.02a，b	38.79b

表 8　不同就业类型妇女不愿意生育的主要原因（%）

不愿生育的原因	无工作	务农	体制外非农就业	体制内就业
经济负担重	83.59a，b	85.48b	80.00a，c	73.29c
年龄太大	35.27a	51.29b	37.45a	51.42b
没人带孩子	39.67a	28.71b	35.53a	47.64c
养育孩子太费心	32.14a	24.65b	29.32a，b	31.91a

表 9 不同年龄组育龄妇女不愿意生育的主要原因（%）

不愿生育的原因	20~24 岁	25~29 岁	30~34 岁	35~39 岁	40~44 岁	45~49 岁
经济负担重	75.86a，b	88.39b	85.92b	85.62b	81.93b	74.40a
年龄太大	3.45a，b	4.49b	11.44a	38.34c	60.51d	70.48e
没人带孩子	48.28a，b	50.71b	50.73b	42.81b	31.46a	20.48c
养育孩子太费心	50.00a，b	38.63b	35.92b	33.28b	25.70a，c	20.59c

（三）生育养育服务

1. 生育费用超过两个月的家庭月收入，而报销费用占生育费用的 40.69%。

近一年来，有生育孩子的家庭平均生育费用为 5725.86 元，其中地级市、省会城市、县城生育费用平均分别为 6359.26 元、6096.28 元、6017.51 元，农村生育费用虽低于城市，但也达到了 5237.58 元；生育费用平均是家庭月收入的 2.35 倍；其中可报销的费用平均为 2329.83 元；实际生育花费平均达到家庭月收入的 1.42 倍。

2. 半数家庭子女被送往托儿所/幼儿园，公办托儿所/幼儿园比例明显低于私立托儿所/幼儿园。

总体而言，子女的入托/园比例达到 49.94%，3 岁以下子女入托/园比例为 19.23%，3~6 岁子女入托/园比例达到 87.26%。从托儿所/幼儿园的性质来看，公立托/园比例明显低于私立托/园。在公立托/园类型中，省会城市、地级市的公立入托/园比例显著低于县城及农村。

3. 80.45%家庭期望降低入托/园费用，入托费用与期望费用差值在不同家庭居住类型及就业类型间存在显著差异。

每月实际入托/园费用平均为 603.76 元，期望入托/园费用平均 531.73 元，比实际费用低约 72 元。从家庭居住类型来看，期望入托/园费用高于实际费用家庭中，省会城市显著高于地级市，占比 30.00%；期望入托/园费用比实际低 1~300 元的家庭中，相比地级市、农村，省会城市家庭所占比例显著降低，占比 18.33%；期望入托/园费用比实际低 300 元

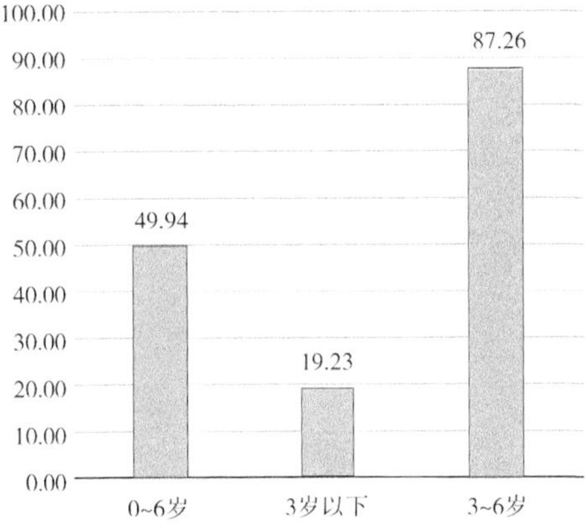

图 36　3 岁以下、3~6 岁子女入托/园率（%）

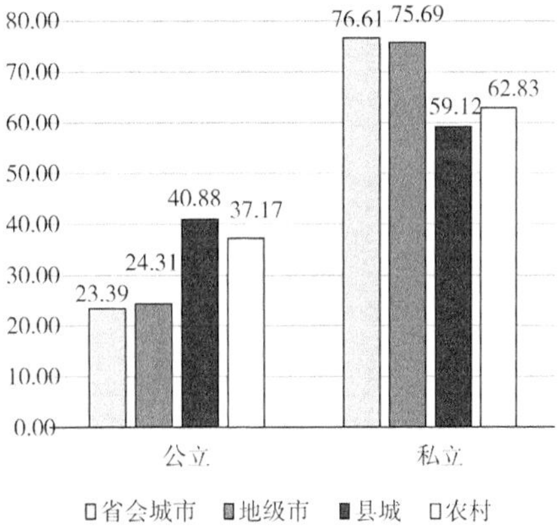

图 37　托儿所/幼儿园的机构类型（%）

以上家庭中，农村家庭所占比例显著低于省会城市、地级市家庭，占比 12.80%。从就业类型来看，期望入托/园费用比实际低 300 元以上家庭中，体制内就业家庭显著高于无工作家庭，占比 30.95%。期望入托/园费用高、不变、低、1~300 元的类型中，不同就业类型家庭间无显著差异。

表 10　不同居住地类型家庭的入托/园费用与期望费用差值（%）

费用差值	省会城市	地级市	县城	农村
小于 0	30.00a	12.34b	20.62a，b	18.75a，b
0	24.17a	27.27a	40.21a	33.93a
1~300 元	18.33a	33.12b	23.71a，b	34.52b
300 元以上	27.50a	27.27a	15.46a，b	12.80b

表 11　不同就业类型家庭的入托费用与期望费用差值（%）

费用差值	无工作	务农	体制外非农就业	体制内就业
小于 0	21.71a	13.93a	21.02a	15.48a
0	31.50a	33.61a	31.82a	28.57a
1~300 元	30.89a	36.07a	26.14a	25.00a
300 元以上	15.90a	16.39a，b	21.02a，b	30.95b

4. 入托/园费用占家庭月收入比重在家庭居住地类型及就业类型间有显著不同。

从家庭居住地类型来看，在入托/园费用占家庭月收入8%以下的家庭中，省会城市、地级市显著低于县城，占比21.01%、15.12%，农村显著高于地级市，占比26.65%；在入托/园费用占家庭月收入26%以上的家庭中，地级市家庭占比32.56%，显著高于省会城市及县城家庭。

从就业类型来看，在入托/园费用占家庭月收入8%~15%的家庭中，体制外非农就业家庭显著高于务农家庭，占比29.41%；在入托/园费用占家庭月收入26%以上家庭中，务农家庭显著高于体制外非农就业、体制内就业家庭，占比39.06%。

表12　不同家庭居住地类型入托费用占家庭月收入的比例（%）

入托费用占比	省会城市	地级市	县城	农村
8%以下	21.01a，b	15.12b	38.61c	26.65a，c
8%~15%	25.21a	20.93a	24.75a	22.06a
15%~26%	36.13a	31.40a	20.79a	24.64a
26%以上	17.65a	32.56b	15.84a	26.65a，b

表13　不同就业类型入托费用占家庭月收入的比例（%）

入托费用占比	无工作	务农	体制外非农就业	体制内就业
8%以下	22.99a	23.44a	25.13a	32.22a
8%~15%	21.49a，b	13.28b	29.41a	25.56a，b
15%~26%	28.96a	24.22a	27.81a	26.67a
26%以上	26.57a，b	39.06b	17.65a	15.56a

5. 70%以上家庭父母亲自照料子女，农村、无工作、低教育程度家庭父母有更多时间亲自照料子女。

所有调查对象中，由父母亲自照料子女的比例达73.76%。从家庭居住地类型来看，农村家庭子女有父母亲自照料的比例显著高于省会城市、地级市、县城家庭，占比 85. 92%，地级市家庭子女由父母亲自照料的比例显著高于县城家庭，占比 71. 50%。从就业类型来看，无工作、务农家庭由父母亲自照料子女的比例显著高于体制外非农就业、体制内就业家庭，占比分别为 90. 37%、89. 83%。从教育程度来看，随着教育程度提高，由父母亲自照料子女的比例不断降低，初等及以下、中等、高等教育育龄妇女家庭由父母亲自照料子女的比例依次为 85. 94%、74. 83%、48. 00%。

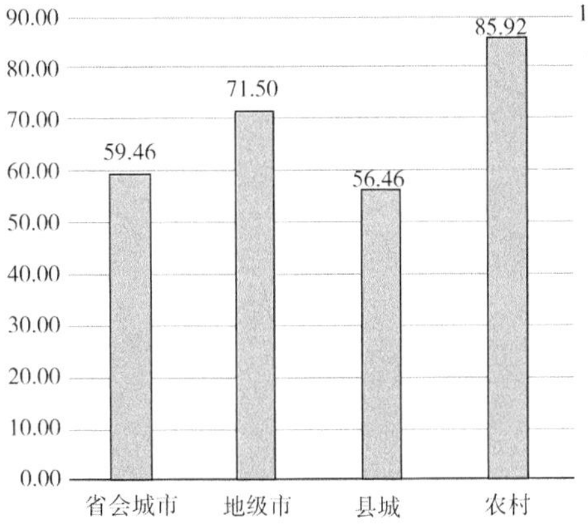

图 38　不同家庭居住地类型家庭父母照料子女比例（%）

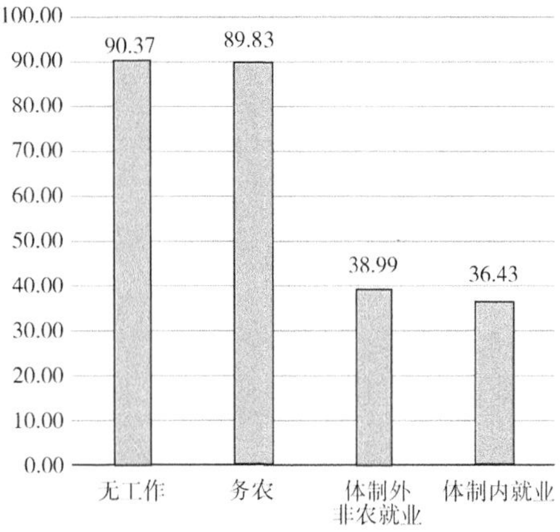

图 39　不同就业类型家庭父母照料子女比例（%）

四、主要发现与结论

1. “全面两孩”政策实施效果明显，不同群体二孩生育行为明显不同，未来保持适度生育水平面临严峻挑战。

总和生育率明显回升，二孩占比和二孩生育率有较大提升。不同群体二孩生育行为明显不同。单边户、非农户、双非、省会城市、现有一孩为男孩的家庭二孩生育比例相对其他群体更低；受过中等教育、35～44 岁组育龄妇女相对其他育龄妇女二孩生育比例更低；未就业育龄妇女比就业育龄妇女二孩生育比例更高。未来保持适度生育水平面临严峻挑战。随着

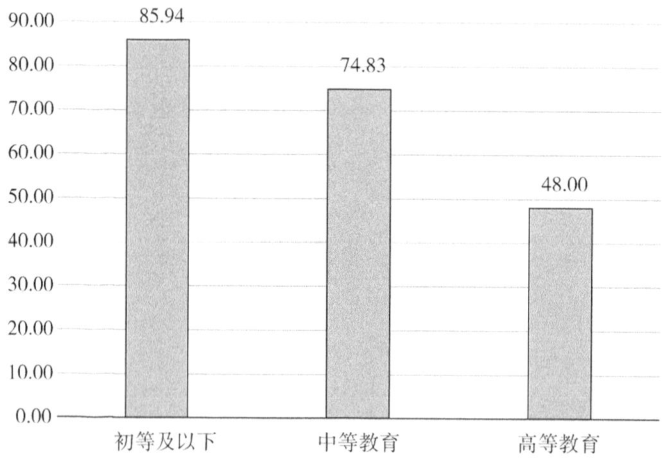

图 40　不同教育程度家庭父母照料子女比例（%）

"全面两孩"政策效应逐渐减弱，育龄妇女婚育年龄推迟，育龄妇女数量和占比逐年下降，未来出生人口数将会大概率下降。

2. 生育意愿相比 2013 年明显下降，不同群体的生育意愿有明显不同，"没人带孩子"成为低生育意愿、低生育行为育龄妇女不愿生育的首要原因。

相比 2013 年，生育意愿明显下降。假设育龄妇女完全按照意愿生育，即意愿生育率等于终生生育水平，为 1.65，距离我们设定的战略目标还有一定距离。不同群体的生育意愿有明显不同。非农户、双独、省会城市等家庭二孩生育意愿相对其他群体更低；体制内就业、受过高等教育、年龄在 24 岁以下的育龄妇女相对其他群体育龄妇女二孩生育意愿更低；在所有的婚育家庭类型中，一孩家庭二孩生育意愿比例最低，现有一孩为男孩的家庭生育二孩的比例更低。

阻碍生育的前三位因素分别是"经济负担重""年龄太大""没人带孩子"。但是对于非农户、双独、省会城市、受过高等教育、体制内就业等低生育意愿、低生育行为特征明显的家庭和育龄妇女而言选择"没人带孩子"的比例显著高于其他群体。

从意愿生育时间分布来看，选择“2020 年以后”“没想好”的比例接近 50%，从以往相关研究结论来看，此部分育龄妇女的生育意愿并不强烈，生育计划落实的可能性大大减少。

“全面两孩”政策对单边户、非农户、双非、受过高等教育、体制内就业、30~39 岁人群影响较大。

3. 群众的直接生育成本构成了一定的经济负担，公共教育资源供给明显不足。

群众的直接生育成本尤其是对子女入托/园构成了一定的经济负担。80. 45%的群众希望降低子女入托/园费用，省会城市和体制内就业子女入托/园费用相对最高；居住在地级市和母亲就业类型为务农的家庭入托/园费用占家庭月收入 26%以上的比例显著高于其他群体。

公共托育服务尤其是托儿所供给明显不足。公立托/园占比仅为 32. 47%。3 岁以下幼儿入托比例仅为 19. 23%，西安市家庭子女入公立托/园比例显著低于其他群体。多数家庭子女由父母亲自照料。但县城、非农就业、高等教育群体由父母亲自照料的比例显著低于其他群体。

总体而言，生育间接成本较高是造成低生育意愿、低生育行为人群的主要原因。

五、对策建议

降低生育成本，提升生育意愿和生育水平是未来人口计划生育工作的长期任务，当前贯彻落实“全面两孩”政策的主要任务是政府相关部门协同实现各种政策资源的整合，参照其他低生育水平国家、地区的生育政策福利化经验，按照不同群体生育支持需求的轻重缓急次序，构建完整的生育支持政策体系，加速完成由“生育政策”到“家庭发展政策”的过渡，充分履行政府责任，为生育家庭提供生育支持，提升生育意愿和生育水平。

本研究根据人口发展面临的具体挑战和问题提出相应的政策建议，主要包括以下四个方面：

1. 加大公共教育投入力度，减轻家庭教育负担

针对生育经济成本过高的普遍因素，考虑尽快落实在子女养育阶段减免父母个人所得税、住房贷款抵扣等措施；加大公立幼儿园、小学尤其是农村地区幼儿园、小学建设力度，补充公立教育资源供给，降低托儿所/幼儿园尤其是地级市托儿所/幼儿园的收费标准，在增加资源总量供给的基础上，优化优质教育资源在结构上的配置，减轻子女入托/园费用对家庭经济的负担。

2. 优化卫生资源配置，有针对性地提高基层卫生计生服务管理能力

针对大龄妇女生育“年龄太大”的顾虑，提高基层卫生计生服务管理机构对高龄孕产妇的管理能力，加强产科和儿科服务资源配置，提升高龄孕产妇临床医疗服务水平，强化妊娠风险评估管理，尽量减少大龄孕产妇的顾虑情绪。针对产科资源分布不均衡问题，需要适当调整床位在不同级别、类别助产机构的配置比例，改善基层助产机构床位质量，提高资源利用效率；同时加强信息公开和宣传引导，完善分级诊疗机制，促进有序就医，鼓励就近检查分娩，缓解陕西省尤其是西安市的产科接诊压力。

3. 加大推进普惠性托幼服务机构建设力度，降低生育间接成本

针对低生育水平和低生育意愿的重点人群“没人带孩子”，生育间接成本较高的顾虑，政府应主导推进在城市地区建设普惠性托幼服务机构，完善托育配套措施，提升母婴服务行业管理和服务水平，探索婴幼儿社区和工作场所日间照料的托育模式；加快推进公共区域、工作单位母婴设施建设，灵活父母亲产休假制度，尽力减轻女工生育对用人单位造成的成本压力，引导用人单位积极承担社会责任，降低群众生育的间接成本。

4. 推广科学育儿理念，引导群众正确认知生育成本

陕西省部分地区已经进入高生育成本时代，高昂的生育成本让很多家庭因为“养不起”，选择不再生育。但事实上，养不养得起，一定程度上是一种观念问题。

现在的育儿成本固然是有所增加，但是部分家庭的育儿方式是一味

“富养孩子”，这样不但没有真正提升孩子的成长价值，反而无谓地增加了生育成本。与此相反，另一部分家庭认为生育孩子的成本很低，或是“重生不重养”，或是“管养不管教”，不能为子女提供良好的教育。以上两种极端的育儿观念都不利于提升未来出生人口素质、增加“人力素质红利”，违背了“鼓励按政策生育”的初衷。陕西省相关部门应将科学育儿作为民生工程，逐步推广，使其得到长期发展，针对不同地区、人群分类推广科学育儿理念，引导群众正确认知生育成本，树立积极科学的生育观。

参考文献

1. 杨菊华 . 论政府在托育服务体系供给侧改革中的职能定位［J］. 国家行政学院学报，2018（3）.

2. 郑真真 . 生育意愿研究及其现实意义——兼以江苏调查为例［J］. 学海，2011（2）.

3. 庄亚儿，杨胜慧等 .2017 年全国生育状况抽样调查的实践与思考［J］. 人口研究，2018（4）.

苏州市流动人口基本公共卫生计生均等化服务状况研究

❖刘　越　朱　晓　袁　静

【摘　要】本报告针对苏州市调查数据分析了流动人口基本公共卫生均等化服务现状，并提出如下对策建议：建立统筹协调机制，加大财政保障力度，发挥部门协调合作机制，合力服务流动人口；完善流动人口居住证制度和动态监测工作，精准把握苏州市人口流动的新特点和新趋势。以流动人口家庭为本，不断推进流动人口基本公共卫生计生均等化服务，促进流动人口家庭健康与发展；积极推动信息化建设和“互联网+”应用，助力流动人口健康促进活动，为流动人口获得卫生计生服务提供便利；精准对接流动人口的健康需求，全面提升卫生计生服务工作水平，让流动人口享有更高水平健康服务；通过服务外包的形式让更多的社会组织参与到流动人口健康融入和健康促进工作中，实现真正的社会治理。

【关键词】流动人口；基本公共服务；卫生计生；均等化

【作　者】刘越：南京邮电大学人口研究院教授；朱晓：南京邮电大学人口研究院讲师；袁静：苏州市卫生健康委员会

习近平总书记在十九大报告中指出，人民健康是民族昌盛和国家富强的重要标志。随着人口频繁迁移流动，流动人口的健康问题越来越引起全社会的关注。为全面贯彻全国卫生与健康大会精神，落实《“健康中国2030”规划纲要》《“十三五”卫生与健康规划》《“十三五”全国流动人口卫生计生服务管理规划》，全力推进健康苏州建设，促进苏州市人口与经济社会协调及可持续发展，苏州市卫生计生委加快推进流动人口基本公共卫生计生服务均等化，为流动人口提供全方位全周期的健康服务，不断提升流动人口健康获得感和幸福感。为更加精准地开展流动人口基本卫生计生均等化服务，苏州市卫生计生委委托南京邮电大学人口研究院开展流动人口卫生计生动态监测相关研究。

一、流动人口卫生计生均等化服务与健康促进的现状分析

苏州市作为长三角经济区重要的中心之一，流动人口数量已占苏州总人口50%以上。本报告采用2016年全国流动人口卫生计生动态监测调查流动人口问卷的苏州数据，该调查采用分层、多阶段、与规模成比例的PPS抽样，调查对象为在本地居住一个月及以上，非本区（县、市）户口的男性和女性流动人口。苏州地区样本量为2000个（流动人口问卷），样本分布涵盖5个市辖区（姑苏区、虎丘区、吴江区、吴中区和相城区），4个县级市（常熟市、昆山市、太仓市和张家港市）以及1个工业园区。2016年全国流动人口卫生计生动态监测调查村/居问卷（社区卷），苏州市共有99个村/居参与调查，其中居委会有59个、村委会有40个，村/居主要分布在流动人口比较集中的连片出租屋、工业园区/开发区、集贸市场、企业/工厂、流动人口宿舍和建筑工地。

从权威调查数据2016年中国流动人口动态监测来看，苏州市流动人口以新生代为主，80后新生代与老一代流动人口比例约为7：3；流动的主导趋向是乡城流动，从户籍属性来看，86%为农业户口，14%为非农业户口；户籍地主要来自江苏、安徽和河南三地，本省流动人口占比最高（30%）；性别构成显示男性（51.3%）略高于女性（48.7%）；教育程度以初高中为主（67%），大专及以上高学历人口占比约为22%；流动人口群体大部分为已婚人口，已婚者约为84%，未婚者约为15%；流动人口家庭化流动趋势明显，80%的流动人口同住家庭规模为3人及以上，独居和2人同住的流动人口约各占10%。

（一）健康教育状况

1. 健康教育内容

流动人口健康教育获得内容丰富，健康教育获得率排名前三的分别是生殖与避孕/优生优育、营养健康知识、职业病防治。苏州市流动人口对生殖与避孕/优生优育知识的获得是最高的，有一半以上的流动人口表示获得该方面信息资讯，其次是营养健康知识和职业病防治。有 1/5 以上的流动人口表示得到过性病/艾滋病防治或控制吸烟资讯，有 19.75%和 17.65%的人表示接受过慢性病防治和防雾霾信息。结核病防治和精神病防治这两方面获得率最低，分别有 10.95%和 7.05%的流动人口表示获得过该方面信息，也有 16%的流动人口表示并未获得上述 9 类健康教育信息（见图 1）。当然，流动人口健康教育信息的获得不仅和自身原因有关，而且也和社区对健康教育信息的普及有关，侧面也反映社区在健康教育信息推广上有不同的侧重点。

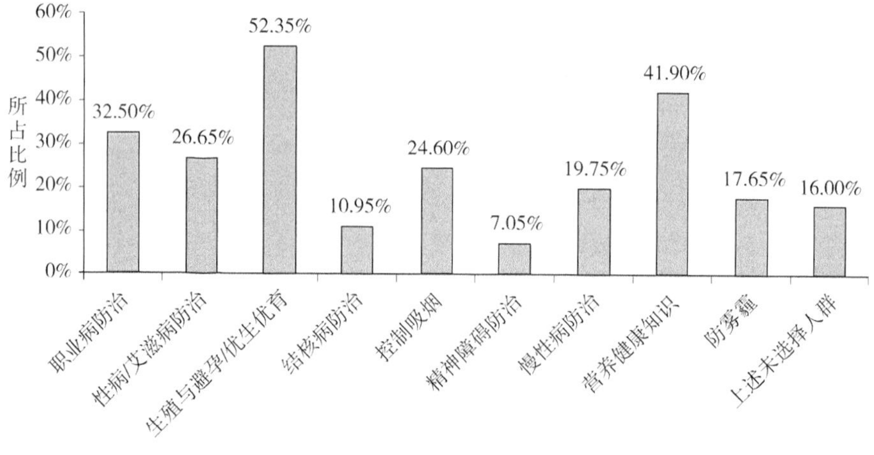

图 1　2016 年苏州市流动人口在社区获得健康教育的情况

2. 健康教育传播形式

苏州市流动人口通过多种形式获得健康教育内容，但仍以传统形式（宣传资料和宣传栏）获得为主，社区网站咨询和社区医生传授两种形式的获得率较低。82.50%和81.31%的流动人口从宣传资料和宣传栏获得健康教育信息，其次是通过健康知识讲座或电子显示屏，使用面对面咨询、社区短信/微信、社区医生传授和社区网站咨询这四种方式使用较少（见图2）。

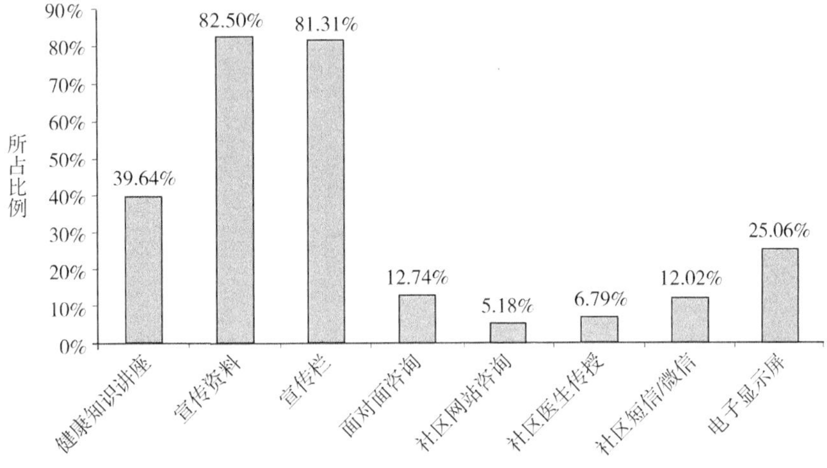

图2　2016年苏州市流动人口对健康教育的实现形式

（二）健康档案建设状况

1. 健康档案的知晓率和建档率

2016年苏州市流动人口中超过40%的人知晓健康档案，不仅知晓而且已经建立居民健康档案的比例约20%。具体来看，有40.5%的流动人口不仅没有在本地建立居民健康档案，而且也没听说有居民健康档案。有41.75%的流动人口对居民健康档案知晓，但办理健康档案占总体比例的14.55%（＊注：社区卷数据显示流动人口建档率为21.42%）。此外，有17.75%流动人口表示对健康档案并不清楚（见图3）。由于健康档案建立主要针对人群是常住人口，除去本次流动时间在6个月以内的流动人口，2016年流动时间为6个月及以上的流动人口健康档案的知晓率和建档率略有提升，分别为45.29%和16.14%。

从2013—2016年流动人口在本地建立健康档案的情况来看，流动人口健康档案的知晓率有所增长，健康档案的建档率经历小幅下降后出现回升（见图4）。

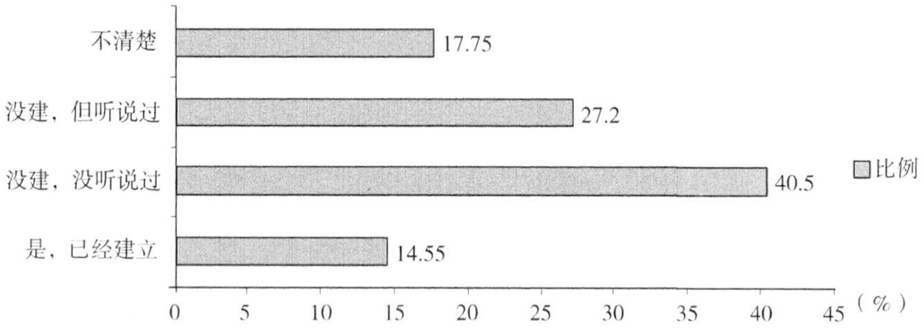

图3 2016年苏州市流动人口在本地建立居民健康档案状况

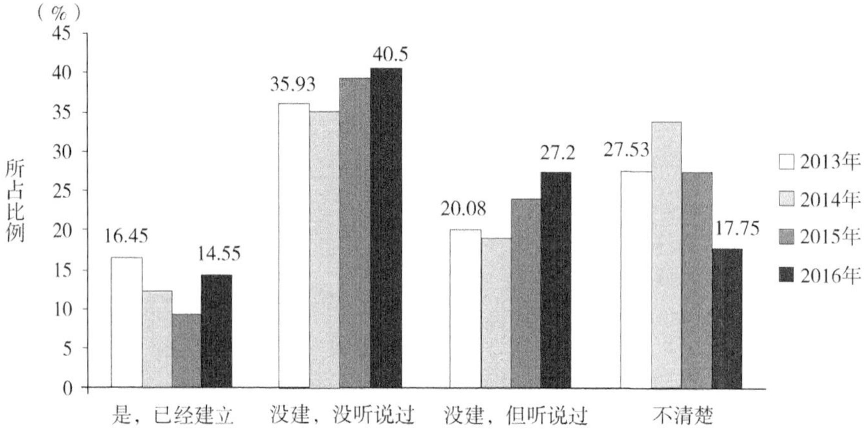

图4 2013—2016年苏州流动人口在本地建立居民健康档案状况

2. 健康档案登记形式

苏州市村/居的健康档案登记形式已基本实现了电子化登记，但流动人口健康档案登记率远低于户籍人口。具体来看，2015年年度户籍人口中有74.82%的人进行了健康档案登记，电子健康档案登记率略低于健康档案登记率（70.45%），电子化登记占整个户籍人口档案登记的比例为94.16%。而流动人口中，健康档案登记率为21.24%（＊注：流动人口问卷数据显示建档率为14.55%），电子健康档案登记率为16.03%，电子化登记占整个流动人口档案登记的比例为74.83%。流动人口在健康档案登记率和电子健康档案登记率两个指标达成率均不到户籍人口的1/3。换言之，苏州市5个流动人口中有1个人进行了健康档案登记，而5个户籍人口中约有4个人曾经登记健康档案（见图5）。

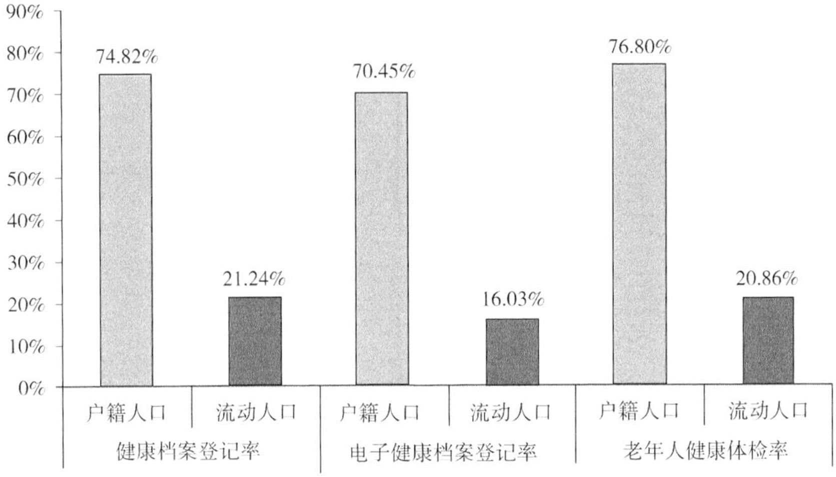

图5　2015年苏州市两类人口健康档案登记和健康体检的差异

3. 流动老年人免费健康体检率

苏州市流动老年人免费健康体检率较低，健康体检率为20.86%，远远低于户籍老年人（76.80%）。随着未来人口老龄化不断加剧，苏州市户籍和流动老年人数量可能进一步增加，对现有医疗资源的供给带来巨大的压力。因此，要加强对老年人，特别是流动老年人疾病的预防和控制。

（三）流动儿童预防接种状况

现居住在苏州市流动人口0~6岁子女中有98.2%接种所有国家规定免费疫苗，有0.55%的则没有接种所有规定免费疫苗，只有1.24%的记不清是否接种疫苗。这表明免费疫苗接种在苏州已基本惠及所有0~6岁的流动儿童。

苏州市流动人口0~6岁子女接种国家规定免费疫苗的比例和别的城市并没有明显的差异。可见，无论流动人口流入哪个城市，除极个别情况之外，大部分流动儿童都接种了国家规定的免费疫苗（见表1）。

表1 2016年不同城市的流动人口0~6岁子女接种规定免费疫苗情况

流动人口0~6周岁子女接种规定免费疫苗状况	苏州	南京	无锡	杭州	宁波	深圳
接种所有国家规定免费疫苗	98.20%	98.41%	98.72%	97.40%	99.49%	98.25%
没有接种所有规定免费疫苗	0.55%	0.32%	0.70%	0.59%	0.51%	1.03%
记不清	1.24%	1.28%	0.58%	2.01%	0.00%	0.71%
总计	99.99%	100.01%	100.00%	100.00%	100.00%	99.99%

（四）流动孕产妇三期护理规范化程度

1. 孕前免费优生健康检查

苏州市流动妇女接受国家免费孕前优生健康检查的比例不足50%。具体来看，有43.2%未避孕有偶流动育龄妇女接受了国家免费孕前优生健康检查，而56.8%的并未接受（见图6）。

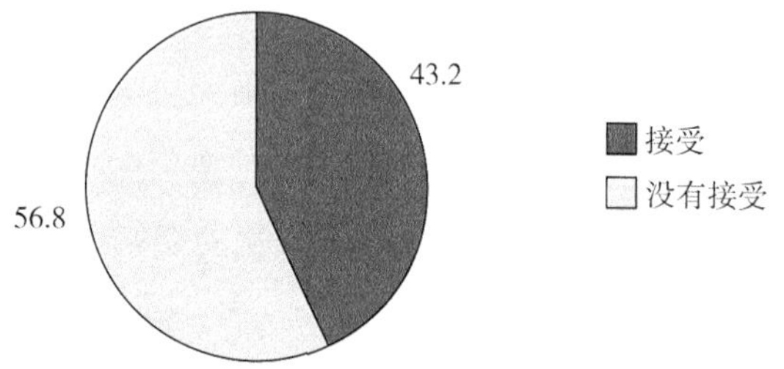

图6 未避孕有偶流动育龄妇女接受国家免费孕前优生健康检查的情况（%）

2. 孕期产前检查次数

大部分流动育龄妇女在苏州本地生孩子之前均能获得足够次数的产前检查。有89.93%的流动育龄妇女产前检查次数在5次及以上，8.05%的产前检查次数为3~4次，2.01%的产前检查次数为1~2次（见图7）。

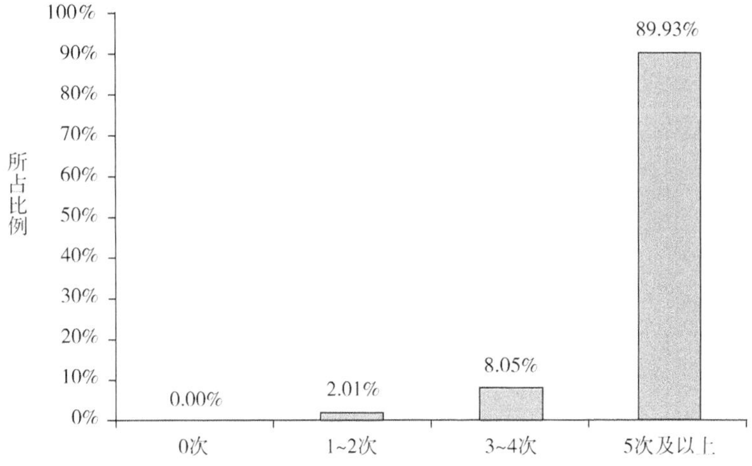

图7　苏州市流动育龄妇女产前检查次数

（其子女在2015年1月及以后出生）

3. 产后访视和健康检查

大部分流动育龄妇女在产后28天内均接受到产后访视。其中，95.30%的流动育龄妇女在产后28天内得到产后访视，只有极个别没有接受产后访视（见图8）。

大部分流动育龄妇女在产后42天内均接受健康检查。其中，93.29%的流动育龄妇女在产后42天内得到健康检查，6.71%没有接受健康检查。这可能与她们流动性及产后照料有关，育龄妇女产后可能回户籍地或流动到别处，因此产后没有办法接受产后访视和健康检查（见图9）。

（五）基本避孕节育服务状况

苏州市流动人口在本地实际获取计生服务以孕/环情检查和避孕套/药为主，可见这两种计生服务是流动人口预防意外妊娠的基本措施，能够促使家庭按家庭计划进行生育，并且这两种计生服务的获得率远高于其他类型计生服务。孕/环情检查的服务获得率为47.51%，而且获得该服务的流动人口有85.54%表示获得服务是全部直接免费的，只有5.23%的人表示全部由个人付费。避孕套/药的服务获得率最高，达到56.39%，其中有

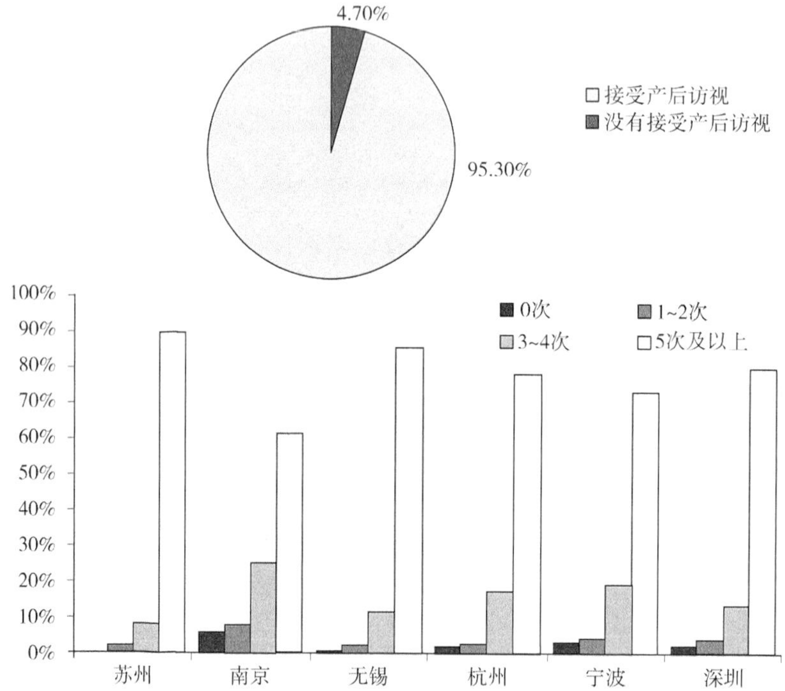

图 8　苏州市流动育龄妇女产后 28 天内接受产后访视的情况

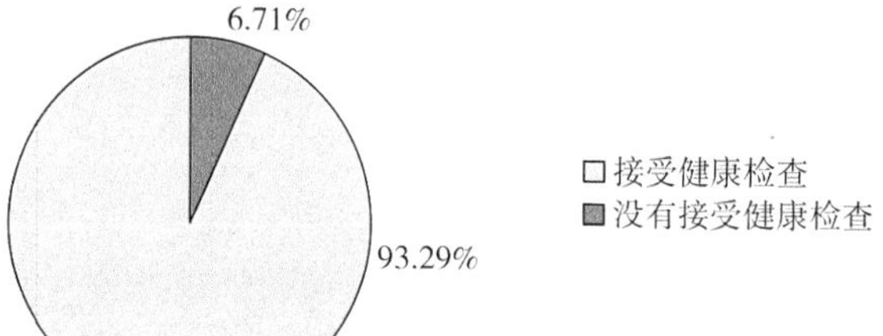

图 9　苏州市流动育龄妇女产后 42 天内接受健康检查的情况

84.76%的流动人口表示该服务是全部免费，有 11.52%的人是全部由个人付费（见表 2 和图 10）。两类服务之所以获得率高也与服务成本低、人群覆盖广、流动人口接受度高以及使用频繁有关。

其他计生服务对流动人口来说需求不如孕/环情检查或避孕套/药高，

服务获得率排名依次为结扎（33.33%）、人工流产（4.60%）、上环手术（3.77%）、取环手术（1.67%）、皮埋放置/皮埋取出（0.42%）。结扎的人群较少，但服务获得率较高。在苏州本地获得人工流产、上环手术、取环手术、结扎这四类服务的成本相比其他服务要高，其中36.36%获得人工流产的流动育龄妇女全部由个人来支付这一费用，上环手术、取环手术和结扎费用全部自理的比例分别为22.22%、25%、50%。未来需采取更多措施来优化计生服务，促进流动人口生殖健康及优生优育。

表2　流动育龄妇女在苏州获得计划生育服务和支付情况（人）

服务类别	获得服务（人数）	未得服务（人数）	总计	获得服务				
				全部直接免费	个人垫付全报	部分直接免费	个人垫付部分报销	全部个人付费
A 孕/环情检查	325	359	684	85.54%	0.31%	7.38%	1.54%	5.23%
B 避孕套/药	269	208	477	84.76%	0.00%	3.72%	0.00%	11.52%
C 人工流产	11	228	239	18.18%	9.09%	0.00%	36.36%	36.36%
D 上环手术	9	230	239	33.33%	11.11%	22.22%	11.11%	22.22%
E 取环手术	4	235	239	0.00%	25.00%	0.00%	50.00%	25.00%
H 皮埋放置	1	238	239	100.00%	0.00%	0.00%	0.00%	0.00%
I 皮埋取出	1	238	239	100.00%	0.00%	0.00%	0.00%	0.00%
K 结扎	2	4	6	0.00%	0.00%	50.00%	0.00%	50.00%

（六）医疗保险参与状况

苏州市流动人口总体上医疗保险参与率较高，医疗保险参与类型以新型农村合作医疗保险和城镇职工医疗保险两种方式为主。有49.7%和36.2%的流动人口分别参加了新型农村合作医疗保险和城镇职工医疗保险，公费医疗、城镇居民医疗保险和城乡居民合作医疗保险这三种类型的参与率极低（见图11）。也有15.85%的流动人口表示并未参加上述五类社会医疗保险，而这类群体很可能也没有参加商业医疗保险，很可能会因疾病等风险因素影响家庭未来的生计，从而影响他们在苏州本地的社会融入。此外，不同医疗保险的参与和流动人口的户籍身份以及地域有很大的关联，

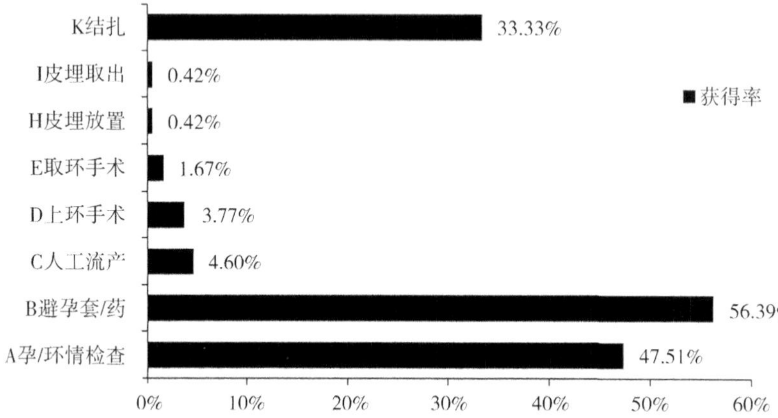

图 10　流动育龄妇女在苏州获得计划生育服务情况

参与新型农村合作医疗保险主要在户籍地办理，而城镇职工医疗保险绝大部分在苏州本地办理（见图 12）。

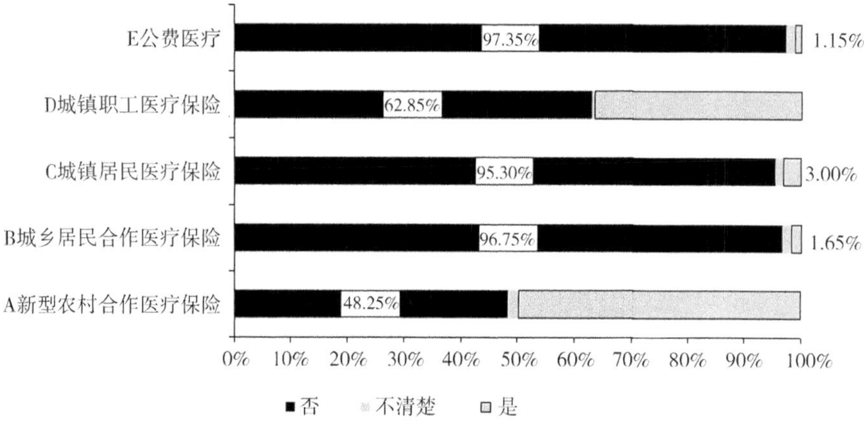

图 11　2016 年苏州市流动人口医疗保险参与状况

（七）社区服务管理人员配备状况

从卫计专干数量的配备来看，苏州市村/居的计划生育工作人员（或卫计专干）数量并未大幅减少，总体上是维持不变或有所增加。从图 13 可以看出，大部分村/居的卫计专干数量为 1~3 人，2016 年村/居卫计专干数量比 2014 年年底略有增加，卫计专干数量为 1~2 人的村/居在减少，而

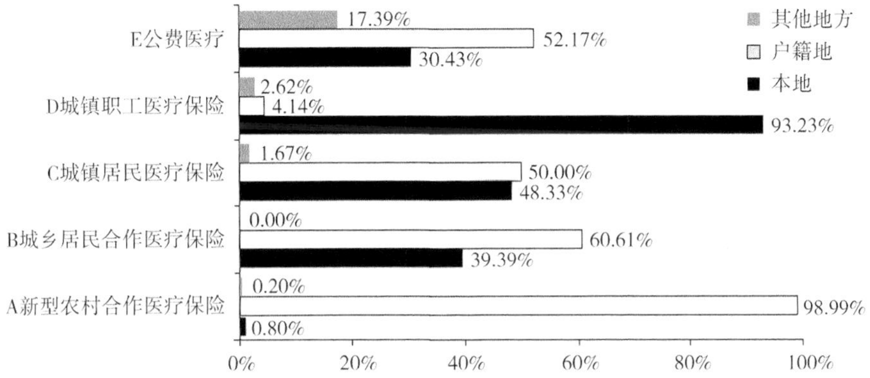

图 12　2016 年苏州市流动人口不同医疗保险办理地点的情况

2 人及以上的村/居在增加。具体来看，有 9.09%的村/居的卫计专干数量在减少，有 44.44%的村/居卫计专干数量维持不变，而有 46.46%的村/居卫计专干数量在增加（见图 14）。可见，苏州市村/居的卫计专干数量比过去更充沛，更有利于开展卫生计生服务。

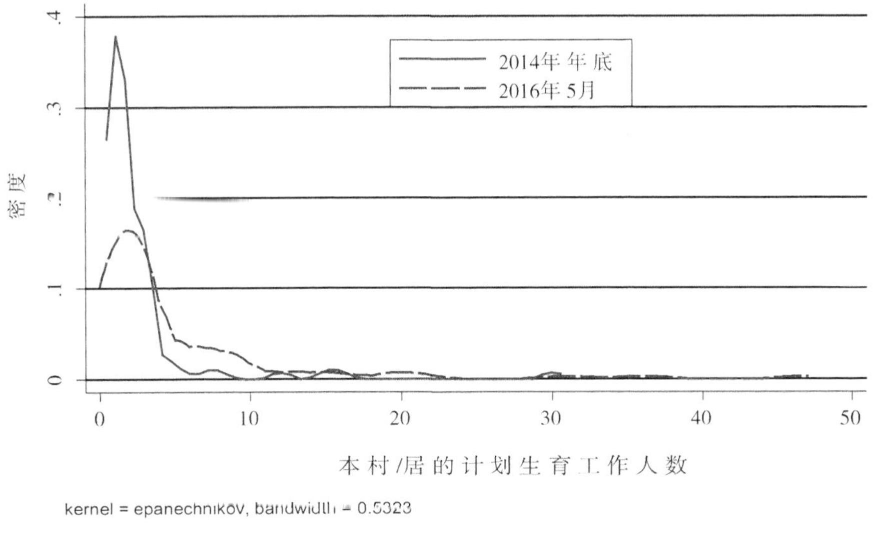

图 13　苏州市村/居的卫计专干人员数量的核密度分布图

从流动人口协管员数量的配备来看，苏州市村/居流动人口协管员数量与 2014 年相比持平或有所增加。2014 年年底有 51.52%村/居的流动人

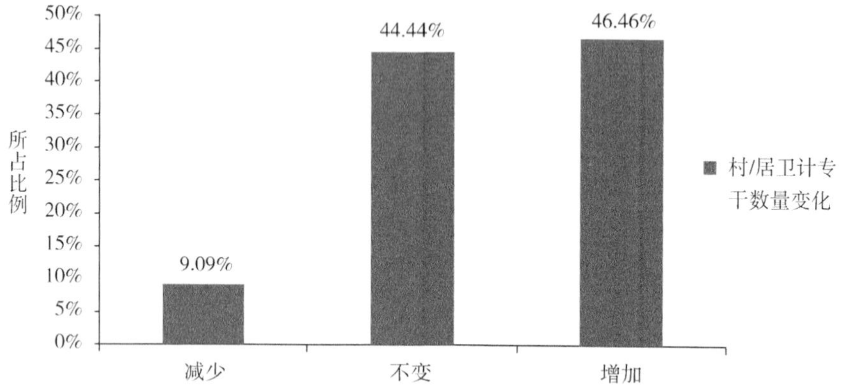

图 14　苏州市村/居的卫计专干人员数量的变化（2014—2016 年）

口协管员为 1 人，有 23.23%的村/居的流动人口协管员为 2 人，拥有 3 人及以上流动人口协管员的村/居比例为 25.25%，而这一比例到 2016 年增长至 43.43%。有 10.10%的村/居的流动人口协管员数量在减少，有 42.42%的村/居的流动人口协管员数量维持不变，而有 47.47%的村/居的流动人口协管员数量在增加（见图 15）。可见，苏州市近几年流动人口数量的增加也给社区管理和服务带来一定的挑战，村/居的流动人口协管员的增加可以更好落实对流动人口相关的管理和服务。

（八）社区健康教育与宣传状况

1. 健康教育固定宣传栏更新频率高

苏州市村/居都有固定宣传栏的设置，大部分村/居的宣传栏设置为 1~5个，有个别村/居的固定宣传栏数在 10 个及以上（见图 16）。从固定宣传栏更新的频次来看，有 66.67%的村/居的社区固定宣传栏一年内健康教育内容更新 12 次及以上，即每个月都能更新一次内容。最少更新信息的村/居，也能保证每个季度更新一次内容，让村/居的居民收获新的健康教育信息（见图 17）。

2. 健康教育宣传以生殖和营养知识为主

苏州市村/居的健康教育活动内容丰富化，主要集中在生殖与避孕/优生优育、营养健康知识、慢性病防治、控制吸烟和性病/艾滋病防治这五

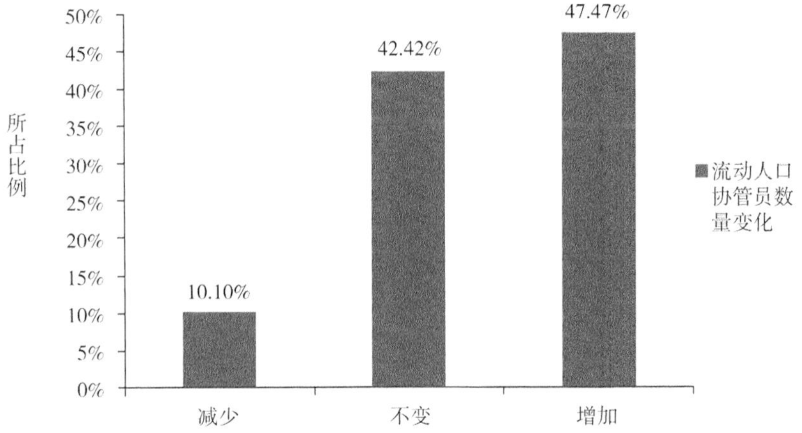

图 15　苏州市村/居的流动人口协管员数量的变化（2014—2016 年）

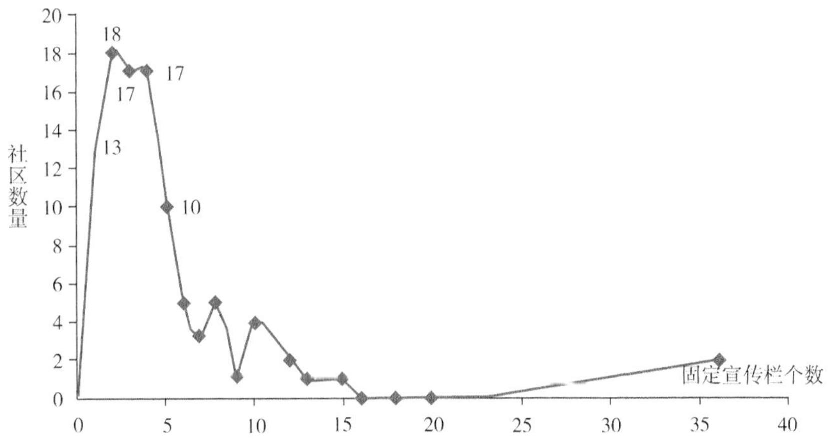

图 16　苏州市村/居固定卫生/计生/健康教育宣传栏数量的设置（个）

个方面。约 40%的村/居也开展过职业病防治、结核病防治、精神障碍防治和防雾霾健康教育宣传或活动。村/居在健康教育活动内容的安排与流动人口对健康教育信息的获得是显著的正相关关系，即村/居越是侧重于健康教育某一方面活动或宣传，则流动人口越有可能获得该方面的资讯。但同时，村/居的健康教育活动安排与流动人口实际健康教育的获得存在较大差距，使得健康教育活动实际效果大打折扣。如苏州市有 95. 96%的

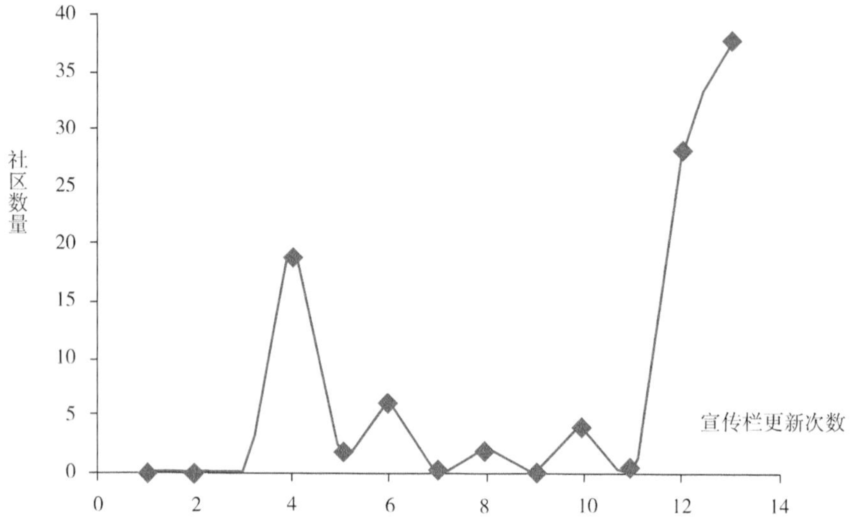

图 17 苏州市村/居固定卫生/计生/健康教育宣传栏更新次数（次）

村/居开展了生殖与避孕/优生优育健康教育活动，却只有 52.35%的流动人口表示获得该方面资讯或活动；有 78.79%的村/居开展了慢性病防治活动，却只有 19.75%的流动人口获得该方面信息。因此，村/居在开展健康教育活动时，不仅要注重健康教育活动内容的设置，营造健康教育良好的社区氛围，也要考虑活动开展的实际效果，让更多的流动人口有效接触或学习到健康教育知识，更有利于增强他们对村/居的归属感，同时也促进他们在健康领域的社会融合。

3. 健康教育宣传以传统方式为主

苏州市村/居主要采用健康知识讲座、宣传资料和宣传栏来开展健康教育活动，约一半的村/居也采用面对面咨询、社区医生传授和电子显示屏等方式。随着电子信息化的发展，有少部分村/居依托电子媒介，通过社区网站咨询或社区短信/微信的方式给更多居民提供健康教育信息。总的来看，传统健康教育方式如宣传资料和宣传栏较易被大部分流动人口所获得，而健康知识讲座、面对面咨询、社区医生传授的方式可及性并不高，可能与活动覆盖人群和开展活动的频次有关。虽然这些健康教育活动方式可及性并不是特别高，但也是对传统健康教育方式的补充。传统健康教育更侧重普及健康知识，而面对面咨询、社区医生的传授更具针对性，更能给予人性化的服务。在开展健康知识讲座、社区医生传授等这类活动时，要根据流动人口的工作性质和日常生活的特点进行时间和场地的恰当安排，并事先对活动进行预告和宣传，使得更多流动人口能通过这些方式来获得健康资讯，能和医生及健康领域的专家进行互动交流，从而增进他们对健康知识的了解以及健康行为的形成。

二、流动人口卫生计生均等化服务与健康促进的对策建议

苏州市按照创新社会治理体系、落实流动人口基本公共服务均等化的要求，逐步推进流动人口基本公共服务均等化服务体系建设，建立健全流动人口基本公共服务均等化协调机制，积极探索流动人口健康教育和促进工作，认真落实流动人口卫生计生基本公共服务项目，结合苏州经济社会的新发展，对流动人口基本卫生计生服务模式和工作机制进行了改革和探索，创新了流动人口健康促进和均等化服务的途径。

苏州市流动人口整体流动趋于长期化、家庭化，长期居留意愿明显、定居意愿增强，流动人口以新生代为主且老生代流动人口占比也较高，将承载更多的省内流动人口。新老流动人口、省内外流动人口、流动人口家庭多元化的服务管理需求，给流动人口卫生计生服务管理工作带来新的挑战。健康中国战略的实施、社会治理的加强与创新、卫生计生资源的深度融合，为流动人口卫生计生服务管理提供了更广阔的平台及发展机遇。做好新时期流动人口的健康与发展工作，要把思想和行动统一到党的十九大精神上来，走好新征程，探出新路子，提高流动人口基本公共卫生计生服务均等化水平，更好地满足流动人口及其家庭的需求。

（一）建立统筹协调机制，加大财政保障力度，发挥部门协调合作机制，合力服务流动人口

第一，将推进流动人口基本公共服务均等化纳入苏州市社会经济发展

全局统筹规划，纳入政府目标责任制管理体系统筹考核，纳入财政预算统筹保障，纳入部门职责范围统筹协调，建立“政府主导、部门协同、社会参与、保障有力”的流动人口服务管理运行机制。第二，完善以公共财政为主体的基本公共服务均等化的经费投入机制，建立并完善流动人口卫生计生专项经费补助制度，增加流动人口公共卫生、疾病预防、健康促进等项目经费，加强资金使用监管和评估，确保资金专款专用，提高资金使用效能，以维护流动人口享受基本公共卫生计生服务的权益。第三，建立信息互通、资源共享的合作体系，积极协调公安、教育、社会保障等相关部门，加强流动人口服务管理政策与相关部门改革政策的配套与衔接，实现部门人口信息共享。第四，进一步加强卫生计生部门与综治办、农民工办、民政等部门合作，明确推进均等化服务的总体目标、主要任务，落实相关部门的具体工作职责。将流动人口基本公共卫生计生服务均等化工作纳入基层综治中心、农民工综合服务中心、流动人口服务中心、社区卫生计生服务机构等职责之中。通过健全苏州市流动人口服务管理的长效工作机制，形成服务流动人口的合力，为开展流动人口服务管理工作提供坚实的组织保障。

（二）完善流动人口居住证制度和动态监测工作，精准把握苏州市人口流动的新特点和新趋势

作为在全省率先启动流动人口居住证制度的苏州，居住证已成为苏州流动人口享受均等化服务的平台和载体。要全面实施和不断完善居住证制度及其配套制度，以居住证为均等化服务的平台和载体，逐步提升流动人口家庭基本公共卫生计生服务的可及性。健全完善流动人口数据更新机制，利用“政务云”大数据，拓展流动人口动态监测工作，强化部门合作，健全完善流动人口数据更新机制，保证流动人口数据的准确性和及时性，充分发挥流动人口数据资源在基本公共服务供给的总体保障和政务应用中的重要作用。

（三）以流动人口家庭为本，不断推进流动人口基本公共卫生计生均等化服务，促进流动人口家庭健康与发展

要尽快实现流动人口卫生计生公共服务对象由流动个体向流动家庭的转变。将流动家庭作为服务对象，从民生视野检视和重视流动人口家庭的健康服务需求，以流动人口家庭为本，兼顾务工人员、流动儿童、随迁家属和老人等各种群体的需求。

第一，建立健全健康档案，重视档案开发使用。加大宣传力度，提高流动人口对健康档案的知晓率，并引导流动人口自觉自愿参与建档工作，提高建档率。通过社区居民健康档案建立和登记，充分了解和掌握辖区内流动人口及其家庭的健康动态变化，对发现的卫生问题开展有针对性的健康教育和健康促进工作，从而提高社区内流动人口及家庭的健康水平和健康质量。第二，积极关注流动老年人，促进免费健康体检。在制定各种卫生计生政策时，要重点考虑老年人的需求，促进流动老年人免费健康体检，使流动老年人在享受免费体检的同时增加了健康知识，提高了自我保健意识。第三，关注健康教育评估，增强流动人口获得感。了解流动人口对健康知识的需求，建立健康教育干预信息反馈机制。让流动人口从被动接受健康教育知识，到主动自愿参与。可以通过社区健康教育项目招标与审核来实现既定的政策目标，考察健康教育实施后的流动人口健康知识储备，健康行为变化，甚至生活质量。通过以评促建、以评促改，全面推进流动人口健康教育和促进的科学发展。第四，聚焦计划生育转型发展，促进计生优质服务建设。全面两孩政策实施，计划生育工作需要将主要精力和主要资源投入到优化服务和提升服务质量上来，提供避孕节育相关信息，提供满意的咨询，提供相应的避孕节育技术服务是他们更加关注的内容，因为他们更加关注服务的质量。

（四）积极推动信息化建设和“互联网+”应用，助力流动人口健康促进活动，为流动人口获得卫生计生服务提供便利

苏州应在创新健康教育形式的基础上，提高健康教育宣传工作的多样性、针对性、灵活性和有效性。传统媒体依然是群众获取权威性信息的重

要途径，继续重视并利用好传统媒体；同时善于发挥新媒体多要素宣传优势，综合利用视频、图片等元素，培育健康促进的新媒体品牌。在“城市云”建设深度推进的进程中，构建“苏州健康云”平台，为包含流动人口在内的各类人群提供集约化、标准化、多元化的健康教育和健康管理服务，打造“互联网+签约服务、健康管理、健康指导、健康服务”的全新智能服务模式，促进人口健康信息的互联互通、业务共享的有效发展。

（五）精准对接流动人口的健康需求，全面提升卫生计生服务工作水平，让流动人口享有更高水平健康服务

进一步加强对基层卫生计生管理服务人员定期培训和健康促进方面的能力建设，精准对接流动人口日益增长的多样化健康需求，全方位全周期地维护流动人口健康。要聚焦新时代“大健康”“大公卫”“大计生”，实施行之有效的绩效考核，打造“政治强、业务精、作风优”的卫生计生队伍，旨在培养一支具有掌握科学方法、最新理念的专业队伍，从人力资源上保证流动人口健康融合和健康促进的工作质量。

（六）通过服务外包的形式让更多的社会组织参与到流动人口健康融入和健康促进工作中，实现真正的社会治理

充分发挥计生协等社会组织的协同作用，整合社会资源，探索流动人口健康融合和健康促进的新模式、新路径，拓展流动人口健康服务的新载体、新阵地和新手段。分步骤地、有计划地将流动人口基本公共卫生计生服务和健康促进的具体实施与监督评估完全交给计生协或其他有能力的社会组织，在公开公平的前提下，优先购买效能高的社会组织的服务，实现精英资源全整合、健康促进全方位、优质服务全覆盖，全面满足流动人口的不同需求，更好地提供按需服务。

关于八省市两孩政策效果评估及未来人口发展的建议

❖胡玉璋

【摘　要】本报告通过对八省市的两孩政策效果进行评估，结果显示全面两孩政策效果正在减弱，其原因是：适龄生育的人在减少；“能生的”大多数人生得少了，也生得晚了；“想生的”少数人有些“不敢生”，怕“养不起”。政策建议：加快制定降低家庭育儿经济负担的各种政策措施；探索建立覆盖生育全周期的免费基本生育服务制度；加快建立完善婴幼儿托育和照料等社会服务体系；加快加大支持和鼓励生育女性职业发展的制度供给；探索构建鼓励按政策负责任生育的舆论支持体系。

【关键词】两孩政策；效果评估；人口发展；对策建议

【作　者】胡玉璋：浙江省卫生健康委员会副巡视员

2017年国家卫计委组织实施的全国生育状况调查工作，为分析研判全面两孩政策下的出生人口形势提供了数据支撑。根据北京、天津、上海、黑龙江、吉林、辽宁以及江苏和浙江八省市的调查和相关人口统计资料，笔者通过对代表人口净流入的东部经济发达省份江苏、浙江，包括领国人生育观念转变之先的京、津、沪三个直辖市，以及代表计划生育工作先发地区和人口净流出的黑龙江、吉林和辽宁东北三省相关数据对照分析，力图准确评估和阐释全面两孩政策的效果以及未来几年东部地区人口出生的基本态势。

一、政策实施效果

全面两孩政策从2016年元月开始实施，从调查和统计数据看，政策实施后的2016年、2017年两年（以下简称政策实施后两年），京津沪、江浙五省市出现了比较明显的堆积生育势能的释放，带来了出生孩次结构十分明显的变化，虽然对出生规模变化影响并不如预期显著，但是在一些地区在相当程度上弥补了一孩出生巨幅减少的缺口。计划生育先发的东三省则未见显著的全面两孩政策效应，但全面两孩政策实施后人口变动总体趋势大同小异，主要表现如下：

1. 京津沪和江浙地区政策效应相对显著，不仅带来出生人口数量的增长，还带来了出生孩次结构的历史性变动。如，北京市在政策实施后两年，常住人口分别出生27.9万、24.3万，均明显高于“十二五”期间年均21.7万人的出生水平。江苏省在政策实施后两年，常住人口出生分别为77.96万、77.82万，是1999年以来第二次人口出生突破77万，达到了近20年来的出生规模的高位。从孩次结构看，2017年，北京市二孩占比达到了40.1%，与政策实施前比，上升了近20个百分点；上海市常住人口二孩占比也达到39.3%；天津市、江苏省二孩占比，更是达到了46.13%、49.5%的历史高点；而浙江省则二孩出生数量首超了一孩出生，呈现了出生孩次结构的历史性反转。

2. 东三省两孩政策效应明显较弱，群众对政策的响应度较低，政策实施对出生数量、孩次结构、出生水平等影响甚微。政策实施后两年，黑龙江省出生人口23.25万、23.57万，比2015年（22.87万）仅增加0.38万、0.70万人，人口出生率分别为6.12‰、6.22‰，分别比2015年提高0.12、0.22个千分点。从孩次结构看，二孩出生占率27.99%，二孩及以上出生人数占出生人口总数的29.38%，仅比2015年提高8.02个百分点，比全国平均水平（51.2%）低了23.3个百分点。辽宁、吉林两省，在政策实施后两年，同比政策实施前的2015年，均出现了人口出生数量的小幅、短暂增长，人口变动总体呈现了极低出生态势。2016 年，辽宁省出生人口为 28. 9 万人，比 2015 年（27. 1 万人）增长 1. 8 万人，出生人口数量达到峰值。2017 年，出生为 28. 4 万人，出生数量虽然仍然高于 2015 年的水平，但出生率继续降至 6. 49‰，比 2016 年下降了 0. 11 个千分点。2012—2017 年，辽宁省年均人口出生率为 6. 33‰，明显低于全国平均水平约 6 个千分点。尽管政策实施后两年，吉林省采取了深化计划生育服务管理改革等鼓励群众按政策生育的措施，出生人口总量也在 2016 年达到峰值后回归下降通道，同时全省总人口在 2016 年开始出现负增长。2016 年出生了 151981 人，2017 年下降至 130661 人，截至 2018 年 6 月 30 日，出生人口仅 52486 人。全面两孩政策下，吉林省的孩次结构有所变化，二孩占比从 2016 年的 29. 75%上升至 2017 年的 33. 59%。在出生人口数量回归下降通道的同时，二孩占比有所上升，说明在东三省地区两孩政策实施效果仅有微弱显现，同时进一步反映出我国东三省地区长期极低出生人口态势的巨大惯性。

3. 各地出生人口性别比均趋于正常范围。政策实施后两年，各地出生人口性别比均趋于正常范围。如吉林省，根据办理出生人口医学证明信息，2016 年、2017 年出生人口性别比分别为 106. 26、106. 01，自 1988 年开始超出正常范围以来，首次回归至正常值范围。同样，江苏省自 20 世纪 80 年代中后期开始出现出生性别比升高，经过多年综合治理，2000 年、2010 年时出生性别比仍然分别为 116. 51、116. 24；政策实施后两年，分别降为 110. 7 和 109. 06。

4. 与政策实施预测（预期）的比较情况。总体来看，由于各种因素的影响，政策出生人口总数不及预测（预期）。如，北京市在政策实施前后，先后两次开展对政策出生的预测，为产科设施、教育等相关公共服务资源配置提供参考。预测 2017—2021 年全市常住人口出生在 27. 0 万～35. 1 万人，其中出生高峰出现在 2017 年。从实际情况来看，2016 年的出生数量达到了预测值的下限，2017 年则低于预期。由于 2017 年为农历羊年等因素的影响，各地出生高峰普遍从预测中提前到了 2016 年。浙江省报告预测，政策实施当年（2016 年）常住人口出生规模约在 83 万人左右（76 万~90 万），2017—2018 年达到最大值，约为 87 万人左右（81 万~92 万）。户籍人口出生规模在 2016 年达到最大值，约 60 万人左右（57 万~66 万）。而实际情况是，2016 年和 2017 年全省户籍人口出生分别是 54.18 万人和 53.13 万人，包括了流动人口的出生数为 65.48 万人和 74.58 万人。事实上，政策实施后两年，浙江省的实际出生人口数量，无论是户籍口径还是常住口径，都没有达到预测数。预期在 2017 年、2018 年出现的出生高峰也没有出现。2017 年比 2016 年减少出生 1.05 万人。而从 2018 年上半年的出生统计看，出生增长态势减缓，1~6 月，户籍人口出生 21.78 万人，较去年同期又减少了 4.55 万人，减少了 17.27%。

5. 全面两孩政策效应已经正在减弱。通常认为，2017 年、2018 年出生是受政策影响较强的两年。但各省市出生统计表明，出生强度在 2016 年下半年和 2017 年上半年达到最高；2018 年上半年的出生数量，同比 2017 年减少，强度明显减弱。如，天津市同比减少 8725 人，减少了 16%。与 2017 年全年相比，预计 2018 年出生总量将继续减少，一孩出生占比将上升、二孩占比将下降。政策对出生结构的影响将明显减弱。与天津市类似，浙江省 2018 年上半年人口出生数量与 2017 年同期相比，减少 17.27%，其中一孩减少 11.42%，二孩减少 22.54%。二孩出生的大幅回落，意味着堆积生育势能已得到快速释放。

在全面两孩政策对生育意愿的影响方面，辽宁省调查了已婚或同居打算生育的育龄妇女，有 74.43%认为对生育没有影响，仅有 25.57%的育龄妇女认为全面两孩政策对生育有影响。事实上，辽宁省育龄妇女理想子女数平均为 1.72 个，打算生育子女数平均为 1.38 个，打算生育 2 个及以内子女的占比，达到了 98.40%。上海市 95.41%的育龄妇女理想子女数为1~2 个，理想子女数为 3 个及以上的仅占 2.95%。表明全面两孩政策满足了绝大多数群众的生育意愿。虽然上海市群众理想子女数为 1~2 个的占九成以上，但生育意愿与实际生育行为差距较大。理想子女数为 2 个的育龄妇女，绝大多数并不打算生育 2 个子女。在已有一孩的 15~49 岁育龄妇女中，仅有6.92%的人打算生育二孩。江苏省已有一孩的妇女中，也只有18.5%的妇女打算生育二孩。事实上，群众实际生育行为开始更多地受到经济和社会因素的复杂而深刻的影响，生育政策对群众生育意愿和生育行为的影响明显减弱。

二、原因粗略分析

综合东部八省市的出生人口变动情况看，全面两孩政策实施对出生人口规模变动的影响总体不及预期；对出生孩次结构变动的影响则较为明显，部分省市二孩生育堆积势能的释放在一定程度上弥补了一孩出生大幅减少的缺口。而政策实施的最大亮点是，促使“四普”以来持续多年的出生人口性别比升高问题得以解决，十分有效地促进了各省市出生人口性别比趋向了平衡。根据调查、访谈和相关统计数据进行的粗略分析，出现上述实施效果的原因有如下几个方面：

首先，一孩出生减少，是因为“适龄生育的人少了”。如，《天津市统计年鉴》显示，2005年以来，该市育龄妇女数量呈明显下降趋势，至“十二五”末，育龄妇女总量降至最低值241.93万，累计减少了24.98万人。而且“十二五”以来，天津市20~29岁处于生育旺盛期年龄段的已婚育龄妇女占比呈逐年下降趋势，20~24岁年龄段已婚育龄妇女占比在2011—2017年，下降了6.16个百分点，降至了2.35%；25~29岁年龄段已婚育龄妇女，至2017年也降至了14.77%。这组数据的背后，反映出天津市生育适龄妇女不仅数量在大幅减少，而且她们中越来越多的人倾向于晚婚或者不结婚。上海市户籍育龄妇女从1985年有统计以来逐年上升，在2003年达到346.4万人的峰值后，开始下降，到2017年降至292.73万人。常住育龄妇女在2012年达到峰值686.7万人，进入下降通道，到2017年降至597.49万人。育龄妇女的年龄构成，表现出低年龄组妇女（20~24岁）占比逐年下降，高年龄组妇女（35~49岁）占比逐年上升，育龄妇女往高年龄组堆积明显。在吉林省，育龄妇女和已婚育龄妇女数量持续大幅度减少。2011 年，吉林省育龄妇女总量达到峰值 784.44 万人。从 2012 年起，育龄妇女数量平均每年减少约 22.9 万，至 2017 年育龄妇女总量降至了 647.07 万。已婚育龄妇女数量则从 2008 年的 555.82 万，一路下滑至 2017 年的 430.82 万，10 年间下降了 125 万。同时，东三省地区还面临着流出人口逐年增加的人口发展困境。根据吉林省卫计委全员人口信息库显示，截至 2018 年 6 月 30 日，吉林省流动人口总数 232.49 万人，跨省流动 120.11 万人，其中跨省流出 108.96 万人，这也在一定程度上加剧了生育适龄人口的大幅减少。江苏省受育龄妇女规模下降等原因导致的一孩出生减少十分显著。2016 年和 2017 年，全省一孩出生数分别为 43.55 万和 35.75 万，比“十二五”平均一孩出生数分别减少了 5.35 万和 13.14 万人。再比如，浙江省已婚育龄妇女人数在过去 5 年中也呈持续下降态势，已从 2012 年的 1025.11 万人下降至 2017 年的 925.03 万人，平均每年减少大约 20 万人，5 年间已婚育龄妇女总量下降了 9.76%。

综上，由于适龄初婚育龄妇女总量变动进入下行通道，各地一孩出生人口普遍开启了下降模式。而全面两孩政策实施带来的二孩生育堆积势能的释放，恰好在出生数量上弥补了一孩出生的减少，但对总体人口出生规模变动影响不显著。同时，伴随着一孩、二孩同时“一减一增”，对出生孩次结构的变动产生叠加影响，导致了多省市出生孩次结构的历史性变化。总之，由于不同婚育状况的育龄妇女数量普遍减少，出生人口规模在政策实施后两年，出现短暂、小幅上升后，快速回归下降通道。

其次，一孩出生减少，还因为“能生的”大多数人，生得少了，也生得晚了。八省市妇女总和生育率总体呈现下降趋势，部分微幅波动下降。如，吉林省从 2010 年的 0.92 下降至 2017 年的 0.66。辽宁省自 2000 年以来总和生育率在 1.2~1.0。2017 年，黑龙江省总和生育率为 1.29。2017 年生育状况调查数据显示，60 岁、55 岁、50 岁、45 岁、40 岁、35 岁妇女平均生育子女数，分别为 1.79、1.62、1.45、1.29、1.15、1.06 个，呈现明显的下降态势。如，上海市户籍人口总和生育率自 1971 年以来一直低于 2.1 的更替水平。20 世纪八九十年代持续在 1 以下；2003 年降至最低，为

0.64；2004年起小幅回升。2012年以来在1上下波动，政策实施后2016年为1.1，2017年为1。北京市在政策实施后出生人口到达峰值的2016年，总和生育率也只有1.2，低于之前预期的1.5。同样，政策实施后人口出生峰值年2016年，江苏省妇女总和生育率也仅1.23。而浙江省妇女总和生育率在“十二五”末为1.3左右，浙北的杭州、宁波、绍兴、嘉兴为1.1左右，湖州、舟山为0.8左右，浙南5市稍高。

在妇女总和生育率一路下滑的同时，妇女生育年龄峰值后移明显，高龄产妇比重上升突出，妇女生育呈现出高龄化发展态势。黑龙江省“六普”和1%人口调查数据显示，20~34岁女性已婚比例从2010年的63.54%下降至2015年的56.53%，不婚、晚婚育龄妇女在逐年增加。晚婚导致妇女生育一孩的年龄峰值不断后移。如，2016年，黑龙江省女性初育平均年龄为23.5岁，其中城镇为25.16岁。吉林省妇女生育一孩的峰值集中在25~29岁年龄段。天津市根据生育登记情况推算，2017年妇女生育一孩的平均年龄为28岁。根据监测，上海市妇女生育年龄峰值后移也十分明显，高龄产妇比重上升突出。如，2017年全市生育妇女中，生育一孩和二孩的平均年龄分别为28.8岁和31.8岁，其中户籍妇女生育年龄更晚，生育一孩和二孩的平均年龄分别为29.8岁和33.7岁。妇女生育二孩的年龄峰值集中在25~39岁，占生育二孩妇女的89.5%，35岁以上的高龄产妇占15%。生育二孩的产妇中，高龄产妇占25.2%，户籍人口高龄产妇的比重则高达37.2%。在辽宁省生育二孩妇女的年龄也以30岁以上为主。政策实施后两年，生育二孩妇女的平均年龄为31.63岁，年龄中位数为31岁。其中生育二孩妇女年龄在30~39岁的，占了66.62%，还有1.53%的妇女年龄在40~49岁。

总之，“能生的”大多数人，事实上既生得少了，又生得晚了，还有一些人“不生”，也“不想生”，有的甚至“不结婚”。

最后，“想生的”少数人，有些又“不敢生”“养不起”。当前，养育孩子的经济负担居高不下，生育二孩俨然成为大多数育龄夫妻和家庭的“奢侈品”。2016年浙江省宁波市海曙区调查显示，家庭年收入在1万元以下、1万~5万元、5万~10万元、10万~20万元、20万~50万元的，表示愿意生育二孩的比例差异不大，分别是13.79%、8.78%、10.34%、10.65%、10.32%。而年收入在50万元以上的家庭，生育意愿瞬间飙升至32%。2017年全国生育状况调查也表明，育龄夫妻面临着经济负担、子女照料和女性职业发展等“三座大山”，育龄女性普遍感到“不敢生”“养不起”，生育意愿较为低迷。如，根据天津市抽样调查结果，已有一个子女的育龄妇女选择在2019年前再次生育的只占21.50%，远低于无子女和已有两个子女的选择在近一年生育的比例，她们分别占46.7%和44.4%。而在辽宁省的调查中，不打算生育的原因，位列第一的是经济负担重，占63.09%；第二为年龄太大，占20.59%；第三为没人带孩子，占7.99%；其他原因包括了养育孩子太费心、还没想好、影响个人事业发展等。上海市2017年抽样调查显示，经济负担和子女照料也是制约生育行为的主要因素。在上海“不打算再生育的原因”中，不同年龄段的女性之间有所不同。35岁以下的，主要是“经济负担重”“没人带孩子”和“养育孩子太费心”，分别占73%、50.8%、40.9%；35岁以上不打算再生育的原因主要是“年龄太大”“经济负担重”和“没人带孩子”，分别占65.3%、64.7%和33.5%。生育女性职业发展也是制约再生育行为的重要因素之一。如，黑龙江省对2016年7月—2017年6月生育职工的调查中，23.6%的工资待遇较生育前下降，降幅为14.2%；13.1%的女职工因为生育被调离或者可能被调离工作岗位。辽宁省也有近一半的被调查对象，工资待遇较生育前下降。如，2016年7月—2017年7月生育女性职工中，有42.97%工资待遇较生育前下降，约5%的女职工因生育被调整工作岗位。上海市生育女性的职业发展环境相对较好。针对最近一年有生育经历且有就业单位的女性，被询问“工作岗位是否因为生育这个孩子而调整”时，85.3%的生育女性没有因为生育而被调整，“已经调整”或“可能调整”的仅占9.7%。

三、未来几年出生态势及建议

“十三五”中后期，受育龄妇女数量大幅减少、80后和90后生育主体生育意愿持续低迷和养育孩子成本高企等一系列因素影响，一孩出生将延续大幅减少态势，二孩补偿性出生结束，两孩政策效应将进一步减弱，未来八省市人口出生将呈现加速下降态势，并在2020年后降幅进一步加大。

鉴于全面两孩生育政策已经满足了绝大部分群众的生育意愿和实际需要，考虑到生育政策的进一步完善面临诸多历史问题和现实因素的困扰，当前应抓住“十三五”这一关键时期，按照十九大报告提出的“促进生育政策和相关经济社会政策配套衔接”，在提高全面两孩政策的政策效应、适度提升生育水平、防止陷入低生育陷阱方面下功夫，以促进人口长期均衡发展。为此，建议如下：

1. 加快制定降低家庭育儿经济负担的各种政策措施。比如，积极推动制定支持生育的个人所得税等税收减免制度，建立促进和支持生育的各项保险制度，为生育两孩的家庭提供经济支持，减轻育儿经济压力，让群众“生得起”“养得好”。

2. 探索建立覆盖生育全周期的免费基本生育服务制度。围绕孕前、孕期、分娩、产后全生育周期，整合孕前优生、孕期保健、产前筛查、新生儿筛查、母婴保健、计划免疫等各项生育服务，为孕产妇和婴幼儿提供安全、可及、公平的免费基本生育服务。

3. 加快建立完善婴幼儿托育和照料等社会服务体系。要鼓励多元投入，建立和完善0~3岁婴幼儿公共托育服务体系。政府可采取补贴或减税的方式，鼓励企事业单位自建托儿所，解决生育员工婴幼儿照料困难。同时，加强对社会托育服务机构市场监管和从业人员职业培训。当前，国家层面要加快明确0~3岁托育服务牵头监管的职能部门，并不断加大财政投入，推动托育服务事业发展。

4. 加快加大支持和鼓励生育女性职业发展的制度供给。比如，制定生育成本社会化相关的企业补贴制度，为企业提供女职工产假期间的社保补贴、税费减免和税收优惠，改变目前生育成本主要由用人单位和家庭负担的状况，让政府和社会承担更多的生育成本。再比如，实行弹性工作时间制度，提倡远程办公等，帮助生育女性更好兼顾工作和子女教养双重角色。

5. 探索构建鼓励按政策负责任生育的舆论支持体系。要多渠道多形式加强宣传引导，倡导适龄婚育、按政策生育，形成支持和鼓励有计划、负责任生育的舆论氛围，努力构建生育友好的社会文化环境。

“全面两孩”政策下的人口预测与政策发展

❖陈　芳

【摘　要】“全面两孩”政策生育率基本接近世代更替水平，有利于促进人口长期均衡发展。人口事件是长周期事件，结合联合国以及国内学者对我国2050年之前的人口发展趋势预测结果：我国人口总量最迟将在2030年达到峰值，约为14.5亿人左右，60岁及以上老年人口占比在2050年将突破30%，劳动年龄人口占比将继续下降，“人口红利”窗口最迟将在2035年关闭。“全面两孩”政策的实施效果表明，政策的正向效应正在释放，但作用有限。制定旨在提高生育率的政策是使总和生育率回升至更替水平的国际惯例。因此，文章认为：实行“自主生育”是大势所趋，生育支持政策亟待完善，但应向生育两个孩子的家庭倾斜，同时要考虑不同区域和群体的需求，并与其他制度性改革同步推进。

【关键词】全面两孩；人口预测；生育政策；生育配套政策

【作　者】陈芳：南京大学政府管理学院博士研究生，南京邮电大学人口研究院助理研究员

计划生育政策作为我国的一项基本国策，旨在促进人口长期均衡发展，为经济社会发展提供有利的人口条件。人口长期均衡发展是指“实现人口数量、素质、结构、分布之间趋向动态平衡并且人口与经济社会发展水平相协调、与资源环境承载能力相适应的一种发展状态”（原新，2016）。但近年来，在计划生育政策和经济社会发展双重推动下，我国的生育率持续走低，老龄化、高龄化、少子化形势严峻，“全面两孩”政策

的实施可谓正当其时。

"全面两孩"政策是对计划生育政策的重大调整，表明这一基本国策的内涵由主要关注人口数量向同时关注总量调控、素质提高、结构优化、分布合理转变。"单独两孩"政策实施之前，我国的政策生育率为1.47（翟振武、陈佳鞠、李龙，2015）。"全面两孩"政策实施后，我国的政策生育率基本接近世代更替水平，有利于促进人口长期均衡发展。目前，"全面两孩"政策实施效果的相关研究结论分为"遇冷""符合预期"和"难以判定"三类（石人炳、陈宁、郑淇予，2018）。人口事件是长周期事件，有必要对人口发展趋势进行预测，并在此基础上结合国际经验对生育政策调整和配套政策衔接作出合理安排。

一、"全面两孩"政策下的人口预测

（一）联合国预测结果

联合国每两年对全球人口统计数据及其未来发展趋势的预测进行一次修订，旨在为广大会员国和联合国系统提供有关世界经济和社会发展变化的更为准确的估计，从而为相关政策的调整提供指导。《世界人口展望（2017年修订版）》是联合国官方发布的第25轮人口估计和预测数据，通过采用队列要素法，对各个国家和地区2015年7月1日后的人口发展趋势进行预测。如表1所示，联合国基于不同生育、死亡和迁移参数提供了9种预测方案。

表1　基于不同参数假设的预测方案

预测方案	生育参数假设	死亡参数假设	国际迁移参数假设
低生育水平方案	低	正常[①]	正常
中生育水平方案	中	正常	正常
高生育水平方案	高	正常	正常

续表

预测方案	生育参数假设	死亡参数假设	国际迁移参数假设
生育水平不变方案	保持在 2010—2015 年水平不变	正常	正常
即时替换生育水平方案	保证 NRR2 自 2015—2020 年开始维持在①	正常	正常
动量方案	保证 NRR 自 2015—2020 年开始维持在②	保持在 2010—2015 年水平不变	自 2015—2020 年开始为零
死亡水平不变方案	中	保持在 2010—2015 年水平不变	正常
不变方案	保持在 2010—2015 年水平不变	保持在 2010—2015 年水平不变	正常
零迁移方案	中	正常	自 2015—2020 年开始为零

注：①指基于对过去情况的估计以及未来趋势的判断而作出的假设；②净人口再生产率。

数据来源：United Nations, Department of Economic and Social Affairs, Population Division (2017). World Population Prospects: The 2017 Revision, Methodology of the United Nations Population Estimates and Projections, Working Paper No. ESA/P/WP. 250. New York: United Nations.

联合国对我国总和生育率的预测如图 1 所示：2010—2015 年我国总和生育率估计为 1.6，事实上，2015 年 1%人口抽样调查结果显示我国总和生育率不到 1.1；要想使我国人口再生产率为 1，21 世纪总和生育率需要保持在 2.1 左右（即时替换生育水平方案和动量方案），“全面两孩”政策实施效果最理想状态下可能实现；低生育水平方案下，我国总和生育率在 21 世纪都将处于超低生育水平（TFR<1.5）；高生育水平方案下，我国总和生育率在 21 世纪也不会超过 2.3；中生育水平方案、死亡率不变方案、零迁移方案下，我国总和生育率将缓慢上升，在 21 世纪末达到 1.8。根据《国家人口发展规划（2016—2030 年）》，2020 年和 2030 年总和生育率预期发展目标是 1.8。我们认为，中方案生育参数假设下的人口预测结果更

符合我国国情。

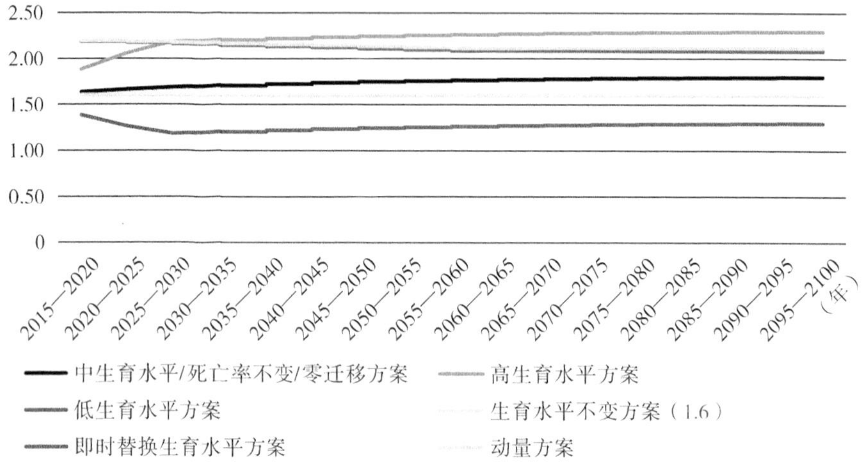

图 1　联合国预测的我国总和生育率发展趋势

数据来源：United Nations，Department of Economic and Social Affairs，Population Division（2017）. World Population Prospects：The 2017 Revision，DVD Edition.

联合国指出，对 2100 年进行人口预测存在很大的不确定性，特别是在国家层面。同时考虑到“生育政策的调整完善并不是以全面两孩作为终极环节，在 2050 年之前必定还会适时推出更为宽松化的甚至带有鼓励性的生育政策”（翟振武、李龙、陈佳鞠，2016），我们主要对 2050 年之前的人口发展趋势进行分析。生育参数假设为中方案下，中生育水平方案、死亡率不变方案、零迁移方案的预测结果显示：（1）我国的人口总量将在 2025—2030 年达到峰值，约为 14.3 亿~14.5 亿人，到 2050 年减少到 12.9 亿~13.8 亿人。而根据《2017 年国民经济和社会发展统计公报》，2017 年末我国总人口为 13.9 亿人，也就是说，我国的人口总量在人口惯性作用下将经历短暂的增长，到 21 世纪中期将回落至现有水平以下。（2）我国 65 岁及以上老年人口占比则将继续上升，由 2015 年的 9.7%上升到 2050 年的 22.7%~26.3%。而在 2025 年左右即步入深度老龄化社会①，老年人口总

① 指 65 岁及以上老年人口占比超过 14%。

量将由 2015 年的 1.4 亿人上升到 2050 年的 2.9 亿~3.6 亿人。（3）我国 15~64 岁劳动年龄人口占比将继续下降，由 2015 年的 72.6%下降到 2050 年的 58.7%~62.6%，总量由 10.2 亿人下降到 8.0 亿~8.3 亿人，总抚养比则由 37.7%上升到 59.6%~67.4%。按照国际上公认的“人口红利期”量化标准，即总抚养比低于 50%计算（桂世勋，2016），我国人口红利窗口将于 2035 年关闭。

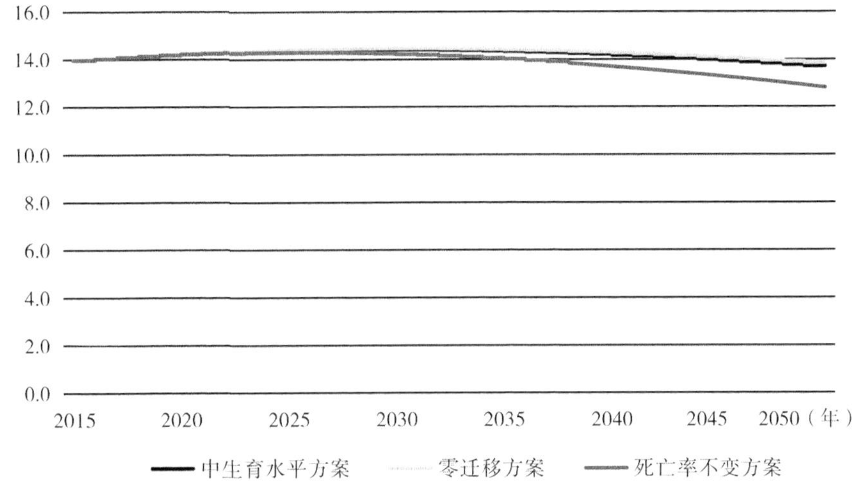

图 2　联合国预测的我国人口总量发展趋势（单位：亿人）

数据来源：United Nations, Department of Economic and Social Affairs, Population Division（2017）. World Population Prospects: The 2017 Revision, DVD Edition.

（二）国内学者预测结果

“全面两孩”政策实施后，国内学者采用不同方法、基于不同数据、依据不同参数对我国的人口发展趋势进行了预测。方法上，主要采用相对成熟的队列要素法、Leslie 矩阵法、年龄-孩次递进预测模型、年龄移算法。此外，一些学者对以上方法进行了改进，黄匡时、张许颖（2016）采用基于年龄移算法基础上的多参数组合测算法，王金营、戈艳霞（2016）采用区分家庭类型的年龄-孩次递进预测模型，翟振武、李龙、陈佳鞠（2016）采用分人群分要素回推预测方法。基数上，主要基于第六次全国

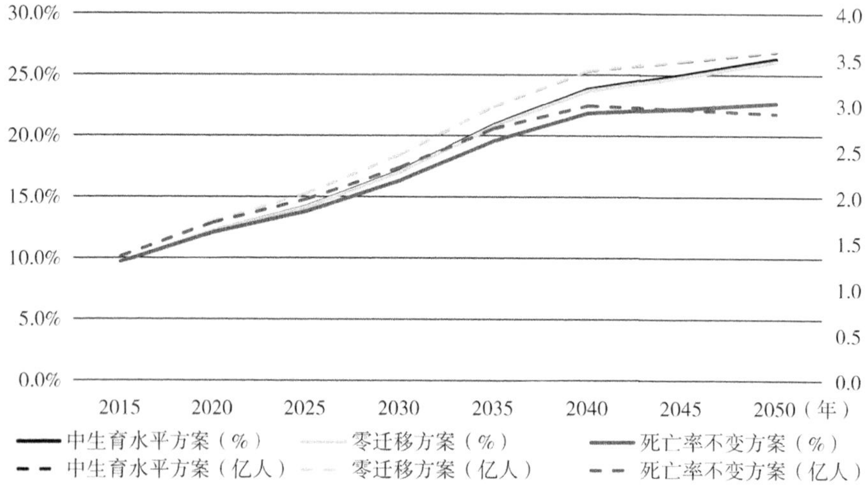

图 3　联合国预测的我国 65 岁及以上人口占比和总量发展趋势

数据来源：United Nations, Department of Economic and Social Affairs, Population Division（2017）. World Population Prospects: The 2017 Revision, DVD Edition.

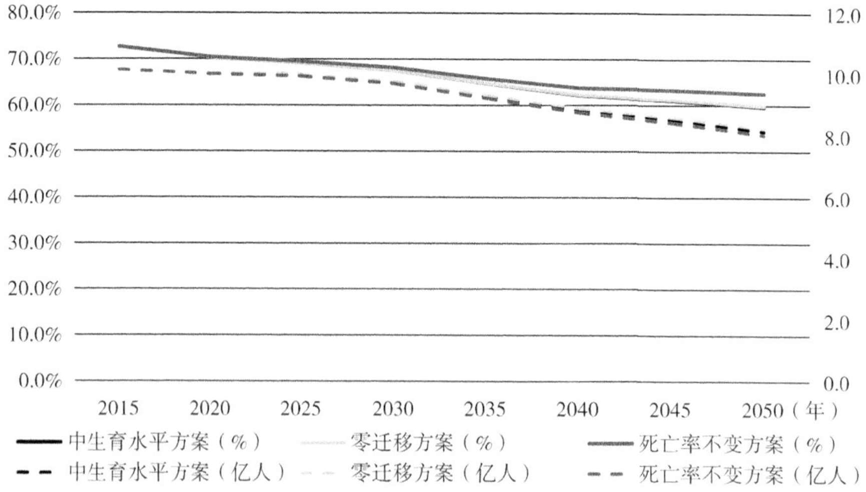

图 4　联合国预测的我国 15~64 岁人口占比及总量发展趋势

数据来源：United Nations, Department of Economic and Social Affairs, Population Division（2017）. World Population Prospects: The 2017 Revision, DVD Edition.

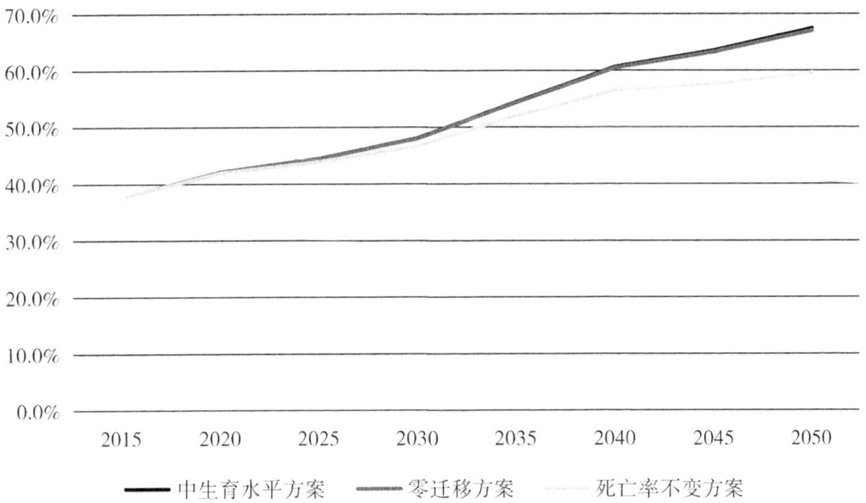

图5　联合国预测的我国总抚养比发展趋势

数据来源：United Nations, Department of Economic and Social Affairs, Population Division (2017) . World Population Prospects: The 2017 Revision, DVD Edition.

人口普查或者2014年1‰人口抽样调查数据。参数上，由于政策调整主要对生育参数产生影响，为对比政策调整后未来人口数量和结构差异，学者们重点对生育参数进行了详细的设定说明，主要是参照中国人口与发展研究中心于2013年在29个省、自治区、直辖市（西藏、新疆除外）开展的生育意愿调查结果，或者国家统计局在2014年底开展的全国人口变动情况抽样调查中增加的育龄夫妇类型和生育意愿等指标。与联合国预测的各个方案的生育参数发展趋势为线性或U形不同的是，国内学者考虑到“全面两孩”政策产生的堆积效应，生育参数多为倒U形。以下将各位学者的预测结果总结如下：

一是“全面两孩”政策会增加年出生人口数量，但增加幅度不大。出生人口受到育龄妇女数量及其年龄结构的影响，进入21世纪，我国15~49岁育龄妇女数量2010年达到峰值，之后逐渐减少，20~34岁生育旺盛期育龄妇女数量也处于波动下降状态。“全面两孩”政策不能改变我国出生人口快速减少的趋势，但能够有效增加出生人口规模，减缓下降速度（王金营、戈艳霞，2016）。官方测算（参见：卫生计生委就2017年1月全面两孩政策工作进展答记者问．中国政府网．http：//www.gov.cn/xinwen/2017-01/22/content_5162305.htm），“十三五”期间是“全面两孩”政策效应集中释放的一个时期，年出生人口在1700万~2000万人。学者们的预测结果基本一致，并认为这一时期年出生人口数量不会超过2300万、“全面两孩”政策新增出生人口累计在2000万左右。“全面两孩”政策新增出生人口数量相对有限的原因，一方面是目标人群的年龄结构较老，另一方面是“双独两孩”政策与“单独两孩”政策已经大量减少了已育一孩年轻妇女的数量（翟振武、李龙、陈佳鞠，2016）。

二是“全面两孩”政策会推迟总人口规模达到峰值时间，但同时提升峰值水平。翟振武、李龙、陈佳鞠（2016）[①] 预测在“全面两孩”政策下，总人口规模的峰值将在2028年前后出现，约为14.5亿人，比维持原来较严格的生育政策不变推迟了3年、增加了3000万人。李桂芝等（2016）预测总人口将在2029年达到峰值14.5亿人，与维持“单独两孩”政策相比推后3年、增加约2200万人。王金营、戈艳霞（2016）预测总人口峰值将推迟到2030年的14.7亿人，若不调整政策，总人口规模将在2026年左右达到峰值14.3亿人。黄匡时、张许颖（2016）预测政策调整后，总人口峰值年份推迟2年，峰值增加2470多万人，即总人口峰值将在2028年达到14.5亿人。杨舸（2016）预测总人口会在2027年达到峰值的14.4亿人，政策调整仅使得总人口峰值增长了2000万人，时间推后了1年。原新（2016）预测总人口将在2030年左右达到峰值14.5亿人，2050年为13.5亿人左右。总体看来，“全面两孩”政策下，我国总人口峰值约为14.5亿人，到达时间不会超过2030年。

三是“全面两孩”政策有利于降低人口老龄化水平并缓解其速度，但效果有限。按照60岁划分老年人口的标准，“全面两孩”政策对近60年

---

① 翟振武、李龙、陈佳鞠（2016）：《全面两孩政策对未来中国人口的影响》，《东岳论丛》第2期。

的老年人口规模变动趋势没有任何影响，对60年之后的老年人口规模的增加效应逐渐显现。翟振武、李龙、陈佳鞠等（2016）认为，人口老龄化进程不可逆转，在今后相当长的时期内，无论生育政策调整与否或者如何调整，都不会从根本上改变老年人口规模持续膨胀、老龄化程度不断加深的大趋势，“全面两孩”政策只是让人口老龄化的步伐有所放缓，在整个人口老龄化的大趋势下，其效应是相对微弱的。根据预测，到21世纪中叶，我国60岁及以上老年人口规模将达到4.7亿人，占比将突破30.0%，政策调整仅使老年人口占比降低不到3个百分点，此外，80岁及以上高龄老人在65岁及以上老年人口中的占比在2060年将超过40%（翟振武、李龙、陈佳鞠，2016；黄匡时、张许颖，2016；王金营、戈艳霞，2016）。

四是“全面两孩”政策会增加未来劳动力供给，但规模和占比持续下降趋势不会显著改变。我国劳动年龄人口规模自2013年开始缩减，未来的劳动力供给将持续减少。此外，龙晓君、郑健松、李小建（2017）预测劳动力内部年龄结构老化趋势日益明显，预计在2030—2035年间45~64岁中老年劳动力比重超过25~44岁中壮年劳动力比重。关于“人口红利”，桂世勋（2016）预测我国在2030年左右会提前关闭“人口红利”的机会视窗；翟振武、李龙、陈佳鞠（2016）预测全面两孩政策至少在2050年前基本没有可能创造新的“人口红利”；杨舸（2016）预测人口机会窗口的关闭时间点由2031年延长到2035年。原新（2016）认为我国劳动年龄人口规模存量巨大的特征将长期保留，2023年以前在9亿以上，2042年前在8亿以上，我国劳动力资源总量巨大和就业供需结构性短缺的现象会长期并存。

二、全球生育政策的发展趋势

生育率下降是全球趋势，根据联合国数据①，总和生育率低于更替水

① 参见：United Nations. Department of Economic and Social Affairs. Population Division. World population policies /Department of Economic and Social Affairs Population Division［M］. United Nations, 2013.

平的国家数量从1990—1995年的55个增加到2010—2015年的86个，预计2030—2035年将继续增加到119个，越来越多国家制定旨在提高生育率的政策：2015年，联合国统计的201个国家中，有28%制定了旨在提高生育率的政策，这一比例自1976年便加速上升；2015年制定了旨在降低生育率政策的国家占比42%，这一比例在近20多年相对稳定。

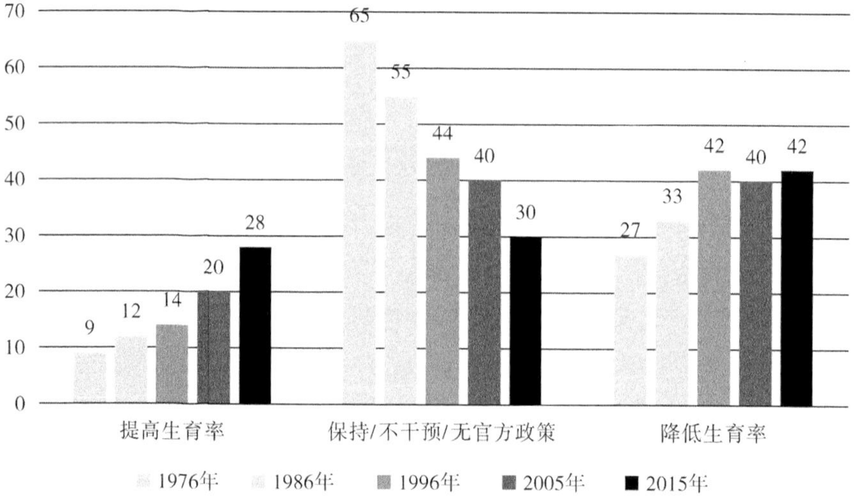

图6 1976—2015年世界各国生育政策类型占比（单位:%）

数据来源：1. 1976年、1986年、1996年、2005年数据来源于：United Nations. Department of Economic and Social Affairs. Population Division. World population policies /Department of Economic and Social Affairs Population Division ［M］. United Nations, 2013. 2. 2015年数据来源于：联合国网站. http://www. un. org/en/development/desa/population/publications/policy/WPP_ Datasets_ 2015. shtml.

不同地区的生育政策演变呈现出不同的特征：在发达地区，制定了旨在提高生育率政策的国家占比由1976年的21%上升到2015年的63%，在此期间，基本没有国家制定旨在降低生育率的政策；在欠发达地区，1976年仅有5%的国家制定了旨在提高生育率的政策，但这一比例在2015年上升至24%，制定了旨在降低生育率政策的国家占比变化不大；在最不发达地区，1976年至2015年都鲜有国家制定旨在提高生育率的政策，而制定了旨在降低生育率的政策的国家则由14%上升到96%。不同地区的生育政策演变相似之处在于，近40年，制定政策干预生育水平的国家占比都在提高，尤其在最不发达地区，所有国家都在制定政策引导人们的生育行为。

表2　1976—2015年不同地区各国生育政策类型占比（单位:%）

	提高生育率	保持生育率	降低生育率	不干预/无官方政策	总计
发达地区					
1976年	21	21	0	59	100
1986年	24	18	0	59	100
1996年	33	8	2	56	100
2005年	50	17	0	33	100
2015年	63	10	0	27	100
欠发达地区					
1976年	5	10	34	50	100
1986年	8	8	42	42	100
1996年	8	10	56	26	100
2005年	10	16	53	21	100
2015年	24	24	36	16	100
最不发达地区					
1976年	2	5	14	79	100
1986年	4	8	31	56	100
1996年	0	6	65	29	100
2005年	0	6	76	18	100
2015年	0	4	96	0	100

数据来源：1. 1976年、1986年、1996年、2005年数据来源于：United Nations. Department of Economic and Social Affairs. Population Division. World population policies /Department of Economic and Social Affairs Population Division [M]. United Nations, 2013. 2. 2015年数据来源于：联合国网站. http://www. un. org/en/development/desa/population/publications/policy/WPP_ Datasets_ 2015. shtml.

根据“低生育陷阱”假设（Lutz & Skirbekk，2005），生育率一旦下降到某个临界点（TFR=1.5）以下，低生育率具有自我强化的机制，继续保持下降的趋势而很难回调。进入21世纪，一些总和生育率持续下降的国家开始止跌回升。表3呈现了1995—2000年总和生育率低于更替水平（2.1）、2005年至2015年生育政策保持一致的国家的2010—2015年总和生育率，以考察不同生育政策下生育水平的变化情况。可以看到：首先，处于极低生育率水平（TFR<1.3）的国家均制定了旨在提高生育率的政策，并且总和生育率均有所提升；其次，在制定了旨在提高生育率政策的国家中，大部分欧洲国家的总和生育率有所提升，而大部分亚洲国家的总和生育率继续下降；再次，1995—2015年总和生育率回升的国家虽然没有制定旨在降低生育率的政策，但也有少数采取不干预的立场；最后，目前这些国家中尚没有一个国家的总和生育率回升到更替水平以上。可见，制定旨在提高生育率的政策是使总和生育率回升至更替水平的国际惯例，但政策效果却因社会文化背景、政策工具选择、实施力度大小等差异而不尽相同。

表3　各国生育政策及总和生育率变化情况

国家	地区	2005年生育政策	TFR 1995—2000年	TFR 2010—2015年
冰岛	欧洲	保持	2.06	1.96
特立尼达和多巴哥	拉丁美洲	保持	1.82	1.80
新西兰	大洋洲	保持	1.95	2.05
比利时	欧洲	不干预	1.60	1.82
波黑	欧洲	不干预	1.63	1.28
丹麦	欧洲	不干预	1.76	1.73
荷兰	欧洲	不干预	1.60	1.75
瑞典	欧洲	不干预	1.56	1.92
瑞士	欧洲	不干预	1.48	1.52
英国	欧洲	不干预	1.74	1.92
加拿大	北美洲	不干预	1.56	1.61
美国	北美洲	不干预	2.00	1.89

续表

国家	地区	2005年生育政策	TFR 1995—2000年	TFR 2010—2015年
亚美尼亚	亚洲	提高	1.75	1.55
塞浦路斯	亚洲	提高	1.89	1.46
日本	亚洲	提高	1.37	1.40
韩国	亚洲	提高	1.51	1.26
新加坡	亚洲	提高	1.57	1.23
奥地利	欧洲	提高	1.39	1.47
保加利亚	欧洲	提高	1.20	1.52
白俄罗斯	欧洲	提高	1.31	1.58
克罗地亚	欧洲	提高	1.62	1.52
捷克共和国	欧洲	提高	1.17	1.45
爱沙尼亚	欧洲	提高	1.33	1.59
法国	欧洲	提高	1.76	2.00
希腊	欧洲	提高	1.30	1.34
匈牙利	欧洲	提高	1.38	1.34
意大利	欧洲	提高	1.22	1.43
拉脱维亚	欧洲	提高	1.17	1.48
立陶宛	欧洲	提高	1.47	1.57
摩尔多瓦共和国	欧洲	提高	1.70	1.27
葡萄牙	欧洲	提高	1.46	1.28
罗马尼亚	欧洲	提高	1.34	1.48
俄罗斯	欧洲	提高	1.25	1.66
斯洛伐克	欧洲	提高	1.40	1.37
西班牙	欧洲	提高	1.19	1.32
乌克兰	欧洲	提高	1.24	1.49
巴巴多斯	拉丁美洲	提高	1.74	1.79
澳大利亚	大洋洲	提高	1.79	1.92

数据来源：1. 总和生育率数据来源于：United Nations, Department of Economic and Social Affairs, Population Division (2015) . World Population Prospects: The 2015 Revision, DVD Edition. 2. 生育政策数据来源于：联合国网站 . https: //esa. un. org/poppolicy/wpp_datasets. aspx.

三、生育政策反思与配套政策建议

综合联合国和国内学者预测，我国人口总量最迟将在2030年达到峰值，约为14.5亿人，60岁及以上老年人口占比在2050年将突破30%，15~64岁劳动年龄人口占比将继续下降，“人口红利”窗口最迟将在2035年关闭。“全面两孩”政策实施后的2016年和2017年，新增人口分别为809万人和737万人，而根据《国家人口发展规划（2016—2030年）》，2020年总人口预期发展目标是14.2亿人，这意味着2016—2020年需要增加约4538万人，平均每年需要增加约900万人，考虑到出生堆积效应，政策调整后的实施效果与目标值还是有一定差距的。因此，我们认为未来生育政策及其配套政策的完善应从以下几方面考虑：

第一，实行“自主生育”是大势所趋。1969年联合国大会通过的《世界进步和发展宣言》就提出“父母有自由而负责地决定其子女的数量和出生间隔的专有权”。1980年《中共中央关于控制我国人口增长问题致全体共产党员共青团员的公开信》也提道：“到三十年以后，特别紧张的人口增长问题就可以缓和，也就可以采取不同的人口政策了。”“全面两孩”政策的实施效果表明，政策的正向效应正在释放，但作用有限，要想使我国自20世纪90年代就低迷的总和生育率恢复到更替水平几乎不可能。因此，有必要由“计划生育”转向“自主生育”，实现在法律面前生育权利人人平等，使生育决策权回归家庭以降低家庭风险并增强家庭功能，促进人口长期均衡发展。

第二，生育支持政策亟待完善。国内调查表明①，照料压力、养育成本、女性职业发展以及追求生活质量等因素对生育意愿和生育行为的约束增强。可见，影响因素主要是客观原因，有望通过公共政策进行化解。由

① 《卫生计生委就2017年1月全面两孩政策工作进展答记者问》，中国政府网，http://www.gov.cn/xinwen/2017-01/22/content_5162305.htm.

于我国在过去近40年中一直实行生育控制，“不仅致使生育支持政策和其他家庭支持政策双双缺失，也缺少制定相关政策的思路和经验”（杨菊华、杜声红，2017）。现有政策总体上存在生育福利水平低、男性职工假期短、托育服务匮乏等问题，而且已有政策本身也存在不完善之处。十九大报告强调要“促进生育政策和相关经济社会政策配套衔接，加强人口发展战略研究”。尽快完善我国生育支持政策不仅是应对人口老龄化、少子化等人口问题的必然，也是新时代坚持以人民为中心的应然。从世界各国来看，不管是否制定了干预生育水平的政策以及政策的导向如何，绝大多数国家都制定了生育支持政策，而且通常都是各种政策工具组合在一起实施。生育支持政策工具可以分为三大类别：一是经济支持，包括儿童/家庭津贴、税收优惠、额外福利（如资金、住房补贴）等；二是照料支持，包括假期、托育服务、鼓励配偶参与照料子女与分担家务等；三是工作支持，包括保障女性就业权益、弹性工作制度等。我国可借鉴国际经验尽快完善。

第三，生育支持政策应符合国情。我们认为不论今后是否实行自主生育，相当一段时期内生育支持政策都应以鼓励生育两个孩子为主，即应向生育两个孩子的家庭倾斜，不应效仿一些国家“多多益善”。实行自主生育在一定时期内至少有两方面潜在的风险：一是人口质量提升将面临较大挑战，一二线城市的中产阶级在生育决策时顾虑较多，少生优生和不孕不育情况更突出，而部分农村地区和欠发达地区，往往受传统生育文化影响较大，导致多子并未多福，“城乡出生人口的素质没有本质性差异，然而，城乡受教育条件和成长环境的巨大差异却是客观存在，二元结构印痕十分显著”（原新，2016），这不利于我国整体人口质量的提升；二是相关公共资源和公共服务将面临较大压力，不利于促进家庭尤其是女性平衡婴幼儿照料和工作。2015年《中华人民共和国人口与计划生育法》明确“国家提倡一对夫妻生育两个子女”。下一阶段的政策调整的方向也应该对于生育两个孩子的家庭给予更多政策倾斜，具体措施可借鉴针对独生子女及其父母的政策倾斜措施，以促进家庭和社会的共同发展。

第四，生育支持政策须考虑不同区域和群体的需求。随着民主化进程的加快，我国公共政策形态逐步从供给主导型转向需求主导型。从国外经验来看，生育支持政策的效果在不同群体之间存在差异，比如低收入水平的家庭更容易受到现金补贴政策的影响（Angrist & Lavy & Schlosser, 2010），高收入水平的家庭更容易受到税收优惠政策的刺激（Chen, 2011）。要实现精准施政，需要深入调研、科学研究，了解群众的现实需求，真正做到以人民为中心，最终才能实现政策预期目标。但从现有研究来看，还没有针对不同区域不同群体对生育支持政策需求的研究。

第五，生育支持政策要与其他制度性改革同步推进。生育政策调整并不能解决当前我国面临的人口老龄化和人口红利削减困境，如前文所述，不管是实施“全面两孩”政策还是取消生育限制，我国近60年内老年人口和近15年内劳动年龄人口的总量都不会因政策调整而改变，即“远水解不了近渴”。因此，应对人口老龄化应当将重点放在健全社会保障制度、完善养老服务体系上，应对劳动年龄人口总量下降应当将重点放在加快产业结构调整、提高劳动生产率上，尤其是遵循人才强国战略方向，由依赖人口红利向依靠人才红利转变。此外，高房价和精细化养育带来的生育成本偏高需要住房制度和教育制度进一步完善来化解。

参考文献

1. 桂世勋．全面两孩政策对积极应对人口老龄化的影响［J］．人口研究，2016（4）．

2. 黄匡时，张许颖．“全面两孩”政策目标人群及其出生人口测算研究［J］．福建行政学院学报，2016（4）．

3. 李桂芝等．全面两孩政策对我国人口总量结构的影响分析［J］．人口研究，2016（4）．

4. 龙晓君，郑健松，李小建．“全面二孩”背景下我国劳动力供给预测研究［J］．经济经纬，2017（5）．

5. 石人炳，陈宁，郑淇予．中国生育政策调整效果评估［J］．中国人口科学，2018（4）．

6. 王金营，戈艳霞．全面二孩政策实施下的中国人口发展态势［J］．人口研究，2016（6）．

7. 吴佳佳．计划生育基本国策内涵发生重大变化［J］．经济日报，2016年1月12日．

8. 杨舸．“全面二孩”后的人口预期与政策展望［J］．北京工业大学学报（社会科学版），2016（4）．

9. 杨菊华，杜声红．部分国家生育支持政策及其对中国的启示［J］．探索，2017（2）．

10. 原新．我国生育政策演进与人口均衡发展——从独生子女政策到全面二孩政策的思考［J］．人口学刊，2016（5）．

11. 翟振武，陈佳鞠，李龙．中国出生人口的新变化与趋势［J］．人口研究，2015（2）．

12. 翟振武，陈佳鞠，李龙．全面两孩政策下的目标人群及新增出生人口估计［J］．人口研究，2016（4）．

13. 翟振武，李龙，陈佳鞠．全面两孩政策对未来中国人口的影响［J］．东岳论丛，2016（2）．

14. Angrist，J.，Lavy，V.，& Schlosser，A.（2010）. Multiple experiments for the causal link between the quantity and quality of children. Journal of Labor Economics，28（4），773-824.

15. Chen，D. L.（2011）. Can countries reverse fertility decline? evidence from france's marriage and baby bonuses，1929 - 1981. International Tax & Public Finance，18（3），253-272.

16. Lutz，W.，& Skirbekk，V.（2005）. Policies addressing the tempo effect in low-fertility countries. Population & Development Review，31（4），699-720.

人口出生率影响因素的实证研究
——基于国际数据比较和省级面板数据

❖方建华

【摘　要】本报告通过对全球不同国家1960—2016年经济增长、城镇化率与人口出生率数据比较分析和我国2005—2012年省级面板数据实证分析不同因素对人口出生率的影响。结果表明：(1) 短期内，生育政策对区域人口出生率有一定的影响，但放在更大的宏观区域和更长的时间段来看，生育政策对人口出生率的影响并不大；(2) 大多数国家的人口出生率与该国经济增长是显著强的负相关；(3) 从不同国家城镇化与人口出生率的数据分析表明，城镇化与人口出生率为显著的中等以上负相关；(4) 基于我国省级2005—2012年的面板数据实证分析也表明，城镇妇女受教育年限、地区城镇化率、抚养成本中的居住消费支出、文教消费支出等因素对人口出生率有显著的抑制作用。

【关键词】人口出生率；影响因素；受教育年限；城镇化；抚养成本

【作　者】方建华：九江学院经济与管理学院博士

一、引言

2018年1月，国家统计局公布了我国2017年人口数据，2017年出生人口1723万人，不仅比2016年减少63万，更是比卫计委之前的最低估算还要少300万，这一数据大大低于社会各界的期望和专业机构的预测。数据一出，便引起了社会各界的关注和讨论。为何社会各界都如此看重这一数据？毫不夸张地说，这一数据关乎未来中国的国运民生。我国从 2016 年初开始实行“全面二孩”计划生育政策，考虑生育行为滞后于生育政策的实际因素，2017 年出生人口数据就是这一政策成效的试金石。

出生人口低于预期，使得社会各界都非常关注国家层面的人口出生率问题。近几十年来，随着世界人口形势的变化，学界也加大了对人口出生率的研究，学者们基于不同的理论、运用不同的方法得出许多富有价值的观点，但也不可否认，有些观点似是而非。本报告基于不同国家的比较数据和我国省级面板数据，探讨人口出生率的影响因素。

二、生育政策与生育率

在人们的一般观念里，我国计划生育政策是造成生育率处于极低状态的主要原因，理论界很多研究也支持这一观点（顾宝昌，1987；陈卫，2005）。我国历史生育率数据的变化似乎也能够支持这一观点。新中国成立以来，我国的生育政策为适应国家经济社会发展进行了多次转变。从新中国成立初期的鼓励生育，20 世纪 50 年代中期支持节育，60 年代提倡晚婚，70 年代全面推进计划生育，1982 年定为基本国策，1984 年计划生育政策微调，2002 年“双独二孩”政策推开，2013 年“单独二孩”政策启动，2015 年提出“全面放开二孩”政策。伴随着这些生育政策的变化，我国人口出生率[①]也随之变化（如图 1 所示）。

事实果真如此吗？即计划生育政策是造成我国生育率不断走低的主要原因吗？答案是否定的。如果真是这样，“全面二孩”生育政策实施后的 2016 年、2017 年我国生育率应该是显著提升，但数据不会说谎！

如果对全球近 60 年人口数据的变化分析，我们也可以看出一些端倪。

① 生育率与人口出生率是两个不同的概念，生育率是一段时期内育龄妇女平均生育子女数；人口出生率是某统计单位一段时期内出生人数与平均人口之比。鉴于世界银行只有人口粗出生率数据，本报告用人口出生率来讨论生育率问题。

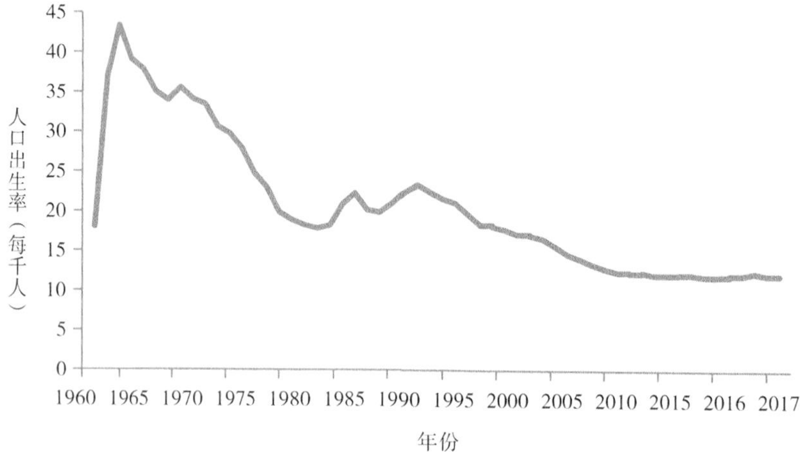

图 1　1960—2017 年中国人口出生率变动趋势

数据来源：世界银行。

全球近 60 年人口出生率变化如图 2 所示。在这期间，除中国、印度等少数国家实行限制性生育政策外，大多数国家是保持自然生育状态，有的国家甚至还是鼓励性生育政策，但全球人口出生率从 60 年代中期却开始一路向下。比较我国人口出生数据（如图 2），短时期内虽然生育政策的变化对人

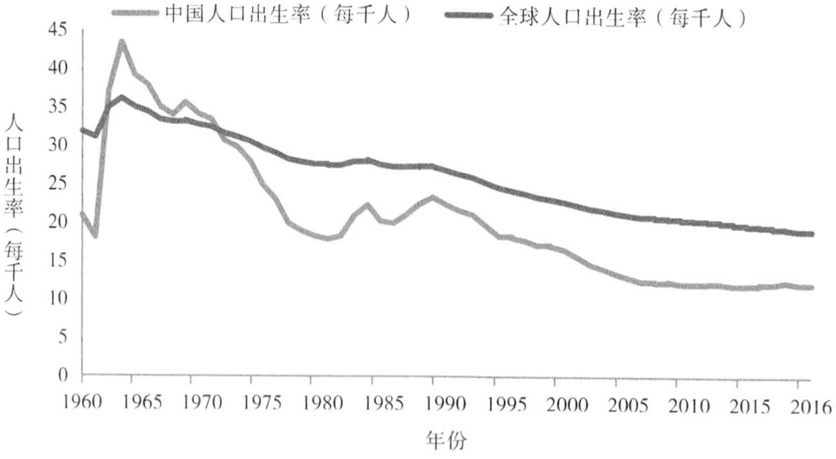

图 2　1960—2016 年中国人口出生率与全球人口出生率比较

数据来源：世界银行。

口出生率有一定的影响，但从全球长时期数据来看，我们可发现生育政策肯定不是人口出生率变化的主要原因。至于是什么影响了人口出生率，需要我们另辟蹊径。

三、经济增长与生育率

什么制约了生育率？其实，随着各国生育率的不断走低，学界早在20世纪60年代就开始关注这个问题并开展相关研究。学者们认为社会经济发展影响了生育率（Easterlin，1985；顾宝昌，1987；李建民，2004；陈卫，2005；张爱婷，2006；尹文耀，2013；陈友华，2015；王国军，2016）。

美国人口学家Easterlin（1985）提出了有关生育的供给与需求分析理论。该理论认为社会经济因素的变动会影响家庭对孩子的供给和需求，从而共同决定着一个家庭的生育水平。顾宝昌（1987）利用省级数据分析得出，社会经济发展和计划生育政策对我国生育率有直接影响。李建民（2004）的研究表明，20世纪90年代我国生育率的下降主要是社会和经济发展的结果。陈卫（2005）的研究认为，不同的时段，社会经济发展和计划生育政策对生育率的影响效果不同，其中70年代计划生育政策起主导作用，80年代计划生育政策与社会经济发展二者作用基本达到平衡，90年代社会经济发展成为主要作用。张爱婷等（2006）、尹文耀等（2013）认为，生育率下降的主要推动力是发展。陈友华等（2015）通过对OECD国家历史数据的研究发现，社会经济发展水平与文化传统是影响和制约生育行为的最为重要的因素之一。王国军等（2016）通过对省级面板数据的分析发现，经济发展等因素对区域人口出生率产生重要影响作用。

通过各国数据我们也可以发现，全球经济增长与人口出生率是显著中等负相关，相关系数为-0.569。全球典型国家经济增长与人口出生率相关系数如表1所示（相关系数计算通过统计软件SPSS19而得）。

通过表1数据，我们可以发现，典型国家中除了少数国家如俄罗斯、利比亚经济增长与人口出生率是正相关外，其他国家都是显著负相关。因此，结合各国数据分析和学者们的实证研究，我们认为，经济增长会抑制生育的观点存在一定的缺陷。这个缺陷的存在为我们寻找其他解释因素提供了可能。

表1　1960—2016年全球和部分国家经济增长与人口出生率相关系数

序号	国家或区域	相关系数	备注
1	全球	−0.569**	
2	中国	−0.647**	
3	美国	−0.792**	
4	日本	−0.946**	
5	印度	−0.916**	
6	俄罗斯	0.915**	经济数据始于1989年
7	英国	−0.726**	
8	德国	−0.816**	经济数据始于1970年
9	新加坡	−0.772**	
10	利比亚	0.353**	经济数据始于1997年

**. 在0.01水平（双侧）上显著相关。

数据来源：根据世界银行数据计算而得。

四、城镇化与生育率

虽然许多实证研究表明经济增长能够抑制人口出生率，大多数国家的数据也表明经济增长与人口出生率是强负相关，但也有例外数据表明，经济增长与人口出生率是正相关。这表明经济增长不是抑制人口出生率的决定因素，从而需要我们从经济增长的现象下发现其他可能的因素。经济发展是怎样影响人口出生率的呢？Easterlin（1985）认为社会经济现代化是通过公共卫生和医疗技术的进步、正规学校教育的普及与提高、人口城市化程度的提高、新商品的引进、家庭计划方案等五个中介因素的实施来影响家庭孩子的供给和需求。但随着现代化的发展，这些因素对孩子的供给和需求会产生正的或负的效应。如卫生条件的改善，使得婴儿存活率增加，但抚养成本的提高使得对孩子需求下降。Becker（1991）认为，随着经济发展，妇女参与劳动会提高生育子女的机会成本，从而降低生育意愿。曾毅（1991）认为人口城镇化不仅是经济发展的需要与必然结果，而且可对控制我国人口增长作出积极贡献。尹文耀等（2013）认为，生育率下降的主要推动力是发展，突出表现为生育旺盛期育龄妇女非农化水平高，处出流动比例大，以及城镇生产、生活方式和文化观念对农业人口的同化作用。

综合上述学者的观点，学者们都普遍提到经济社会发展会通过城镇（市）化进程影响生育率。近些年来，学者们也讨论了城镇化对生育率的影响。果臻等（2012）研究表明，近 30 年来城镇发展使全国总和生育率降低 0. 25，占生育率总体下降幅度的 21%。戈艳霞（2015）考察了城镇化对生育率的影响，发现城镇化对生育率下降不仅存在直接影响而且存在外溢效应。倪国华等（2015）分析了城镇化对育龄妇女生育规划的影响，结果表明，城镇化会使无子女育龄妇女和有子女育龄妇女当期准备要孩子的概率分别下降 5. 43%和 3. 45%。郭凯明等（2016）对城镇化与人口增长的关系研究表明，城乡生育率的差异促使城镇化推动人口增长趋势发生转变。随着城镇化率提高，城镇化对人口增长趋势转变的贡献逐步下降。

通过对各国城镇（市）化率与人口出生率数据比较分析我们也发现，全球城镇（市）化率与人口出生率高度负相关（如图 3 所示）。

同时我们也选取了上述 9 个典型国家的数据进行分析，分析数据如表 2 所示。除了城市化国家新加坡无法计算相关系数外，其中 7 个国家城镇（市）化与人口出生率是显著强负相关，一个国家（英国）为显著中等负相关。需要特别说明的是，我们在分析经济增长与人口出生率关系时，多数国家的经济增长与人口出生率是高度负相关，但俄罗斯和利比亚的数据却显示两者是正相关，从而明显减弱了经济增长抑制人口出生率的解释力。

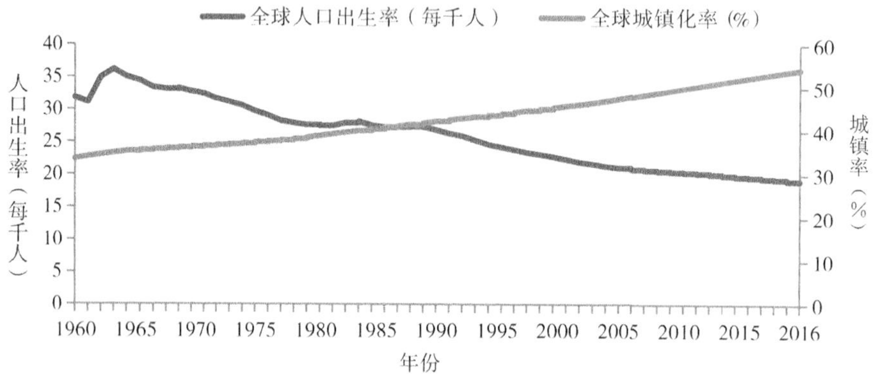

图 3　1960—2016 年全球城镇化与人口出生率变化趋势

数据来源：世界银行。

因此，本报告认为，讨论人口出生率的影响因素，城镇（市）化以及由此带来的其他因素比经济增长解释力更强。

表 2　1960—2016 年不同国家或地区城市化率与人口出生率相关系数

序号	国家或地区	相关系数	备注
1	全球	−0. 590**	
2	中国	−0. 749**	
3	美国	−0. 832**	
4	日本	−0. 803**	
5	印度	−0. 992**	
6	俄罗斯	−0. 755**	
7	英国	−0. 459**	
8	德国	−0. 750**	
9	新加坡	–	新加坡城市率一直为常量 100，无法计算相关系数
10	利比亚	−0. 848**	

**. 在 0. 01 水平（双侧）上显著相关。

数据来源：根据世界银行数据计算而得。

城镇（市）化又是如何影响人口出生率的呢？理论界也有些探索。Becker（1991）认为，随着经济发展，妇女参与劳动会提高生育子女的机会成本，从而降低生育意愿。任远（2017）认为，贝克尔所说的生育的成本效益分析，能够很好地解释当前我国人口低生育率的现象。其中教育成本、抚养成本、家庭养老压力、女性参与劳动等都对生育有挤压作用。

我们认为，我国城镇化对生育率的影响主要通过以下方面来实现。首先，由于我国实施城乡有别的计划生育政策，因而城镇化可以提高城镇人口比例，降低政策允许生育数量，从而降低生育人数；其次，城镇化提升了家庭生育成本（不仅有直接成本，还包含机会成本）和妇女就业机会导致妇女生育意愿减弱，从而降低人口出生率；再次，城镇化带来的工作和生活压力导致家庭生育意愿降低和生育行为减少，从而降低人口出生率；最后，城镇化提升了家庭成员的受教育程度，受教育程度的提高又促使其生活观念改变，包括生育观念的改变，如对生育孩子质量的提升，对生育孩子数量的减少，从而影响人口出生率。

五、城镇化对生育率影响的定量分析

为了定量分析生育率的影响因素，本研究借鉴有关西方生育率理论，结合我国各省的统计数据，采用多元回归分析的方法，探讨城镇化对人口出生率的影响。

（一）有关生育率变动理论

20世纪80年代，美国人口学家伊斯特林（Easterlin）提出了有关生育的供给与需求分析理论。该理论认为社会经济因素的变动会影响家庭对孩子的供给和需求，从而共同决定着一个家庭的生育水平。同时，他还认为社会经济现代化是通过五个中介因素：公共卫生和医疗技术的进步、正规学校教育的普及与提高、人口城市化程度的提高、新商品的引进、家庭计划方案的实施来影响孩子的供给和需求。除此之外，人均收入的增长、妇女在现代化部门就业的增加、家庭结构的变化、政府管理的现代化以及人们观念的变化也会影响生育率。

Becker（1991）运用微观经济学中的消费者需求理论研究家庭生育决策，并提出孩子需求理论。他认为，人们在进行家庭经济决策分析时，会把时间看成稀缺资源，因而时间分配是决策的一项重要内容。家庭成员有关生育的决策，实际上是时间决策。父母们为了从非市场活动时间中获得更多的闲暇时间，就会减少生育孩子的数量。同时，在家庭收入一定的条件下，为了购买和享受较多的消费品，也必须少生育和抚养孩子。另外，由于家庭生育孩子质量与孩子数量有替代关系，从而导致对孩子质量需求的上升，对孩子数量需求的减少。

Bongaarts（2001）根据“意愿-行为”模式提出了生育水平与生育意愿关系的理论。他认为人们的生育意愿到真正生育行为是一个可变的过程，它会受到非意愿生育（Fu）、替补效应（Fr）、性别偏好（Fg）、进度效应（Ft）、不孕效应（Fi）和竞争效应（Fc）等因素的影响。2003年摩根（Morgan）在此基础上构造出总和生育率模型。

我们认为，Easterlin的人口供求理论和Becker的孩子需求理论对研究我国生育率有着重要的借鉴意义。伴随着城镇化的提升以及城镇化带来的生活成本的提升，其正在改变着人们的生育意愿和生育行为。近30年来城镇发展使全国总和生育率降低0.25，占生育率总体下降幅度的21%（果臻，2012）。城镇化会使无子女育龄妇女和有子女育龄妇女当期准备要孩子的概率分别下降5.43%和3.45%（倪国华等，2015）。生育观念、抚养成本等多重因素导致我国家庭正在向家庭规模小型化转变，孩子的潜在增长与需求已然发生明显变化（刘家强等，2015）。

基于人口供求和孩子需求理论，结合我国的实际，在讨论对人口出生率的影响时，我们选取了教育水平、城镇化程度、抚养成本、人均收入等因素作为解释变量。

（二）变量的选取

首先，考虑到面板数据育龄妇女统计数据难以获取，被解释变量选用人口出生率来反映。教育水平选用城镇女性平均受教育年限指标来反映。城市化程度用城镇化率指标来反映。抚养成本是本报告重点关注的变量，由于我国还没有家庭孩子抚养成本的统计数据，而与抚养成本有关的统计数据有食品消费、服装消费、居住消费、教育消费支出等消费支出项目。因此，本报告抚养成本选用了上述城镇居民消费支出指标来反映。人均收入用城镇居民人均可支配收入反映。

（三）模型设定和数据来源

采用计量回归方法检验各影响因素对人口出生率的影响。首先构建回归方程，假设人口出生率计量方程为：

$$y_{it}=\alpha+\beta X_{it}+V_i+\varepsilon_{it} \tag{1}$$

上式中，y 表示被解释变量人口出生率，i 表示省份，t 代表年份，α 为截距中的常数项，β 是解释变量的回归系数，V 和 ε 分别表示不随时间变化和随时间变化的、未观察到的其他潜在影响因素。具体而言，各解释变量主要包括：（1）反映教育水平的城镇女性平均受教育年限（x1）；（2）反映城市化程度的城镇化率（x2）；（3）反映抚养成本的指标：城镇居民食品消费支出（x3）、城镇居民服装消费支出（x4）、城镇居民居住消费支出（x5）、城镇居民文教与娱乐消费支出（x6）；（4）反映人均收入水平的城镇居民人均可支配收入（x7）。

鉴于数据可获取性，《中国统计年鉴》从 2005 年才开始有单独的城镇人口数据，而 2013 年我国开始实行新的城乡居民人民生活指标统计口径，因此本报告实证所用的数据为全国 29 个省（自治区、直辖市）（西藏、新疆除外）2005—2012 年共 8 年的年度数据。数据主要来源于《中国统计年鉴》。数据时间跨度 8 年，横截面单位为我国 29 个省、自治区和直辖市的平衡面板数据。实证分析使用的软件是 Stata12。变量数据描述性统计分析如表 3 所示。

表 3　变量数据描述性统计表　　单位：元、%

指标	变量	均值	标准差	最小值	最大值
人口出生率	y	11.06	2.48	5.71	15.93
受教育年限	x1	8.15	1.05	5.83	11.7
城镇化率	x2	0.5	0.14	0.27	0.89
人均食品支出	x3	4223.84	1411.27	2056.8	9655.6
人均服装支出	x4	1240.74	435.95	309.5	2730.2
人均居住支出	x5	1126.5	335.17	543.1	2225.7
人均文教支出	x6	1422.87	613.91	652	3746.4
可支配收入	x7	16200.75	6118.37	8057.9	40188.3

数据模型的选择。运用 F 检验固定效应模型是否优于混合回归；运用 LM 统计量检验随机效应模型是否优于混合回归；运用豪斯曼（Hausman）检验来确定固定效应是否优于随机效应模型，进而选取适合的模型进行回归分析。

固定效应模型 F 检验 P 值为 0.0000，故强烈拒绝原假设，即认为固定效应模型优于混合回归，进一步通过 LSDV 法来考察，大多数个体虚拟变量均显著（P 值为 0.000），即存在个体效应，不应该使用混合回归。运用 LM 检验，对混合回归和随机效应进行了比较，LM 检验 P 为 0.0000，故强烈拒绝“不存在个体随机效应”的原假设，故在“随机效应”和“混合回归”二者之间，应该选择“随机效应”。豪斯曼检验 P 值为 0.1963，故接受原假设“随机效应是正确模型”，即随机效应要优于固定效应。

（四）结果及分析

模型估计结果（见表 4）显示，妇女受教育年限（即变量 x1）对人口出生率的影响方向是确定的。除模型 2 外，其他各个模型中，妇女受教育年限的提高都会显著降低人口出生率，这与其他研究结果比较一致，且也与我们现实中接收的信息比较吻合，高学历女性更不愿意生孩子。说明妇女受教育年限确实是导致生育率低的重要因素。

表 4　各影响因素与人口出生率分析结果汇总（2005—2012 年数据）

解释变量	模型 1	模型 2	模型 3	模型 4	模型 5	模型 6	模型 7
x1	-.26***	-.16	-.82***	-.73***	-.73***	-.68***	-.73***
	(-3.16)	(-0.94)	(-3.89)	(-3.39)	(-3.37)	(-3.22)	(-3.51)
x2		-1.47	-3.33	-3.76*	-3.91*	-3.24	-3.40*
		(-0.65)	(-1.51)	(-1.74)	(-1.83)	(-1.52)	(-1.65)
x3			.0003***	.0005***	.0005***	.0007***	.0003*
			(4.91)	(4.63)	(4.69)	(5.56)	(1.70)
x4				.0005 *	-.0004	-.0003	-.0007**
				(-1.67)	(-1.46)	(-1.13)	(-2.07)
x5					-.0002	-0.0001	-.0006**
					(-0.91)	(-0.58)	(-2.20)
x6						-.001***	-.001***
						(-3.19)	(-3.49)
x7							.0001***
							(2.90)
常数项	13.19***	13.11***	17.80***	17.35***	17.48***	17.19***	18.08***
	(17.4)	(17.14)	(14.74)	(13.95)	(14.14)	(14.07)	(14.85)
Wald 统计量	10.01	10.24	34.95	40.76	43.46	53.40	66.38

*、** 和 *** 分别表示在 10%、5%和 1%的水平上显著，括号内为相应的 z 值。

城镇化的影响。城镇化率（x2）对人口出生率的影响方向也是确定的。不同的模型中，城镇化率的提升都会导致人口出生率的进一步降低，这与上述全球数据分析的结论一致。这说明城镇化水平确实反向影响人口出生率。

抚养成本的影响。各个模型中，食品消费支出（x3）对人口出生率的影响方向一致，且有显著意义，但对人口出生率是起提升作用的，即食品消费支出的增加有利于提升人口出生率，这显然与理论和现实不符，从其回归系数来看，都非常小。服装消费支出（x4）对人口出生率的影响方向不一致，其中模型 4 为正，模型 5、模型 6、模型 7 为负，说明服装消费支出对抑制人口出生有影响。但回归系数非常小，说明抑制影响作用不大。各个模型中，居住消费支出（x5）对人口出生率影响方向一致，回归系数为负，说明该变量对人口出生率有抑制作用。模型中，文教消费支出（x6）回归系数一致为负，说明教育成本对人口出生率有抑制作用。

收入的影响。模型中，人均可支配收入（x7）对被解释变量回归系数为正且显著，说明收入的提升可以提高人口出生率。

六、结论与启示

个体生育行为的影响因素是异常复杂的，不同影响因素对人口出生率的影响可能是直接的，也可能以间接方式存在。本报告在生育政策调整并实施的背景下，通过对全球1960—2016年经济增长、城镇化率数据比较分析和我国2005—2012年省级面板数据实证分析不同因素对人口出生率的影响。通过对全球不同国家数据对比分析发现：（1）短期内，生育政策对地区人口出生率有一定的影响，但放在更大的宏观区域和更长时间段来看，生育政策对人口出生率的影响并不大；（2）大多数国家的人口出生率与该国经济增长是显著的强的负相关，众多经济增长与人口出生率的实证研究也表明，经济增长对人口出生率有抑制作用，但也有少数国家经济增长与人口出生率数据表明，经济增长与人口出生率是正相关的，如俄罗斯、利比亚等，因而，经济增长能够抑制人口出生率的观点有待质疑，需要考虑新的因素进入；（3）从不同国际城镇化与人口出生率的数据分析表明，分析样本中所有国家的城镇化与人口出生率都是显著的中等以上的负相关。基于我国省级2005—2012年的面板数据实证分析也表明，城镇妇女受教育年限、地区城镇化率、抚养成本中的居住消费支出、文教消费支出等因素对人口出生率有显著的抑制作用。

城镇化是当前经济社会发展的必然趋势，随着我国城镇化水平的进一步提高，其对人口出生率的抑制作用将长期存在。另一方面，妇女受教育程度也在逐年提高，其对我国人口出生率影响的长期趋势不会改变。换而言之，在现有的条件下，如果没有其他因素的介入，伴随着城镇化和妇女受教育程度的提升，我国人口出生率向下的趋势不会改变。因而，为了减缓城镇化水平提高、妇女受教育年限提升和城镇化带来的抚养成本提升对我国人口出生率的不利影响，改变我国生育率极低的状况，借鉴其他国家的经验（如俄罗斯近些年在该国城镇化水平几乎不变的情况下，出台了鼓励生育政策，该国人口出生率也马上调头向上），我们建议政府应该：（1）取消生育的限制；（2）尽快出台鼓励生育的政策；（3）通过采取多种措施减轻家庭在教育、居住等方面的抚养成本。通过政府在人口工作上的积极作为，或许可以减缓因人口出生率低带来的人口年龄结构老化、性别结构上男女失衡等人口问题。

参考文献

1. 陈卫，史梅．中国妇女生育率影响因素再研究——伊斯特林模型的实证分析［J］．中国人口科学，2002（02）：49-53.

2. 陈卫．“发展—计划生育—生育率”的动态关系：中国省级数据再考察［J］．人口研究，2005（01）：2-10.

3. 陈友华，苗国．低生育率陷阱：概念、OECD和“金砖四国”经验与相关问题探讨［J］．人口与发展，2015，21（06）：7-18.

4. 顾宝昌．论社会经济发展和计划生育在我国生育率下降中的作用［J］．中国人口科学，1987（02）：2-11.

5. 戈艳霞．中国的城镇化如何影响生育率？——基于空间面板数据模型的研究［J］．人口学刊，2015，37（03）：88-101.

6. 郭志刚．中国的低生育水平及其影响因素［J］．人口研究，2008（04）：1-12.

7. 果臻，吴正，李树茁．中国城镇化发展对生育水平的影响研究［J］．人口与经济，2013（04）：53-62.

8. 郭凯明，余靖雯．城镇化过程中人口增长趋势转变与人口政策［J］．金融研究，2016（04）：17-33.

9. 李建民．生育理性和生育决策与我国低生育水平稳定机制的转变［J］．人口研究，2004（06）：2-18.

10. 李建新，彭云亮．我国实际低生育水平的影响因素分析——邦戈茨低生育率模型应用［J］．人口与经济，2012（04）：13-20.

11. 刘家强，唐代盛．“普遍两孩”生育政策的调整依据、政策效应和实施策略［J］．人口研究，2015，39（06）：3-12.

12. 蒙克．“就业—生育”关系转变和双薪型家庭政策的兴起——从发达国家经验看我国“二孩”时代家庭政策［J］．社会学研究，2017，32（05）：218-241+246.

13. 倪国华，蔡昉．膨胀还是坍塌：城镇化对育龄妇女生育规划的影响研究［J］．中国软科学，2015（06）：45-55.

14. 任远．定位和定向：我国生育政策未来［J］．探索与争鸣，2017（07）：77-80.

15. 王国军，王广州．中国低生育水平下的生育意愿与生育行为差异研究［J］．人口学刊，2016，38（02）：5-17.

16. 尹文耀，姚引妹，李芬．生育水平评估与生育政策调整——基于中国大陆分省生育水平现状的分析［J］．中国社会科学，2013（06）：109-128+206-207.

17. 曾毅．人口城镇化对我国人口发展的影响［J］．人口学刊，1991（02）：3-8.

18. 张爱婷，杜跃平．非政策因素对我国生育率影响的量化分析［J］．人口学刊，2006（02）：3-7.

19. Becker，Gary S. A Treaties on The Family. Cambridge，MA：Harvard University Press，1991.

20. Richard Easterlin and Eileen M. Crimmins ，The Fertility Revolution：A Supply-Demand Analysis. University of Chicago Press，1985.

21. Bongaarts，J. Fertility and Reproductive Preferences in Post-transitional Societies［J］. Population and Development Review，2001，28.

青海人口的发展特征分析

❖张周平

【摘　要】本报告基于2000年、2010年人口普查汇总资料数据和2015年1%人口抽样调查数据，从地区分布、年龄结构、教育水平、就业分布分析青海的人口发展情况，重点分析了汉、藏、回、土、蒙古、撒拉6个主要民族的人口现状及变化特征。分析发现，改革开放以来，青海各民族在国家区域和民族政策的扶持下均取得了明显的发展，但无论是在教育水平还是就业分布方面，青海与全国、青海各少数民族与汉族均存在较大差异，民族人口发展的不平衡问题仍然存在。研究认为可以将提高少数民族人口高等教育水平作为突破口，促进少数民族人口流动，逐步优化少数民族人口就业分布，从而促进青海各民族共同繁荣与融合发展。

【关键词】青海；人口；民族；发展特征

【作　者】张周平：农工党青海省委主任委员

一、引言

青海地处我国西部，2017年常住人口只有598.38万人，是一个地广人稀的省份。相比其他省份，青海的经济总量小、人口密度低，经济社会发展水平较为滞后。青海作为一个多民族、宗教文化浓厚的省份，辖内有藏、回、土、蒙古和撒拉等43个少数民族，并且扼守青藏线、兰新二线等交通要道，与之接壤的甘肃、四川、西藏、新疆也都为少数民族和宗教文化集聚区。青海的人口发展状况关系到西部地区乃至全国的稳定发展以及各民族的共同繁荣。因此，在全面深化改革的背景下，有必要深入分析青海现阶段的人口尤其是民族人口的发展基本状况及变化趋势。本报告基于第五、六次人口普查数据及其他数据，从动态结构的视角对青海人口及各主要民族人口现状及变化趋势进行多方面的分析，并重点分析各民族人口素质及民族间差异。

2015 年全国 1%人口抽样调查显示，青海省内的汉、藏、回、土、蒙古、撒拉族的人口数分别为 307.26 万、148.28 万、86.85 万、20.84 万、10.59 万、11.34 万，合计 585.16 万人，占青海总人口的 99.58%，构成了青海人口的绝对主体。在少数民族中，藏、回、土、蒙古、撒拉族人口占青海少数民族人口的比例分别是 52.89%、30.98%、7.43%、3.78%、4.05%，合计比例为 99.13%，成为青海少数民族人口的主体。因此，在分析青海民族人口特征时，本报告主要分析汉族及藏、回、土、蒙古、撒拉族共六个民族的人口现状、变化特征、人口素质差异。

二、青海人口总量及增长情况

《青海省统计年鉴》数据显示，青海 2016 年的常住人口为 598.38 万人，其中汉族人口 315.24 万人，少数民族人口 283.14 万人。同 2010 年第六次全国人口普查相比，青海总人口增加了 35.71 万人，增长 6.35%，其中：汉族人口增加了 16.89 万人，增长 5.66%；少数民族人口增加了 18.82 万人，增长 7.12%。青海总人口呈不断增长趋势，且汉族人口增速低于少数民族人口增速。

从人口流动看，青海的人口流动率自 20 世纪 70 年代以来呈下降趋势。改革开放前，受国家宏观调控、支援三线建设及部分援建人员返乡等因素影响，青海的人口迁入率和迁出率均保持在较高水平，1970 年分别达到 5.45%和 4.72%。改革开放后，人员流动基本受市场因素主导，青海的人口迁入率和迁出率基本保持平衡，人口机械增长率非常低，在 2008 年前机械增长率一直为负值（见图 1），说明青海人口增长主要依赖自然增长。

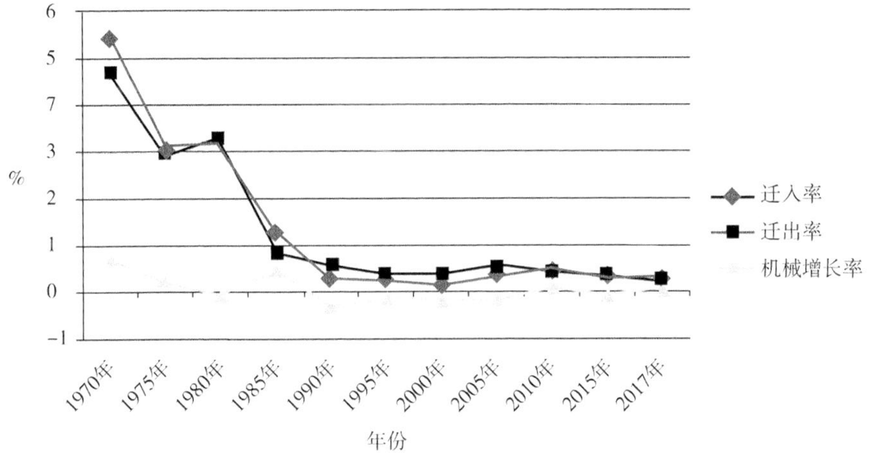

图1　青海主要年份人口迁入率、迁出率、机械增长率

从人口出生率、死亡率的变化趋势来看，20世纪80年代以来，青海人口的出生率总体上呈下降趋势，并在近年来保持相对稳定，而死亡率曲线则相对平缓且低于出生率，由此导致青海人口保持自然增长（见图2）。改革开放以来，青海人口的出生率先后经历了80年代初期和中期的快速下降，再到80年代后期的反弹，并在1990年达到了高峰值，在此之后出生率缓慢下降，并在2000年后逐渐保持稳定。从具体数值上也可大体看出这一变化：出生率从1970年的40.06‰下降到1985年的14.24‰，继而回升到1990年的24.34‰，其后开始了持续下降，2000年下降至19.25‰，之后青海人口出生率下降速度减缓，基本在15‰左右徘徊。与此同时，青海死亡率处于较低水平且变化幅度较小，近十年来一直保持在6‰左右。因此，青海人口的自然增长率也一直在9‰左右，人口再生产已由高出生率、低死亡率、高自然增长率转变为低出生率、低死亡率、低自然增长率模式。

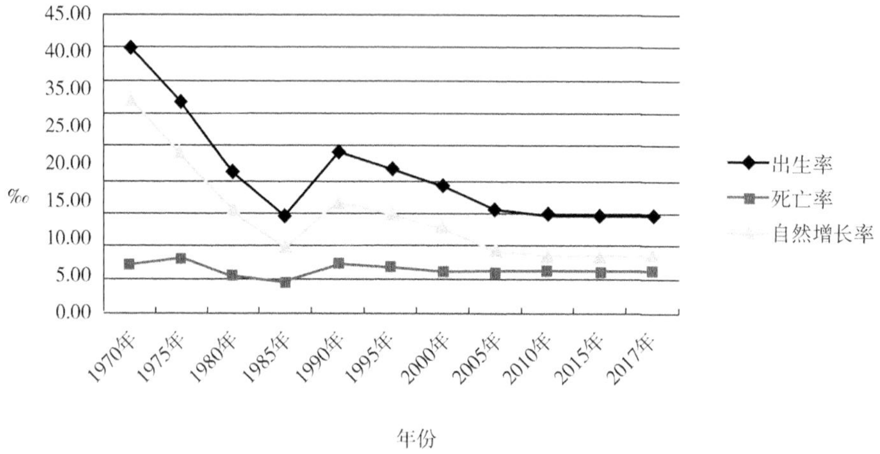

图2　青海主要年份人口出生率、死亡率、自然增长率

三、青海人口的地区分布

1. 青海人口的总体分布情况

2015 年，青海人口主要分布在西宁市和海东市，两市合计人口占总人口的比例达 63%。其中，西宁市人口占比为 38.59%，与 2000 年水平持平；海东市人口占比为 24.19%，较 2000 年下降 5 个百分点。其他各州人口占比均未超过 10%，其中，海西州人口占比为 9.77%，成为全省人口总数排名第三的地区，而果洛州人口占比最低，仅为 3.33%。青海人口分布呈现明显的地域特点，除海东市外，各地区人口规模相对较为稳定。

2. 主要民族人口地区分布

从地区分布来看，不同民族的分布差异显著。如表 1 所示，汉族和回族 75%以上人口分布在西宁市和海东市，少量分布在海北、海南和海西三州；藏族主要分布在黄南、海南、玉树、果洛四州，在四州的人口比例达 75%，少量分布在其他地区；蒙古族主要分布在黄南和海西两州，少量分布在西宁市、海北州及海东市；土族 80%以上人口分布在海东和西宁，超过一半以上人口居住在海东市互助县；撒拉族人口则更为集中，超过 88%

的人口分布在海东，以循化撒拉族自治县为核心集聚地。

表 1　青海各主要民族人口的地区分布　　单位：%

地区	汉族		藏族		回族		土族		蒙古族		撒拉族	
	2000年	2015年	2000年	2015年	2000年	2015年	2000年	2015年	2000年	2015年	2000年	2015年
西宁	52.3	54.7	8.9	7.1	40.0	43.9	25.9	29.5	12.4	11.6	4.3	7.1
海东	30.4	25.9	12.3	7.9	38.2	31.6	60.0	55.2	8.1	5.8	86.7	88.1
海北	3.6	2.8	5.9	5.1	10.4	10.9	4.2	1.5	15.3	10.5	1.0	0.8
黄南	0.6	0.7	13.1	13.8	2.1	1.9	4.4	6.4	33.1	35.4	1.7	0.8
海南	4.0	2.9	22.1	22.7	3.4	4.2	2.0	1.7	3.1	4.5	1.4	0.9
果洛	0.3	0.3	11.3	12.5	0.2	0.3	0.2	0.1	0.1	0.1	0.4	0.1
玉树	0.2	0.1	22.9	26.3	0.1	0.1	0.1	0.0	0.0	0.0	0.4	0.2
海西	8.6	7.9	3.7	4.7	5.6	7.0	3.2	5.6	27.8	32.1	4.2	2.0

研究表明，少数民族人口从相对落后的民族聚集地区流入发达地区有利于自身条件的改善，也会在一定程度上促进民族间的融合与发展。但从2000年和2015年的比较来看，青海少数民族人口流动性并不强，会对民族间融合发展产生一定的不利影响。

四、青海的人口年龄结构

1. 青海总体人口年龄结构

根据2015年全国1%人口抽样调查数据，青海0~14岁人口比例为19.9%，比重较2000年第五次普查下降6.72个百分点；65岁及其以上人口比例为7.37%，较第五次普查上升了3.04个百分点；老少比为37.04。按照国际通用的对人口年龄结构的界定，青海的人口年龄结构大体上为老年型。如图3所示，青海1990—2015年人口金字塔形状的变化也直观地表明了青海人口渐趋老龄化的过程：塔底的低龄组人口比例明显减少，并持续收缩，而与此同时，塔顶的高龄组人口比重在逐渐增加。

从图 3 也可以看出，2015 年人口比例最大的年龄段为 40~54 岁，该部分人口占青海总人口的 26. 18%，将在 20 年内陆续成为老年人口，届时将对青海省养老能力带来更大挑战和压力。

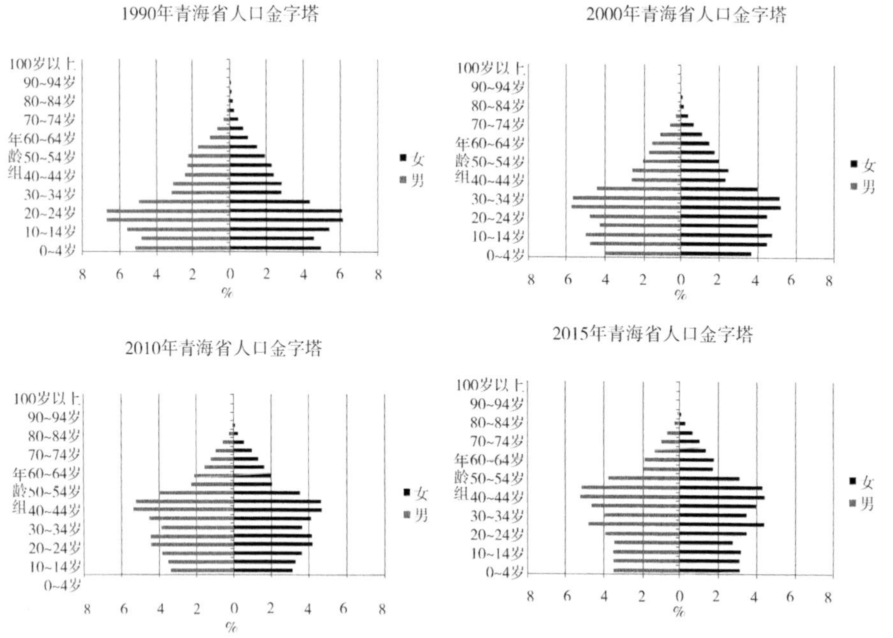

图 3　1990—2015 年青海省人口金字塔

与全国相比，青海人口的老龄化程度相对较低。2015 年，全国 0~14 岁少年人口比例为 16. 52%，比青海低 3. 38 个百分点；65 岁及其以上的老年人口比例为 10. 47%，高出青海 3. 1 个百分点；老少比为 63. 38%，高出青海 26. 34 个百分点，青海老龄化程度较全国水平低，短期内对青海社会经济的发展影响相对较小。

2. 主要民族人口年龄结构

在青海各主要民族中，青海汉族的老龄化现象尤为严重。2015 年，65 岁及以上老年人口所占比例为 10. 69%，与此同时，低年龄组人口的比例相对较低，0~14 岁少年儿童人口占比仅为 14. 92%，老少比高达 71. 3%，已步入老年型年龄结构，汉族人口金字塔塔底收缩现象非常明显。

相较于汉族，青海少数民族的人口年龄结构相对年轻。2015 年，0~14 岁少年儿童人口所占比例维持在 20%~26%的水平，而 65 岁人口的比例保持在 6%~7%，金字塔形状也呈现典型的塔顶尖、塔底宽特点。其中：藏族和撒拉族老年人口占比 5.79%，少年儿童占比 29.2%，老少比 19.8%，上述两个少数民族属于刚步入成年型年龄结构，为全省各民族中最年轻人口。

与此同时，少数民族人口也有明显的老龄化趋势，少年儿童的比例从 2000 年的 30%~34%下降至 2015 年的 22%~26%，而老年人口比例从 2000 年的 3%~5%上升至 2015 年的 6%~7%，老少比也从 2000 年的 12%~14%增长至 2010 年的 19%~24%。当前青海各少数民族人口类型虽已经由快速增长型转向了稳定增长型，并呈现老龄化趋势。但与青海汉族人口相比，少数民族人口增长潜力更大。

3. 各地区年龄结构

分地区来看，青海省各地区间年龄结构差异也较大（见表 2）。65 岁及以上老年人口比例最高的地区是西宁市和海东市，占比分别为 7.95%和 8.31%，老少比分别为 47.08%和 39.36%，老龄化程度为全省最高。0~14 岁少年儿童人口比例最低的地区为海西、西宁和海北，比例均未超过 20%，但由于海西老年人口比例为全省最低，其老少比在全省位于中等水平。老龄化程度最低的地区为果洛和玉树，老少比分别为 18.17%和 21.55%，按照国际通用的对人口年龄结构的界定，上述两地区属于年轻型人口年龄结构。

表 2　青海省 2015 年各地区年龄结构　　单位：%

地区	少年儿童人口比例（0~14 岁）	老年人口比例（65 岁及以上）	老少比
全省	19.89	7.37	37.04
西宁	16.88	7.95	47.08
海东	21.11	8.31	39.36

续表

地区	少年儿童人口比例（0~14岁）	老年人口比例（65岁及以上）	老少比
海北	19.38	5.91	30.49
黄南	24.73	6.42	25.97
海南	23.96	5.94	24.77
果洛	28.96	5.26	18.17
玉树	29.66	6.39	21.55
海西	15.37	3.69	24.03

五、青海人口教育水平

1. 青海人口总体受教育水平

2015年1%人口抽样调查数据显示，青海6岁以上人口中，小学及以下学历人口占比为51.74%，比2000年下降近10个百分点；初高中学历人口占比为37.81%，比2000年上升4.5个百分点；大专及以上学历人口占比为10.45%，比2000年上升7个百分点。低层次文化人口比重降低，而高层次文化人口比重上升，青海人口总体受教育水平逐渐上升（见图4）。

与全国相比，青海小学及以下学历人口比例较全国比例高出近20个百分点，其中：从未上过学人口占比近17%，比全国高出11个百分点；初高中学历人口比例比全国低17个百分点，大专及以上学历人口比例比全国低3个百分点。

与西北其他四省相比，青海小学及以下低层次文化人口占比仍为五省中最高，比第二高的甘肃省高10个百分点，而比低层次文化人口占比最低的陕西省要高23个百分点；而高层次文化人口占比为五省中最低，比最高的陕西省低7个百分点，比倒数第二的甘肃省低2个百分点。综合来看，青海省人口受教育水平与全国以及西北其他四省水平差距明显（见图5），

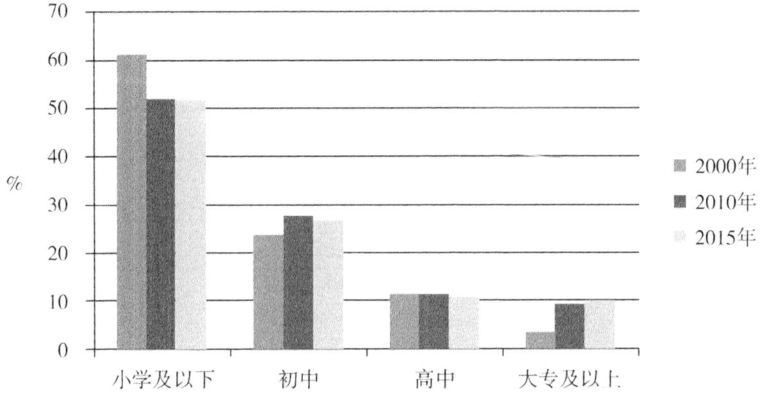

图 4　2000—2015 年青海人口受教育水平变动图

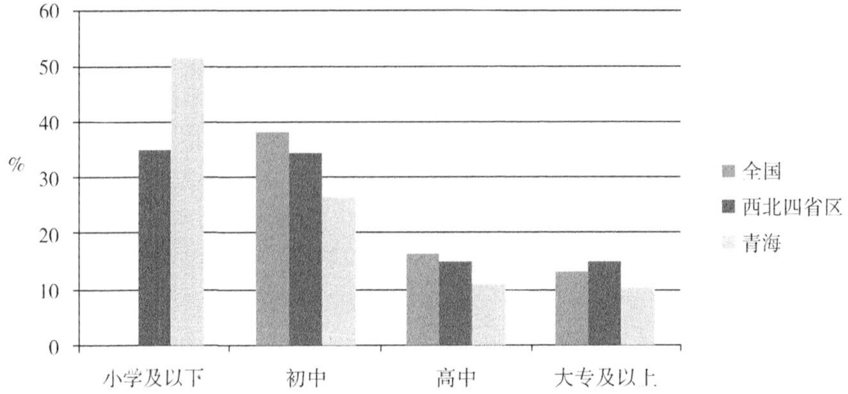

图 5　2015 年全国、西北四省区与青海人口受教育水平对比图

仍需要加大教育资源投入力度，以提高人口受教育水平。

2. 主要民族受教育水平差异

分民族来看，青海汉族人口的受教育水平较高，而少数民族人口受教育水平相对较低。具体表现在两方面：一是高层次教育水平（大专及其以上）的占比，2015 年青海汉族大专及以上学历人口占比为 14%，比全国水平略高；而少数民族中，只有蒙古族大专及以上人口占比达到 12.8%，基本与全国平均水平持平，其他少数民族高层次教育水平人口占比均在 8%以下；其中：回族和撒拉族高层次文化人口占比均在 5%以下，远低于全省均值。二是低层次教育水平（小学及以下）的占比，2015 年青海汉族人口中，小学及以下教育水平人口占比为 36%，与全国水平基本持平；少数民族人口中，小学及以下教育水平人口占比均超过 50%，其中：藏族和撒拉族低层次教育水平人口占比均达到 75%，回族和蒙古族低层次教育水平人口占比达到 60%。综上可知，青海蒙古族、土族的整体教育水平略高于藏、回和撒拉族。但纵向来看，无论是青海汉族还是少数民族，受教育水平均呈上升趋势（见图 6）。

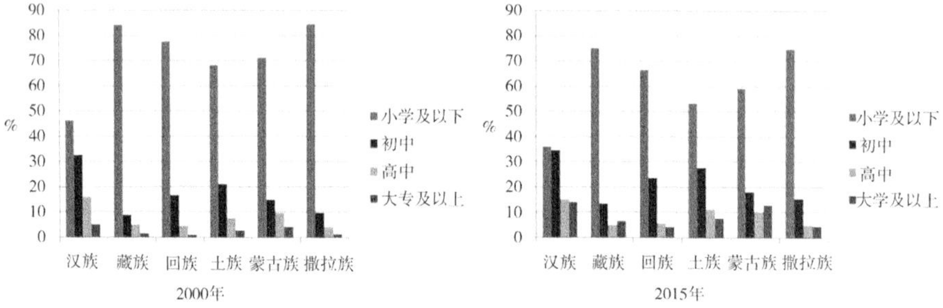

图 6　2000 年、2015 年青海主要民族受教育状况

如选择每万人拥有的大学生数来代表民族人口的高等教育水平，2015 年全省每万人拥有大学生人数为 1045 人，比 2000 年增加了 679 人，增幅为 185.5%。与前述分析一致，汉族和蒙古族每万人大学生数最多，回、藏、撒拉三个民族每万人大学生数最少，但上述三个民族每万人大学生增加幅度为各民族中最高，均超过 200%（见表 3）。

表 3　青海各民族人口每万人拥有大学生数变动表　　单位：人

民族	2000 年			2015 年			增加		
	合计	男	女	合计	男	女	合计	男	女
总计	366	222	144	1045	565	480	679	343	336
汉族	507	306	201	1412	768	644	904	462	442
藏族	187	119	68	654	358	295	468	240	228

续表

民族	2000年			2015年			增加		
	合计	男	女	合计	男	女	合计	男	女
回族	124	75	49	440	221	219	317	146	171
土族	299	189	110	761	407	354	463	219	244
蒙古族	422	233	189	1286	615	671	863	382	481
撒拉族	148	108	40	456	258	198	307	150	157

从性别差异的角度来分析，各民族女性受教育水平明显低于男性。2015年全省女性小学及以下文化程度人口占比为58%，比男性占比高12个百分点。其中，汉族女性中低层次文化人口占比最低，为42%；撒拉族、藏族及回族女性低层次文化人口占比最高，分别为82%、78%和72%；而蒙古族女性与男性低层次文化人口占比差距最小。从每万人拥有大学生数也可以看出，女性大学生数明显低于男性，女性高层次教育水平与男性也存在差距。但同时，女性每万人拥有大学生人数的提高数量及幅度高于男性，性别差异呈缩小趋势，体现出在教育方面，男性与女性平等地位的推进工作取得了一定的成绩。需要指出的是，蒙古族人口每万人拥有女性大学生数高于男性，说明蒙古族人口女性的高等教育水平反而高于男性。

3. 各地区受教育水平差异

分地区来看，2015年低层次受教育人口占比最低的为西宁、海西和海东，分别为36%、39%和59%，最高的玉树、果洛和黄南占比分别为83%、74%和71%，均超过70%。高层次受教育人口占比最高为西宁、海西和黄南，分别为15%、12%和10%，最低的玉树和海东占比分别为4.29%和5.84%（见图9）。综上可知，青海省内各地区间受教育水平差异较为明显，西宁市和海西州为省内受教育水平最高的地区，而玉树和果洛的受教育水平最低。

地区间受教育水平的差异在一定程度上与民族间差异相关。汉族主要

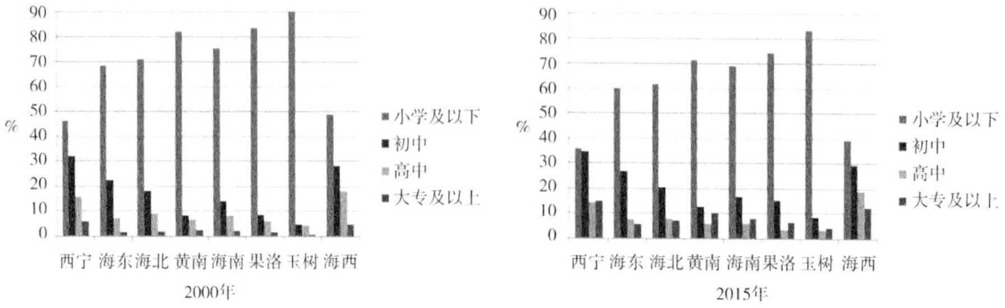

图 7　2000 年、2015 年青海各地区受教育状况

分布在西宁和海东，蒙古族主要分布在海西和黄南，两个民族的高教育水平拉动了该地的教育水平；而受教育程度较低的藏族和撒拉族主要分布在玉树、果洛、黄南、海南及海东市循化、化隆两县，使得上述地区的教育水平低于其他地区。

六、青海人口行业结构

1. 总体人口行业结构

2015 年青海就业人口主要集中在农林牧渔第一产业，所占比重接近 45%，比 2000 年下降了 28 个百分点；其次是第三产业，占比为 36.34%，其中：从事计算机软件业、金融业、科学研究、公共设施管理、教育、卫生等高技术行业的人口占第三产业总人口的比重不足 50%；最后是制造业等第二产业，占比仅为 19.8%。由此可知，青海第一产业负载的就业人口过多，而第二、第三产业就业比重相对较低，未能较好地发挥其强有力的吸纳劳动力的积极作用。

2. 主要地区人口行业结构

2015 年，青海省地区间各产业从业人员占比差异明显（见表 4）。农、林、牧、渔第一产业从业人口占比最高的地区为藏族人口聚集的玉树州和果洛州，占比分别达到 91% 和 82%，主要是由于辖内藏族人口大多以放牧为生；其第二产业从业人口占比均不足 2%，与全省平均水平存在较大差距。第一产业从业人口占比最低的地区是西宁市，占比仅为26%，比全省水平低约18个百分点，西宁市第三产业从业人口占比达到52%，是全省第三产业从业人口占比最高地区。值得注意的是，海西州的从业人口在第一、二、三产业当中分布较为均匀，且其第二产业从业人口占比约达40%，是全省最高水平，主要原因是海西州辖内矿产资源丰富，其采矿业和制造业从业人员远高于省内其他地区。

表4 青海各地区人口行业分布 单位:%

地区	2000年			2015年		
	第一产业	第二产业	第三产业	第一产业	第二产业	第三产业
全省	72.48	9.54	17.99	43.87	19.79	36.34
西宁	58.65	15.02	26.33	26.25	21.79	51.96
海东	87.60	4.45	7.95	58.90	18.21	22.89
海北	80.93	5.83	13.25	58.25	9.69	32.06
黄南	81.64	5.22	13.14	64.99	19.15	15.86
海南	79.53	5.65	14.82	60.34	10.48	29.18
果洛	79.74	2.86	17.40	81.84	0.61	17.55
玉树	84.78	1.61	13.61	91.04	1.95	7.01
海西	44.65	21.70	33.65	37.04	39.10	23.86

可见，青海少数民族受地理、受教育水平等因素制约，人口在行业分布中更多地集中在农林牧渔第一产业或第三产业中技术水平较低的行业，而相对高阶层的就业人员如技术人员构成偏低。

以往分析发现，受教育程度尤其是高等教育程度与职业的分布、收入的高低有很大的关联性。而青海人口受教育程度较低，特别是省内的藏、回、撒拉三个民族人口高等教育程度远远低于全国和全省平均水平。在当今中国产业结构不断升级、供给侧结构改革持续推进的过程中并不具备竞争优势，甚至随着市场化程度的加深，这一差异会表现得更加明显，进而在客观上影响民族间关系的融合发展。

七、结论与思考

本报告基于第五、六次人口普查数据和2015年1%人口抽样调查数据，分析了青海省人口现状，重点分析了汉、藏、回、土、蒙古及撒拉六个主要民族的人口发展现状及差异，包括地区分布、人口总量、年龄结构、教育结构、行业和职业结构等多个方面。研究发现：

1. 青海人口的出生率和死亡率均大幅下降，总人口增速逐渐放缓。青海作为内陆省份，对人口的吸引力持续降低，近年来人口迁入率和迁出率均保持在较低水平，人口机械增长率几乎为零，人口增长主要依靠自然增长率。青海各民族人口在地区分布上存在明显的差异，且人口流动性较弱。

2. 青海已进入老年型社会，在未来20年，青海老龄化程度会迅速加剧，将对养老体系建设和服务能力带来更大压力。具体而言，汉族老龄化程度较高，人口金字塔呈明显的收缩趋势，低年龄组所占比重急剧下降，少子老龄化的特征明显，为典型的缩减型人口再生产类型；而少数民族年龄结构较为年轻，均为成年型人口再生产类型，人口保持稳定增长的潜力更大，这得益于国家优惠的民族生育政策。

3. 青海人口的总体受教育水平与2000年相比有了明显提升，但与全国以及西北四省份相比，仍处于落后水平。分民族看，青海汉族和蒙古族教育水平相对较高，而藏、回和撒拉三个民族教育水平较低。分地区看，西宁市和海西州教育水平最高，而玉树、果洛、海南、海东等市州教育水平最低，这在一定程度上与民族分布及其教育水平相关。分性别看，青海女性受教育水平与男性存在较大的差距，但这一差距在逐渐缩小。

4. 青海从事第一产业的人口比重较高，这在一定程度上说明，青海社会经济的发展以及产业结构的调整升级仍处于落后地位。其中：西宁市就业人口主要集中在第二、三产业，在第一产业就业人口比重相对较低。而少数民族聚居的玉树、果洛、黄南等地区就业人口仍高度集中于农林牧渔第一产业，从事高技术水平行业的就业人口比例低，人口的行业分布与教育水平存在关联性。

由此，我们发现，在政府长久以来实施的少数民族优惠政策，使青海少数民族地区人口发展取得了一定的进步，包括人口总量不断增加、人口年龄结构趋于合理、人口教育水平和社会经济地位不断提升等。但同时也不能忽略，少数民族地区人口的发展与青海乃至全国平均水平仍有一定的差距。少数民族群体主要聚居在交通不便、经济落后的偏远地区，高等教育水平相对较差，就业人口更多地集中在低技术含量的行业。而这些因素不仅会影响到少数民族生活，也会影响民族团结稳定、青海和谐发展。未富先老特点凸显的青海面临着重大的发展压力，充分认识青海各民族人口发展差异和不平衡现实，从而有的放矢地制定人口政策对于青海发展有重要的意义。

由于青海经济条件落后、生态保护压力较大且持续增加，仅依靠自身无法缩小青海与全国、少数民族与汉族人口发展之间的差距。建议中央政府在以往关注于义务教育普及的基础上，着力提高少数民族的高等教育水平和技术能力，特别是针对地处偏远的民族地区加大高等教育资源倾斜力度，并以此为突破口，提高少数民族人口素质，激发青海少数民族的发展潜力。同时加大对青海人才政策的支持力度，吸引更多人才来青发展，也引导少数民族人口从偏远地区向相对发达地区、从第一产业向第二、三产业流动，增强人口在省内外的流动性，促使其更好地适应社会产业结构的优化升级，为青海经济发展注入活力，也为青海各民族融合发展提供更好的条件。

参考文献

1. 中华人民共和国国家统计局．第五次全国人口普查数据、第六次全国人口普查主要数据［EB/OL］. http：//www. stats. gov. cn.

2. 青海省人口普查办公室，青海省统计局（编）．青海省2000年人口普查资料［M］．北京：中国统计出版社. 2002.

3. 青海省人口普查办公室，青海省统计局（编）. 青海省 2010 年人口普查资料［M］. 北京：中国统计出版社. 2012.

4. 青海省统计局（编）. 2015 年青海省 1%人口抽样调查资料［M］. 北京：中国统计出版社. 2016.

5. 郭未. 中国少数民族人口发展分析：2000—2010［J］. 人口学刊，2014（6）：13-21.

6. 李建新，常庆玲. 新疆各主要民族人口现状及变化特征［J］. 西北民族研究，2015（3）：21-47.

7. 郑长德. 中国少数民族人口老龄化问题研究［J］. 民族学刊，2014（1）：1-8.

8. 郑艾. 西部地区民族人口城市化差异实证分析［J］. 民族研究，2006（2）：30-38.

9. 佟新. 人口社会学［M］. 北京：北京大学出版社. 2010.

第五篇

新时代人口发展研究

人口变动对经济高质量发展的挑战与机遇

❖朱　晓

【摘　要】人口是经济社会系统中最基础的因素，人口变动特别是劳动力的变化将直接影响经济长期发展。人口变动与经济高质量发展之间主要存在四个方面的挑战，分别是人口老龄化不断加剧与经济增长潜力提升的矛盾，人口素质缓慢提升与日趋激烈综合国力竞争的矛盾，人口集聚增强与区域经济均衡发展的矛盾，人口高品质消费意愿与高质量产品供给不足的矛盾。因此，加强人口质量投资，促进消费结构升级，引导人口有序流动，推进“一带一路”建设将有助于未来经济可持续发展。

【关键词】人口变动；人口素质；经济发展

【作　者】朱晓：南京邮电大学人口研究院助理研究员

人口变动给经济运行全领域、社会建设多维度、可持续发展各环节，都带来了一系列的新挑战，其中人口与经济的关系是研究所有人口问题中最基本的出发点之一。马克思从历史唯物主义和辩证唯物主义出发，提出两种生产理论，即生活资料（食物、衣服、住房以及为此所必需的工具）的生产和人类自身的生产，这为解决中国人口问题提供了重要的理论依据。人既是生产者又是消费者，基于“人口论”和“人手论”价值取向的分野，古今中外的人口理论大致分为人口增殖论、人口控制论和人口适度论。人口增殖论更强调人作为生产者，认为众多的人口孕育着更多知识生产与创新潜能，是社会发展赖以存续的重要资源。相反，人口控制论更强调人作为消费者，认为在其他条件一定的情况下，人口数作为分母越少，人均可得资源就越多，越有利于个体福利的改善及社会整体福利的提升。人口适度论是人口增殖论和人口控制论的折中，强调人口与外部系统资源环境的平衡，可视为“人口控制论”一种温和的修正（杨菊华，2017）。然而，不管作为生产者、消费者还是创造者，人的各个属性之间在不同的历史环境和制度条件下是相互依存、相互转化的。在经济上，人先是“人口”，在合理的市场环境下转化为“人手”，在制度和技术合适的情况下上升为“人脑”（孙涤，2013）。

人口问题是实现社会主义现代化建设目标所面临的基础性、全局性和战略性问题（贺丹，2018），其本质是发展问题、经济问题。人口是经济社会系统中最基础的因素，人口变动特别是劳动力变动将直接影响经济长期增长，人口发展是制约产业布局、资源配置等的基本依据（王培安，2017）。目前，我国经济正处于由高速增长向高质量转变，人口转变也呈现出新的特点，在人口与经济的双重转变下，人口自身的安全及人口变化与经济增长之间的均衡关系将面临不可忽视的挑战。

一、抑制经济高质量发展的人口因素

（一）人口老龄化不断加剧与经济增长潜力提升的矛盾

第一，人口老龄化有减少劳动力供给的效应。据《中国统计年鉴》显示，2007年以来，我国15~64岁劳动年龄人口和65岁及以上老年人口数量的年平均增长率分别为0.5%和3.9%，老年人口增长率是劳动力增长率的7.8倍。老年人口持续不断地增长，从2007年的1.06亿人增长到2016年的1.50亿人，增长了0.44亿人。劳动年龄人口规模和比例由升转降，劳动年龄人口占比在2010年达到峰值，为74.53%，劳动年龄人口数量在2013年达至峰值，为10.06亿，之后两者都缓慢持续减少，进入衰退期。老年人口数量和比例持续上升的同时劳动年龄人口数量和比例缓慢下降，“一高一低”两种相反的变动趋势进一步使老年抚养比从2007年的11.1%增长至2016年的15%（见图1）。

从分年龄劳动力构成来看，2007 年到 2016 年我国劳动年龄人口呈现老化趋势，15~24 岁低龄劳动人口占比缓慢下降，45~64 岁高龄劳动人口占比缓慢上升，25~44 岁中龄劳动人口较为稳定。具体来看，2007 年 15~24 岁、25~44 岁、45~64 岁劳动人口占比分别为 20.52%、45.63%、33.85%，到 2016 年，三个年龄段劳动人口占比分别为 16.75%、44%、39.25%。大量研究表明，分年龄劳动参与率呈现倒 U 形结构，即随着劳动力年龄的增加，劳动参与率呈现先上升后下降的趋势。而劳动年龄人口结构的老化，势必会导致未来劳动参与率持续下降。

据 2017 年世界人口展望预测方案的数据显示，中国劳动年龄人口数量仍将下降并出现负增长，进一步使老年抚养比上升。劳动力供给大量减少，将推动劳动密集型产业劳动成本的快速上涨，如果劳动生产率不能更快提高并替代劳动力供给减少的效应，将加速海外资本外流以及国内劳动密集型产业向海外更廉价劳动力成本的地区转移，这将直接导致中国经济增速的放缓或下滑，倒逼中国创新驱动型发展。

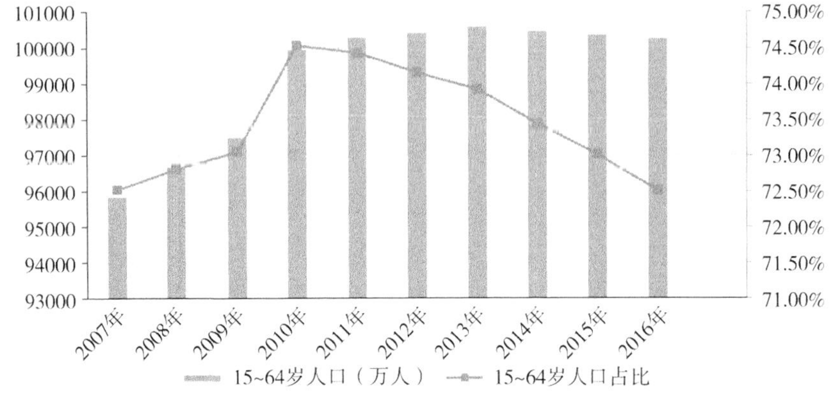

图 1　2007—2016 年中国劳动力数量和比例的变动

资料来源：国家统计局．国家数据库．http：//data. stats. gov. cn/easyquery. htm. cn = C01&zb = A0303&s.

第二，人口老龄化有降低储蓄率的效应。中国一直是高储蓄国家之

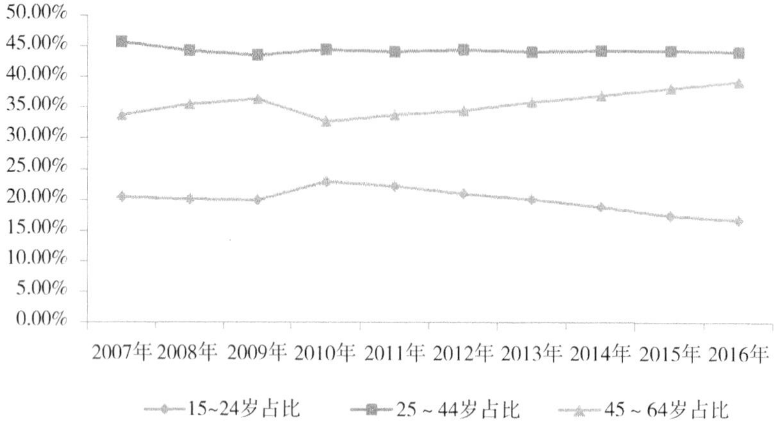

图 2　2007—2016 年分年龄劳动年龄人口占比

资料来源：历年《中国统计年鉴》和第六次人口普查。

一，高储蓄为高投资的形成提供充足的资金，同时也提高了总需求和总供给。生命周期假说认为，个体的消费生命周期曲线要比收入生命周期曲线平滑很多，具有高收入工作年龄人口贡献更多的储蓄，而低收入或者老年人贡献更多的消费，人口老龄化将降低居民总体的生命周期储蓄率。陈彦斌等（2014）认为在未来 20 年内，中国国民储蓄率会呈明显下降趋势，到 2035 年，人口老龄化对国民储蓄率的累计负向影响为 16.77%，远超经济增速放缓对国民储蓄率所产生 9.71%的影响。目前，我国老年人大多在 1960 年之前出生，他们在工作期阶段处于计划经济的低收入时期，使得老年期的储蓄严重不足，即使有多余的储蓄也较多用于子女购置房产，导致未来养老在很大程度上得依赖于子女的经济支持，从而降低子女的储蓄能力（李建民，2015）。

此外，人口老龄化加重政府对养老金和公共医疗资源的支出，势必会带来政府储蓄和投资的减少。另一方面，人口老龄化将提高企业的劳动力成本，对企业资本存量和投资带来负向压力。因此，人口老龄化对个体、企业、政府的储蓄率均有不同程度的影响，从而阻碍我国通过提高储蓄率而收获“二次人口红利”。

（二）人口素质缓慢提升与日趋激烈综合国力竞争的矛盾

第一，出生人口素质亟待提升。中国妇幼卫生监测数据显示，1996—2004年，全国出生缺陷发生率呈明显上升态势。《2012年中国出生缺陷防治报告》显示，目前我国出生缺陷发生率为5.6%，以年出生人口数1600万推算，我国每年新增出生缺陷病例90万例，出生缺陷人口规模庞大。出生缺陷不仅影响婴幼儿的生命健康并带来潜在的寿命损失，影响个体生活质量和家庭幸福和谐，而且影响整个国家人口素质和人力资源健康存量。

第二，高等教育人才比例仍偏低。2017年《中国统计年鉴》显示，2016年我国6岁及以上人口中教育程度为初中及以下的人口占比为70.15%，普通高中/中职的为16.91%，大学专科为6.90%，大学本科为5.50%，研究生仅为0.54%，高中及以上教育的比例远低于发达国家教育水平。据OECD（经济合作与发展组织）发布的《全球受教育程度报告》（《Education at a Glance 2014》）指出，34个OECD成员国的25~64岁成年人中有75%至少获得高中教育，有33%获得高等教育。其中，俄罗斯获得高等教育的比例为54%，加拿大为53%，日本为46%，美国为42%。1979年以来，中国高等教育加快发展，2016年研究生毕业数已从2000年的5.88万人增长到56.39万人，出国留学人员从3.90万人增长到54.45万人，学成回国留学人员从0.91万人增长到43.25万人，但由于国民整体受教育水平起点低、基础差，仍与发达国家有较大差距，不利于我国综合国力的提升。

第三，高技能人才供不应求。高技能人才是我国人才队伍的重要组成部分，对于经济发展方式转变、产业结构升级优化、科技成果创新转化、企业竞争力提升等方面都具有重要作用。我国高技能人才总量不足、结构不合理的现状已无法适应经济社会快速发展的要求。人力资源和社会保障部的数据显示，2014年底，我国1.57亿技能劳动者中，高技能人才仅为4136.5万人，所占比例为26.3%。《2016年中国劳动力市场技能缺口研究报告》显示，当前中国向价值链上游转移而加大了对高技能劳动力的需求，而相应的技能劳动者数量只占中国就业人员总量的19%，高技能人才仅为5%，导致高技能人才供给与市场需求不匹配，不利于产业的转型升级。

（三）人口集聚进一步增强与区域经济均衡发展的矛盾

人口与区域经济之间存在着密不可分的互动关系。经济衰退地区往往人口大量外流，而人口外流进一步抑制投资和消费的增长，从而对经济与人口增长产生消极影响。

第一，人口过快集聚与超大城市发展需求不一致。目前，超大城市人口不断膨胀，人口集中化态势明显，人口调控和“城市病”治理成效相对有限。2016年《中国统计年鉴》数据显示，2000年北京、上海、广州的常住人口数量分别为1363.6万人、1608.6万人和994.8万人，而到2015年，三个城市常住人口数量分别增至2170.5万人、2415.3万人和1350.1万人。超大城市人口过快增长所带来的资源环境压力如不能得到有效疏解，进而持续叠加，势必会因人口与资源环境不均衡而迅速传导至经济社会领域。城市规划和经济资源之间的协调滞后，促使人口过快增长带来如交通拥堵、环境污染、公共资源供求不均等大量城市发展问题。

第二，人口集聚与产业集聚不同步。“有业无人”和“有人无业”现象仍是制约我国经济发展的瓶颈。如东北地区，2000年以来，经济发展与人口增长之间显著不协调，人口-经济增长弹性处于波动下行趋势，特别是2011年之后，人口外流现象愈加明显，进一步加剧经济下行压力的不协调态势（廉晓梅、吴金华，2018）。从人口分布来看，大量人口仍主要聚集在京津冀、长三角、珠三角等城市群，而长江中游、成渝地区等城市群对周边欠发达地区的辐射带动作用有限，山东半岛、海峡西岸、辽中南等东部地区城市群区域内大、中、小城市联动发展较弱，需进一步增强对转移人口的吸引力。

第三，人口集聚与区域经济协调发展不匹配。总体上我国区域经济协调发展水平显著提高，但地区之间经济协调发展水平仍存在较大差异。东部地区的区域经济协调发展水平提高明显，中部地区略有下降，西部地区却大幅下降（覃成林等，2013）。同时，城乡之间发展极不平衡。虽然城镇和农村居民的人均可支配收入均逐年提高，尤其是2009年之后，农村居民人均纯收入增长的幅度高于城镇，使城乡收入比呈现下降趋势，但由于农村居民人均纯收入起点过低，并随着时间的推移，两者之间的收入差距越来越大，收入差距从2000年的4026元增长至2015年的21018元。

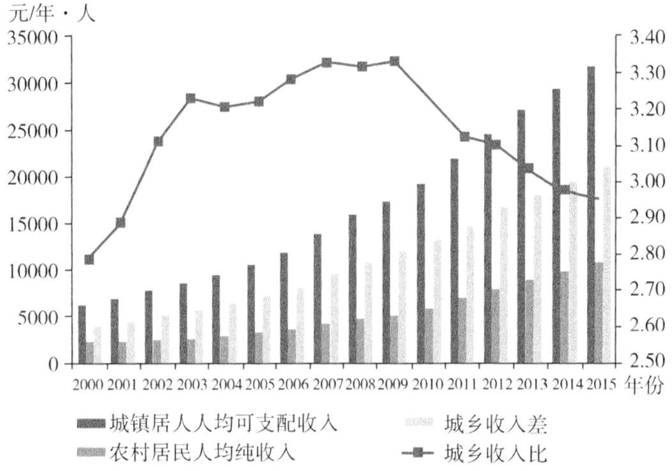

图3　城乡居民人均可支配收入的变动趋势

资料来源：国家统计局.2017年《中国统计年鉴》。

农村人口特别是青壮年人口由欠发达地区流向经济发达地区，使农村地区出现"人口洼地"，而致使新农村建设主体缺位，农村人口空心化越演越烈，并带来"三留守"（留守儿童、留守妇女、留守老人）问题。通过中国县域人口普查数据分析可得，中国县域农村人口空心化现象普遍存在，2000—2010年空心化程度呈现快速上升趋势，且总体呈现中部>东部>西部，不利于乡村振兴（陈坤秋等，2018）。

此外，随着经济发展及扶贫力度的加大，贫困人口急剧减少，贫困发生率明显降低，但仍表现出明显的区域差异，即贫困人口主要集中在老、少、边、穷地区。2016年我国省级贫困发生率排名前五依次为西藏（13.2%）、新疆（12.8%）、甘肃（12.6%）、贵州（11.6%）和云南（10.1%）（见图4）；贫困人口规模排名前五依次为贵州（402万人）、云南（373万人）、河南（371万人）、湖南（343万人）、广西（341万人）

（见图5）。据2018年统计局公布的数据显示，2017年东部地区农村贫困人口为300万人，比2016年减少190万人；中部地区农村贫困人口1112万人，减少482万人；西部地区农村贫困人口1634万人，减少617万人。西部地区减贫幅度最大，但由于贫困人口基数大，致使西部地区的贫困人口是中部地区的1.47倍，是东部地区的5.45倍。

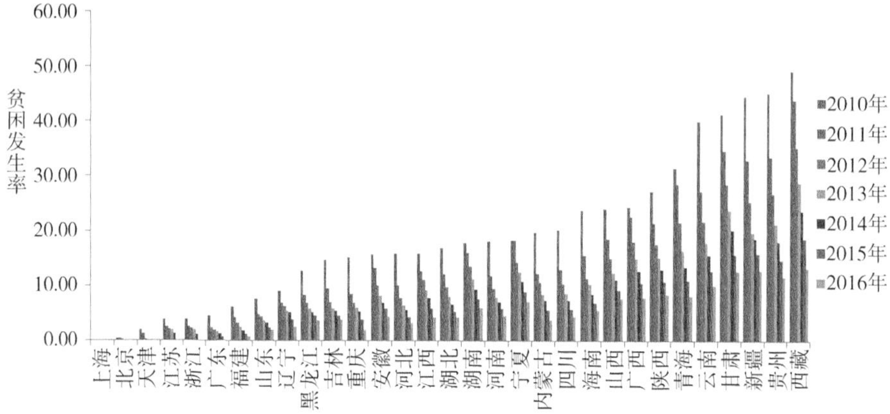

图4　2010—2016年中国各省份贫困发生率的动态变化（%）

资料来源：2017年《中国农村贫困监测报告》。

（四）人口高品质消费意愿与高质量产品供给不足的矛盾

我国居民收入水平不断提高，消费对于国内生产总值增长的贡献波动上升，相比资本形成总额以及货物和服务净出口对国内生产总值增长的贡献率的下降，最终消费支出的贡献率从2010年的44.9%增长到2016年的64.6%（见图6）。与此同时，消费者对高品质产品和高质量服务的需求更加突出，但国内企业现有产品供给滞后于需求结构的变化，导致越来越多的优质高端产品和高品质服务需求等转向海外市场。

第一，老年人口“有需求、缺供给”的矛盾相当突出。老年人已逐渐成为具有较强消费能力的群体，同时老年人消费观念的转变也将进一步扩大老年消费需求。然而，老龄市场发育不健全，适合老年人消费的产品和服务供给与老年人的有效需求之间存在严重失衡，老龄市场需求存在较

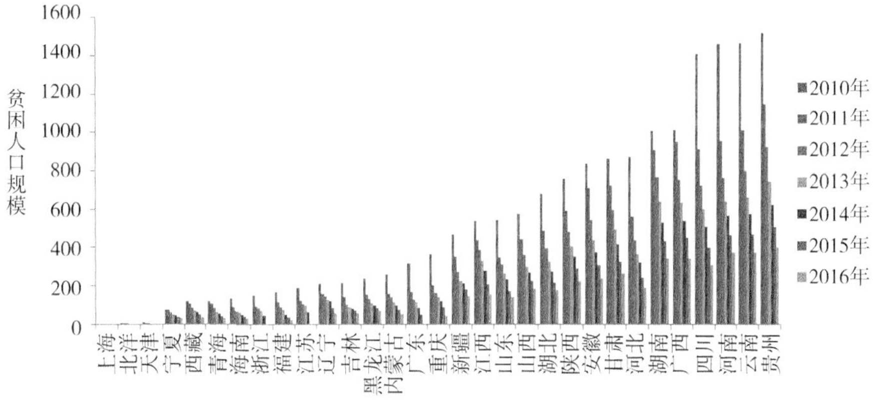

图 5 2010—2016 年中国各省份贫困人口规模的动态变化（万人）

资料来源：2017 年《中国农村贫困监测报告》。

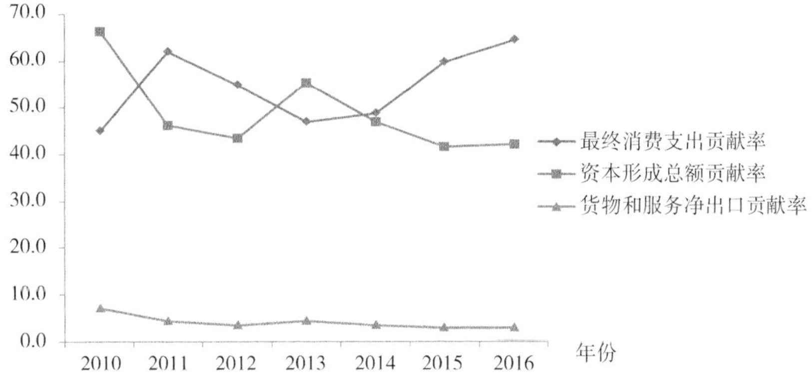

图 6 中国三大需求对国内生产总值增长的贡献率（%）

资料来源：国家统计局 .2017 年《中国统计年鉴》。

大缺口。据中国产业调研网发布的中国养老市场调查研究与发展前景预测报告（2016—2022 年）显示，2015 年我国养老产业市场规模为 1.69 万亿元，比 2014 年增长 10.06%，还处于成长期。老年人对生活照料和护理服务的需求明显增长，但一些社区居家养老产业主要分布在部分大中型城市，发展状况和覆盖面远远滞后于老年人口的养老需求。此外，老年人对药品和医疗器械产品需求也不断攀升，而国内的医疗设备产业发展较慢，一些药品及医疗设备仍需要大量进口。

第二，高品质商品消费潜力巨大，需求倒逼供应短板凸显。人们越来越追求高品质消费，消费方式更趋个性化、多样化，特别是旅游、文化、健康、教育培训等领域的消费需求不断增加，但这些领域供给结构升级滞后于消费变化，表现为高品质产品和服务的有效供给不足，制约了消费的持续扩大和升级。

第三，农村的消费能力有待提升。受制于收入增长缓慢，农村居民的消费支出增长也较为缓慢。2010 年，城镇居民消费水平为 17104 元，2016 年增长至 29219 元，增长幅度为 12115 元。同期农村居民消费水平为 4941 元，2016 年增长至 10752 元，增长幅度为 5811 元，远低于城镇居民消费的增长幅度，仅为城镇居民消费水平的 36. 8%（见图 7）。与 2010 年消费结构相比，农村居民消费结构持续优化，医疗保健、交通通信、文教娱乐以服务型消费为主的消费支出从 2010 年的 1154 元增长至 2016 年的 3359 元，支出占比从 26. 33%增长至 33. 16%。但与城镇相比，农村各类消费水平仍处于较低水平，差异最大的消费支出是食品烟酒，城镇比农村高 3496 元，其次是居住和交通通信，其余消费类型从高到低依次排序分别为教育文化娱乐、衣着、生活用品及服务、医疗保健和其他用品及服务（见图 8）。

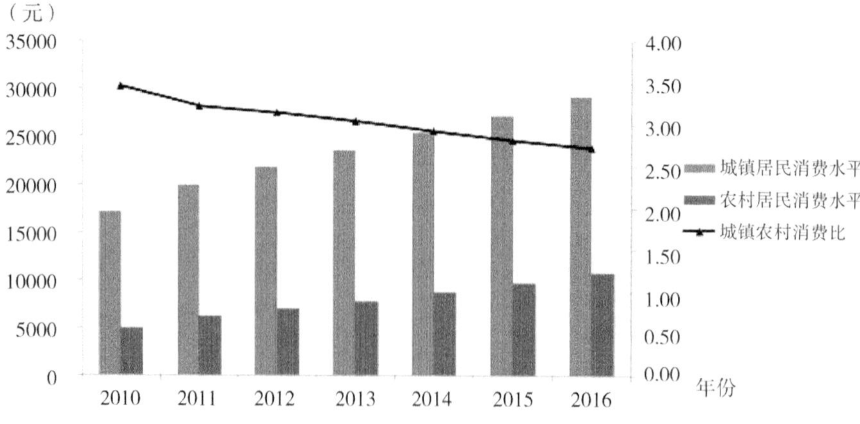

图 7　城乡居民消费水平的变化趋势

来源：国家统计局 . 2017 年《中国统计年鉴》。

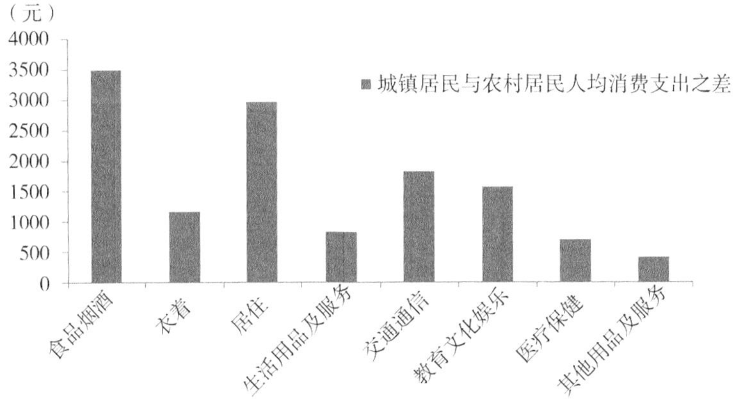

图 8　2016 年城镇居民与农村居民人均消费支出之差

资料来源：国家统计局 .2017 年《中国统计年鉴》。

二、推动经济高质量发展的人口路径

当前，我国以人工智能、清洁能源、机器人技术、量子信息技术、虚拟现实以及生物技术为主的全新技术革命初见端倪。这些技术革命在深刻改变资源配置方式、产业组织形态的同时，也将改变社会生产对劳动力数量、质量的需求，改变劳动力利用模式，改变资源环境的人口承载力。我国在收获人口数量红利和人口结构红利的潜在机会正在弱化，收获人口质量红利以及人口分布合理配置在不断增强。人口红利的获得不仅受到人口自身规律的影响，更需要制定相应政策与之相匹配，形成人口动态变动与经济发展方式和社会生活模式内在的统一。因此，要分类指导，综合施策，创造有利于经济发展的人口结构和人口素质，充分发挥人口对经济增长的支撑作用，促进人口与经济良性互动和可持续发展，为全面建成小康社会、实现中华民族伟大复兴的中国梦奠定坚实的人口基础。

（一）加强人口质量投资，与经济发展相匹配

第一，着力提高劳动力供给质量，收获人才红利。在劳动力供给下降

的情况下，社会应转向通过教育和培训等手段提高人力资本水平，提高劳动生产率。在教育方面，学校教育要从九年制义务教育逐步向高中、大学普及，并根据社会需求定位来培养人才，既要重视人才数量及质量的提升，也要重视人才结构与企业结构和产业、行业结构相协调。在职业技能培训方面，其一，要重视职业教育发展，尤其是重点加快发展农村中等和高等职业教育，从学科本位向能力本位转变，逐步提高职业教育的质量，实现职业教育质量、结构、规模、效益的协调发展。其二，继续推进劳动力职业技能培训，实施农村实用技术培训，加快培养有文化、懂技术、会经营的新型农民。其三，加大与国外职业培训机构的交往与合作，引进外国的教育资源和先进的教学手段，推进高技能人才队伍建设，建立高级技师培养基地，为中国从“制造大国”向“制造强国”转变提供技术支持和保障。在医疗保健方面，贯彻实施《“健康中国 2030”规划纲要》，以人民健康为中心，推行健康生活方式，减少疾病发生，强化早诊断、早治疗、早康复，全方位、全周期围护和保障人民健康，大幅提高人民健康水平，实现全民健康。

第二，着重老年人力资源开发，收获长寿红利。研究制定政策措施，鼓励老年人社会参与，积极开发“健康红利”“长寿红利”。由于老年人具有丰富的工作经验和深厚的人生智慧，因而可以通过有效的社会分工来充分发挥老年人的才能与经验。目前，我国从高级技术或者管理岗位上退休的老年人占比较大。以科技人员为例，约有 600 多万离退休科技人员，占全部科技人才总数的五分之一（裴紫叶，2013）。可以鼓励老年人退休以后，根据自身和家庭的情况，继续参与社会、经济、文化、政治等方面的活动和社会服务，提高老年人的社会劳动参与，将有助于优化中国劳动力市场的供给结构，缓解人力资源短缺的危机。

第三，着力培养高层次人才，释放“人才磁场”效应。2014 年 5 月 22 日，习近平总书记在上海与外国专家座谈时指出，一个国家对外开放，必须首先推进人的对外开放，特别是人才的对外开放。随着新技术革命的蓄势待发和全球化进程的不断深入，高层次国际人才尤其是那些携带知识、技能、资金的高端人才将为中国经济社会的发展注入新的活力，要“招才、聚才、用才、兴才”并重，形成一个外国专家和人才资源开发利用的良性循环机制。要采取多渠道、多元化的方式，不拘一格引进人才。利用海外招聘、国际合作项目、国际培训、国际人才交流等机会积极吸引人才，进一步发挥重大工程、重大项目对海外人才的集聚效应，或利用企业自身优势吸引高端外国专家，提高企业的国际竞争力。与此同时，还需培养大批具有国际视野、通晓国际规则、能够参与国际事务和国际竞争的国际化人才，为产业和企业“走出去”提供智力支持。

（二）促进消费结构升级，发展经济新增长点

第一，大力发展“银发经济”，成为经济发展新增长点。人口老龄化给社会经济发展带来巨大挑战的同时，也为“银发经济”创造着不可估量的产业效应。老龄产业发展要顺势而为，借助第三产业蓬勃发展之势，促进银发产业发展，更好地服务“夕阳人群”，满足老年人日益增长的消费需求。要充分了解挖掘老年群体的特殊需求，把脉不同年龄阶段老年人多元化的个性需求，分析老年人群的消费特点，借助于互联网大数据的优势，将养老产业与科技发展、人工智能、健康医疗、信息服务相结合，开发老龄人口的消费市场，提高产品供给质量和养老服务水平。

第二，提高农村消费能力和消费水平，缩小城乡差距。党的十九大报告创造性地提出了实施“乡村振兴”战略，这是“三农”工作系列方针政策的继承和发展，着力推动农业全面升级、农村全面进步和农民全面发展。农村消费主要受制于收入的限制，当收入有了保障，购买力才会提高。要全面推动农村二、三产业的发展，建立农村人口持续增收的长效机制，拓宽农村人口就业空间和增收渠道。以“乡村振兴”为契机，加强村庄规划和人居环境治理，提高基本公共服务供给和建设水平，最终改善农村居民的消费环境，提高消费质量。要构建和发展农村现代消费品的流动体系，以现有流通网络为基础，借助电商平台，发展双向流通模式，推进工业品和优质服务下乡和农产品进城。

第三，加快消费结构升级，促进产业结构提质增效。积极促进消费由

"有形向无形，由量变到质变"的转变。一是"有形向无形"转变，从对基本物质需要转变为医疗服务及文化娱乐教育等方面的需要。二是"量变到质变"转变，从增加人均消费品和服务数量转变为高品质商品和服务的追求。尤其要注重农村消费结构的升级，要改变农业人口自给自足的生产消费模式，实现消费多样性。其次，提高准耐用品档次和商品化率，鼓励农村居民消费向城市型消费转变。

消费结构转变将倒逼产业结构转变。当消费结构发生变化后，居民对商品的需求将发生变化，对享受型和奢侈品的消费将日趋增多，这也意味着新的产业发展机会。首先，通过创新性的产品来引领和创造需求，实现人均保有量的快速提升。其次，不断优化产品。产品生产要以质竞争、以质取胜，通过升级换代来满足消费者的需求。最后，大力发展现代服务业。要以市场需求为导向，坚持生产性服务业与生活性服务业并重，现代服务业与传统服务业并举，推动大众创业、万众创新，全面提升服务业发展水平。

(三) 引导人口有序流动，促进区域协调发展

第一，推进以人为核心的城镇化，提高城镇化质量。城镇化推进过程中既要重视城镇基础设施的建设，又要重视城市人口均衡发展；既要重视城镇化过程中经济效益的增长，又要重视城镇精细化的服务供给和人性化管理；既要提高城镇化速度，又要重视城镇化发展的质量。引导人口有序流动，推动农业转移人口市民化，分阶段、有重点地解决农村转移人口的就业和社会保障问题，不断推进依附在户籍制度之上城乡分割的劳动就业、教育、医疗、住房等制度的改革，完善相应的配套措施。

第二，促进大中小城市协调发展，形成区域经济增长新动能。我国城市群发展面临经济全球化、经济转型升级、行政管理体制改革等多方面的挑战，城市群布局不合理、内部分工协作不够、集群效率不高、中心城市功能偏弱、产业结构趋同等日渐凸显，尤其是大城市周围的中小城市发展动力较弱，成为制约城市群协调发展的瓶颈。要激发小城镇的"城乡互动的桥头堡"作用，促进农村剩余劳动力转移，有效缩小城乡发展差距。小

城镇要因地制宜，发挥区位和资源优势，积极主动争取与周边大中型城市的产业合作，形成联结区域市场、辐射农村腹地的战略格局。此外，要继续统筹和深化发展城市群、都市圈，如东部地区的山东半岛城市群、中部地区的中原城市群、长江中游城市群、西部地区的成渝城市群、东北地区的哈长城市群、辽中南城市群等，发挥大中小城市之长，避大中小城市之短，形成区域经济增长新动能。

第三，推动城乡各要素双向互动，形成城乡融合发展新格局。随着工业化水平的提高，大多数国家都经历了从“农业支持工业、农村服务城市”的城市偏向到“工业反哺农业、城市支持农村”的农村偏向的转变。城乡关系从二元分割转向一体化，是经济社会发展的必然结果和大势所趋。要深化城乡综合配套改革，从根本上打破城乡分割的体制机制障碍，构建城乡统一的户籍登记制度、就业管理制度、社会保障制度以及公共服务体系，推动资本下乡、技术下乡、人才下乡，让乡村有魅力、产业有发展、产品有竞争力，激发乡村实现自身发展的内在动力，激发农民创造自己美好生活的自主能力，最终形成以城带乡、城乡一体、良性互动、各美其美、美美与共的发展新格局，使农村居民与城市居民共享现代化成果。

（四）推进“一带一路”，实现经济优势互补

“一带一路”沿线是当今世界上最具活力和增长潜力的区域，将推动中国构建全方位开放新格局。

第一，促进边境贸易和人口聚集，打造新经济增长点。目前，“一带一路”沿线的节点城市新型城镇化水平不高、发展不均衡，严重限制其对周边的辐射带动能力（何春等，2017）。应进一步提高国内沿线城市的新型城镇化水平，充分发挥国内各地区比较优势，将强优势与补短板相结合，防止“木桶效应”。

第二，促进经济要素有序流动、加强市场深度融合。从劳动力资源来看，“一带一路”沿线有60多个国家，约44亿人口，占世界人口的63%。具有人口基数大、人口增长率快且正处于人口红利期的特点。南亚国家（44.7%）和中东欧国家（47.7%）人口抚养比最低；西亚北非、东南亚

和中亚地区人口抚养比均值较高，最高值为中亚地区，抚养比不超过52.9%。人口聚集能带来较大的产业规模效应，进而带动经济的长期发展。沿线国家劳动力供给充足，社会负担相对较轻，有利于中国企业属地化开展项目运营，降低相关成本。作为“一带一路”沿线劳动力资源总量最大的国家，中国劳动力市场的规模经济效应优势显著，与资金优势、产能优势、技术优势相结合，进一步转化为对外合作优势，提升对外开放和对外合作水平。虽然老龄化、人口红利下降等劳动力结构性问题在短期内无法完全扭转，但能够借助劳动力市场和消费市场的开放得到逐步缓解（张原、刘丽，2017）。

参考文献

1. 杨菊华．“人口论”与“人手论”的千年迷争——兼述“人脑（才）论”［J］．人口与发展，2017（6）：55-67.

2. 孙涤．人口、人手，还是人脑？［N］. 上海证券报，2013-11-01，http：//www. p5w. net/news/xwpl/201311/t20131101_ 361059. htm.

3. 贺丹．加强战略研究，迎接新时代人口发展挑战［J］．人口研究，2018（2）：3-6.

4. 王培安．以习近平新时代中国特色社会主义思想为指引进一步加强人口发展战略研究［J］．人口与计划生育，2017（11）：4-6.

5. 陈彦斌，郭豫媚，姚一旻．人口老龄化对中国高储蓄的影响［J］．金融研究，2014（1）：71-84.

6. 李建民．中国的人口新常态与经济新常态［J］．人口研究，2015（1）：3-13.

7. 汪伟，姜振茂．人口老龄化对技术进步的影响研究综述［J］．中国人口科学，2016（3）：114-125.

8. 中国妇幼卫生监测．1996—2004 年中国妇幼卫生监测主要结果，网址：http：//www. mchscn. org/Article_ Class2. asp？ClassID = 16.

9. OECD. Education at a Glance 2014. http：//www. oecd. org/education/

Education-at-a-Glance-2014. pdf.

10. 廉晓梅，吴金华．东北地区人口与经济空间格局演变分析［J］．人口学刊，2018（1）：45-55.

11. 覃成林，郑云峰，张华．我国区域经济协调发展的趋势及特征分析［J］．经济地理，2013（1）：9-14.

12. 陈坤秋，王良健，李宁慧．中国县域农村人口空心化——内涵、格局与机理［J］．人口与经济，2018（1）：28-37.

13. 统计局．2017年全国农村贫困人口明显减少，贫困地区农村居民收入加快增长．网址：http：//www. gov. cn/shuju/2018-02/01/content_ 5262903. htm.

14. 裴紫叶．开发老年人力资源，应对人口老龄化给我国劳动力市场带来的冲击［J］．现代经济信息，2013（18）：138.

15. 何春，谭啸，汤凯．“一带一路”节点城市新型城镇化水平测度及优化［J］．经济问题探索，2017（6）：184-191.

16. 张原，刘丽．“一带一路”沿线国家劳动力市场比较及启示［J］．西部论坛，2017（6）：93-110.

新时期我国人口发展现状与挑战

❖彭大松

【摘　要】人口发展问题始终是人类社会共同面对的根本性和全局性的重大问题。人口发展对社会经济增长、人民生活水平的提高，乃至国家安全、地区稳定都有着重要影响。在全面建成小康社会的决胜阶段，我国经济社会发展和人民生活水平已经有了质的飞跃，人口发展的内在动力和外部条件也发生了重大变化。全面了解我国人口发展现状，准确把握人口变化趋势，认识人口转变对社会经济发展、人口安全等带来的挑战和全面小康社会目标的如期实现都具有重要的战略意义。

【关键词】新时期；人口发展形势；挑战

【作　者】彭大松：南京邮电大学人口研究院副教授

一、我国人口发展现状

（一）人口规模增长速度减弱，人口总量呈现惯性递增趋势

根据全国1%人口抽样调查结果，2015年我国人口数量为13.7349亿人，比2010年“六普”数据增长了3377万人，增长率为2.52%，年均增长率为0.50%（国家统计局，2016）。2016年新增出生人口1786万，2017年新增出生人口1723万，2017年出生人口略有下降，但总体上仍高于“十三五”时期的年均增长人口。图1显示了最近20年我国人口出生率和人口自然增长率的变动情况。从图中可以看出，随着时间的推移，无论是人口出生率还是人口自然增长率都呈现出“先降后升”趋势。

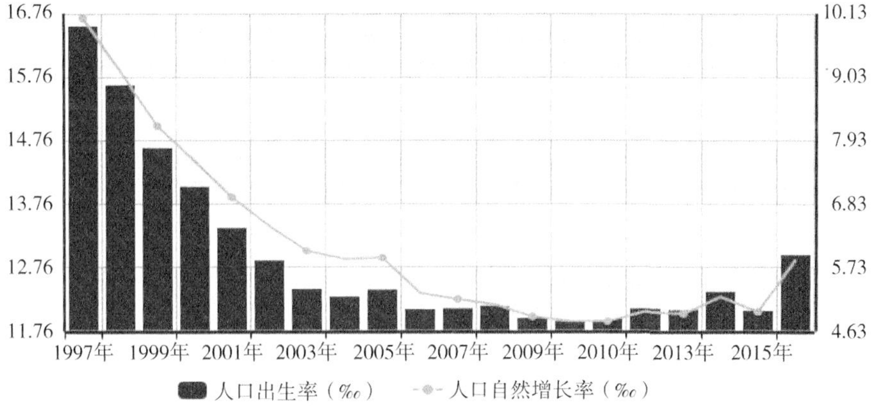

图1　近20年来的人口出生率和人口自然增长率

数据来源：根据国家统计局年度数据在线生成图形。

2013—2016年，人口自然增长率和人口出生率略有回升，主要归因于2013年的“单独两孩”和2016年的“全面两孩”政策。需要注意的是，这并不意味着中国生育水平就此开始回升，并能很快回到“更替水平”。最近几项关于“二孩”生育意愿的调查发现，受孩子抚养成本压力的影响，人们的二孩生育意愿并不高（国家卫计委，2017）。而数据上表现出来的生育水平提高主要是“有二孩生育意愿”的育龄妇女生育“势能”集中释放的结果。一旦这一生育势能释放完毕，生育水平可能会重新回落，这对于中国人口长期发展而言极为不利①。

以2015年1%抽样调查数据为基础，对2015—2100年间中国人口总量变动趋势进行预测（见图2）。按照翟振武等（2017）的预测方案，对2015—2050年间的中国人口规模进行预测。从预测结果来看，人口总规模将于2028—2030年到来，峰值人口规模14.54亿人。过了峰值以后，总人口规模将持续减少。因此，按照目前的人口生育水平和政策执行力情况判断，人口总量的峰值不会超过15亿。2030年以后，我国人口总量呈现出

① 现有数据显示，二孩出生人数超过了一孩生育人数，这说明一孩生育水平下降的事实。一旦二孩生育势能释放完毕，整体生育水平将会有显著降低。

加速下降趋势。从预测数据结果可知，2050年左右中国人口总量将降到14亿以内。

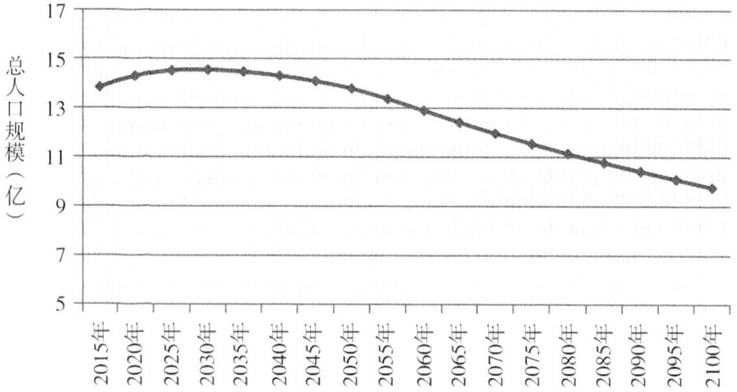

图2　2015—2100年我国人口规模变动趋势预测

数据来源：翟振武等《2015—2100年中国人口与老龄化变动趋势》，原文载《人口研究》，2017.7。

（二）人口结构发生了明显的变化：老龄化程度进一步加深

"少子老龄化"是当前学术界对我国人口年龄结构发展的基本判断。按照国际上对老龄社会的认定，当60岁以上老年人口比例超过10%，或者65岁以上老年人口比例超过7%就标志着老龄社会的到来。参照这一标准，我国在2000年就已经进入了老龄社会之列。2000年我国65岁老年人口规模已经达到8821万，比例首次超过7%。此后老龄化速度进一步提高，2005年65岁以上老年人口突破1亿人，2010年增加到1.19亿，2015年则达到了1.44亿人。相应地，65岁以上老年人口占总人口的比例也在不断攀升，从2000年的7%，增长到2015年的10.5%，这也意味着每10个中国人中，就有一个人是65岁以上老人。根据2015年1%人口抽样调查数据所做预测，从2015年到2055年，60岁以上老年人口数量和比例急剧增长，2035年左右增速趋缓，但老龄化速度仍处于很高的水平上（见图3）。我国65岁以上老年人口的增长也经历大致相似的趋势，2015年到2035年间，65岁以上老年人口比例和规模同步快速增长（见图4）。

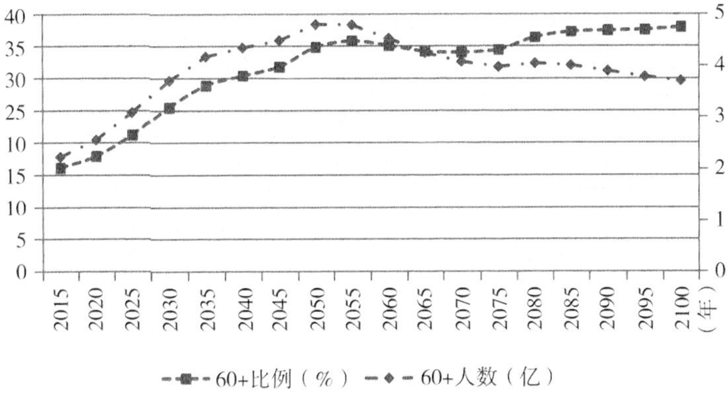

图 3　60 岁以上老年人口规模与比例的增长趋势：2015—2100 年

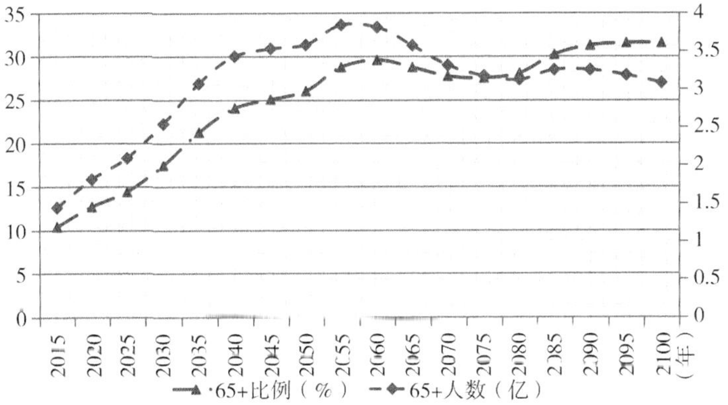

图 4　65 岁以上老年人口规模和比例的增长趋势：2015—2100 年

（三）人口受教育程度和平均预期寿命不断提高

人口数量和人口质量是人口发展的两个重要的问题，以往更多关注人口数量及其变动对社会经济发展带来的影响，对人口质量的关注相对较少。随着人们对人口问题认识程度的加深，越来越意识到人口质量对社会经济发展所发挥的重要作用。人口质量包括两个方面，一是人口教育素质，二是人口的健康素质。前者一般用受教育程度或受教育年数来衡量，后者通常用人口的平均预期寿命来表征。

根据2015年1%人口抽样调查数据，全国具有大专以上教育程度的人口数量为17093万人，与第六次全国人口普查相比，每10万人中具有大学教育程度人口由8930人上升为12445人。表1是根据历年来1%人口抽样调查数据计算出来的各级教育受教育人口的比重。其中，文盲的比例从2002年的10.23%降低到2016年的5.7%，接受高中教育和大学教育（大专及以上教育）的比重分别从2002年的12.45%和4.71%提高到2016年的16.91%和12.94%。图5则更直观地呈现各类教育人口比重的变化趋势。从图中我们看到，由于九年义务教育的普及，我国教育程度为文盲、小学、初中的人口比重在逐渐下降，而受过高中和大学教育的人口比重则呈现出稳定增长趋势。

表1 6岁以上年龄人口教育程度分布与变动情况

单位：%

年份	未上学	小学	初中	高中	大专及以上
2002年	10.23	34.96	37.65	12.45	4.71
2003年	9.68	33.42	38.04	13.37	5.49
2004年	9.16	32.38	39.29	13.40	5.77
2005年	10.37	33.28	38.35	12.44	5.56
2006年	8.79	33.07	38.99	12.93	6.22
2007年	8.01	31.80	40.22	13.41	6.56
2008年	7.50	31.17	40.94	13.69	6.70
2009年	7.12	30.13	41.67	13.80	7.29
2010年	5.00	28.75	41.70	15.02	9.53
2011年	5.50	27.57	41.41	15.46	10.06
2012年	5.29	26.88	41.11	16.12	10.59
2013年	4.99	26.36	40.81	16.52	11.32
2014年	5.37	26.25	40.15	16.70	11.53
2015年	5.69	26.22	38.32	16.44	13.33
2016年	5.70	25.61	38.84	16.91	12.94
2017年	5.28	25.23	38.06	17.55	13.87

数据来源：根据历年来1%人口抽样调查数据计算得来。国家统计局在线数据平台：http：//data.stats.gov.cn/easyquery.htm？cn=C01.

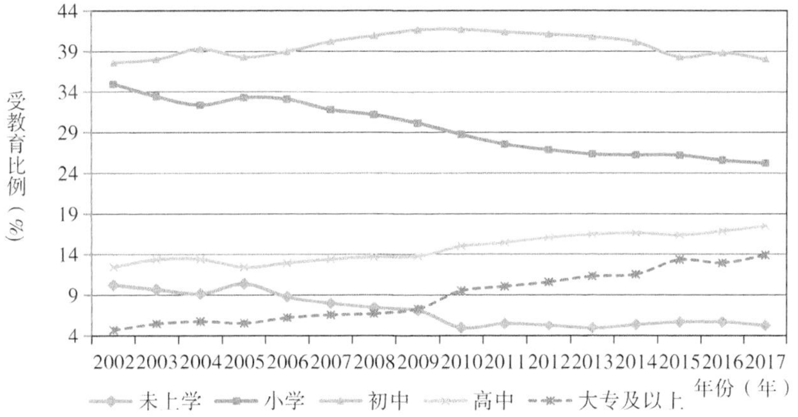

图 5　2002—2016 年 6 岁以上各类受教育人口比重变动趋势

数据来源：根据历年来 1%人口抽样调查数据计算得来。

人口平均预期寿命是衡量一个社会的经济发展水平和医疗卫生服务的重要指标。表 2 统计了 2000—2015 年我国人口平均预期寿命的变化情况。从表中数据可知，我国人口平均预期寿命从 2000 年的 71.4 岁提高到 2015 年 76.34 岁。其中，男性从 2000 年的 69.93 岁提高到 2015 年的 73.64 岁，女性从 2000 年的 73.33 岁提高到 2015 年的 79.43 岁。由此可以看出，随着社会经济的发展和基本医疗卫生服务体系的不断完善，我国的人均预期寿命在逐年提高。但需要注意的是，相比同期的日本、韩国以及中国香港的人口平均预期寿命，中国人口平均预期寿命仍有较大的上升空间。

表 2　中国、日本、韩国人口的平均预期寿命比较：2000—2015 年

指标	2000 年	2005 年	2010 年	2015 年
平均预期寿命（岁）	71.4	72.95	74.83	76.34
男性平均预期寿命（岁）	69.63	70.83	72.38	73.64
女性平均预期寿命（岁）	73.33	75.25	77.37	79.43
日本平均预期寿命	81.08	81.93	82.84	83.84
韩国平均预期寿命（岁）	75.84	78.43	80.55	82.16
中国香港平均预期寿命（岁）	80.88	81.58	82.98	84.28

数据来源：历年来 1%人口抽样调查数据和国家统计数据平台的国际数据。

（四）流动人口稳定增长，城镇化率不断提升

改革开放以来，我国流动人口规模逐年增长。根据现有统计数据，流动人口规模从1982年的675万人增长到2015年的2.47亿人（最新的流动人口动态监测调查显示，2017年流动人口规模为2.45亿人，流动人口数量稍有减少）。

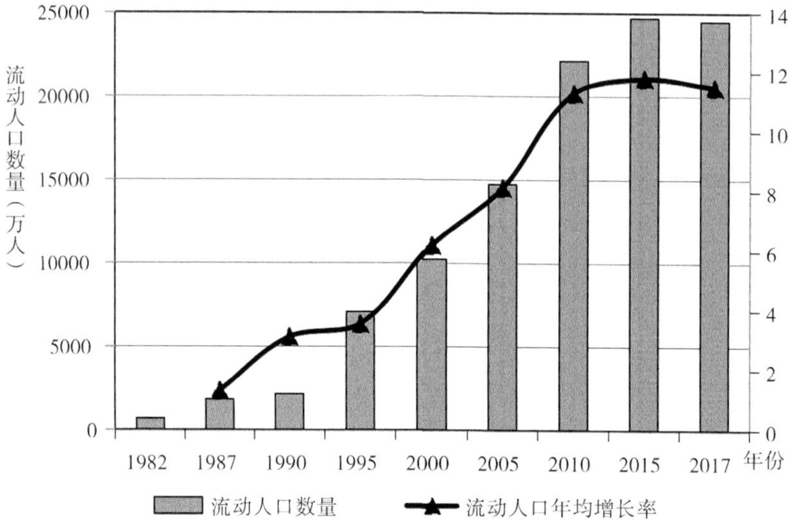

图6　历年来我国流动人口规模增长趋势：1982—2015年

数据来源：部分年份数据来自郑真真、杨舸《中国人口流动现状及未来趋势》。载于《人民论坛》，2013，4。部分数据来自2015年数据和国家卫健委2016年《流动人口发展报告》。

相比于20世纪80年代初的流动人口规模，现如今的流动人口规模达到了相当庞大的数量。与流动人口规模增长趋势类似，我国城镇人口的增长和城镇化率的提高同样较快。根据国家统计局公布的数据，2000年我国城镇人口为4.59亿，城镇化率仅为36.22%，到了2016年，我国城镇人口为7.93亿人，城镇化率达到了57.35%（见图7）。

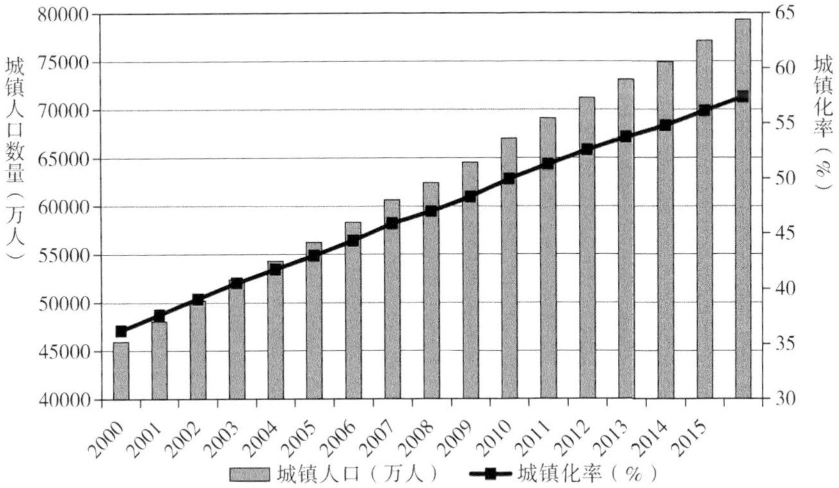

图 7　中国城镇人口规模与城镇化率变动趋势：2000—2016 年

数据来源：国家统计局在线数据。

二、我国人口发展面临的挑战

（一）失能老年人口数量增长、老年照护供给压力增加

人口老龄化对社会保障体系构成了严峻挑战，适时掌握我国老年人口中失能的数量、结构及其分布情况，有助于政府部门合理配置老年人照护资源，完善失能老人长期照护体系。图 8 是根据“六普”长表数据统计的全国老年人口失能情况及其与年龄间的关系。从图中可以看到，以 60 岁为起点，随着年龄的增长，失能老年人口规模进一步增长，女性失能老人的规模和增长率都超过了男性老人。男性老年失能人口大约在 75~79 岁年龄段达到峰值，随后出现下降趋势。女性失能老年人口大约在 80~84 岁年龄段达到峰值，随后开始下降。随着年龄增长，失能老年人口数量变动存在性别差异，女性失能老年人口数量更多，达到峰值时间更晚。这可能有两个原因：一是男性和女性的死亡率存在性别差异，在老年阶段，男性死亡

率高于女性，从而使得男性老人基数低于女性老人。二是老年人口患病模式存在性别差异。一些研究发现男性与女性在患病模式上存在差异，男性在老年阶段多数患有与死亡相关的疾病，因此表现在死亡率上更高，而女性在晚年患病模式多为慢性病、行动障碍等方面的疾病。尽管死亡率低于男性，但从患病率指标或功能性障碍指标来衡量，女性的身体健康则更为脆弱。

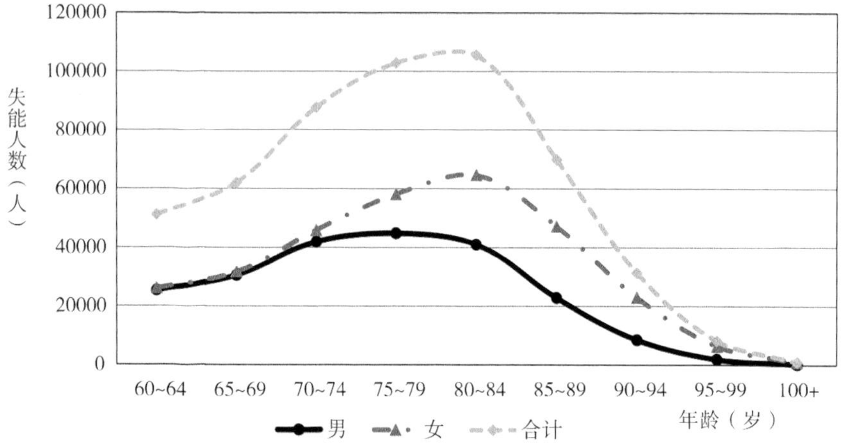

图 8　年龄增长与势能老年人口数量变动趋势

数据来源：图中数据来自 2010 年“六普”长表数据。

进一步，我们通过图 9 失能率的统计分析发现，虽然随着年龄的增长，老年失能人口规模呈现出“倒 U”形变化（即随着时间的后推，失能人数越来越小)，但其失能比例却在不断上升。其中，女性老年人口失能比例上升的速度更快，男性老人和女性老人失能比例增长曲线呈现出分异趋势。因此，在老年人护理体系建设和资源配置过程中，应该考虑到不同性别的老年失能人口的需求。

图 10 是对全国各个省市（不包括港澳台）老年失能人数和失能老年人口的比例进行比较。失能老年人口数量排在前三位的省份依次为四川省、河南省、山东省，分别为 46697 人、38185 人和 37514 人。全国失能老年人口比例为 2.95%，即每 100 名 60 岁以上老年人口中，就有将近 3 个

人生活不能自理，需要进行日常照护。从失能率来看，失能率最高的是西藏自治区，为5.45%，而北京、云南老年人口失能率分别排在第二和第三位。失能率高的地区，说明老年人照护体系相对脆弱，需要进一步加强对老年人口，尤其是高龄老年人口的照护工作。老年失能人口数量大的地区，老年照护基础设施、人员配备等需求量较大，需要合理地配置失能老人护理资源，以满足失能老人的日常照护需要。

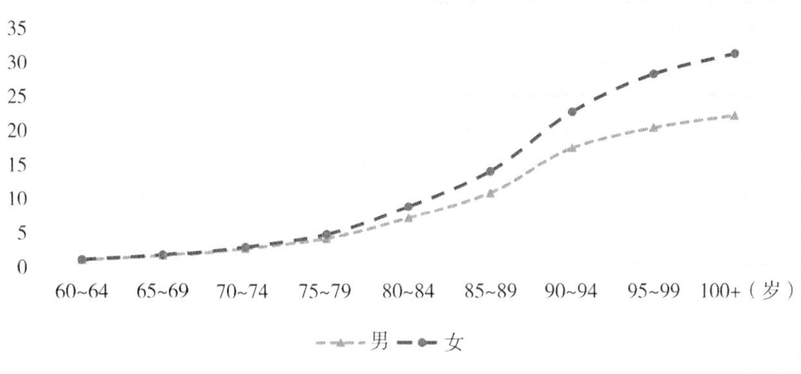

图9　年龄增长对不同性别老年人失能率的影响（单位:%）

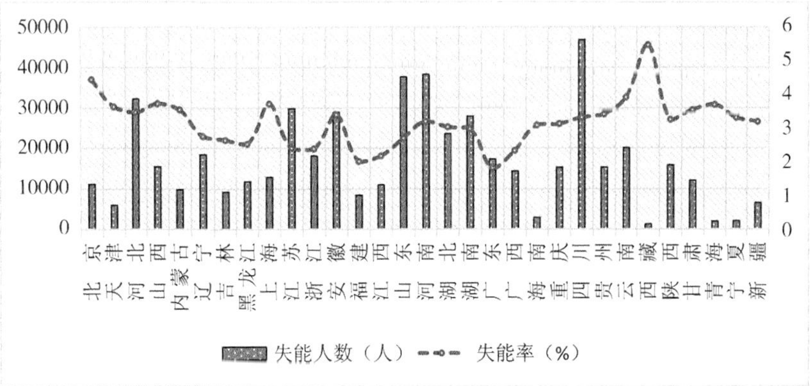

图10　全国各省份老年人口失能数量与比例

数据来源：根据2010年第六次全国人口普查数据计算。

（二）人口老龄化对养老服务供给构成的挑战

进入老龄社会以后，面临最大的问题是养老保障问题。当前，我国处于快速老龄化阶段，预测老年人口数量、老年人口养老需求变动趋势，关系到政府部门能否合理有效地布局养老资源，能否及时地为老年人口提供高质量养老服务等重要问题。本节以养老机构床位需求为例，分析老年人口数量变动，养老资源需求变动趋势。

具体方法：以2015年1%人口抽样调查数据为基础，结合第六次人口普查数据对老年人口健康状况进行估计的基础上，预测2015—2050年内不同健康状况的老年人口数量变动。结合中国民众的养老意愿，合理估计不同健康状况的老年人口的养老床位数量变化参数。在上述设定基础上估计老年人口的养老服务需求。首先，根据第六次人口普查公布的老年人健康分布情况，计算不同健康状况老年人口的比例（以60岁以上老年人口为基数）。计算结果为：健康的老年人口占43.8%、基本健康的老年人口占39.3%、不健康但生活能自理的老年人口占13.9%、生活不能自理的老年人口占2.95%。其次，假设到2050年，老年人口健康分布基本保持不变，以此来计算2050年前，各个年份不同健康老年人口情况。计算结果见表3。最后，合理设定老年人口入住养老机构比例。参照陈友华等（2011）对不同健康水平的老年人口入住比例的估计，将2015年身体健康和基本健康的老年人口入住养老机构的比例设定为0.21%，并按照每年增加0.01个百分点的速度调整，到2025年增加到0.4%，此后稳定在0.4%水平上。不健康但能自理的老年人口，入住养老机构的比例由2015年的3.15%，每年增长0.15个百分点，直到2025年入住比例达到5%，并按照此比例稳定下来。生活不能自理的老年人口入住养老机构的比例为15%，每年增长0.5个百分点，到2025年达到20%并稳定在这一水平上。据此，我们利用表3的数据对养老床位数变动情况进行预测，具体结果见表4。由表4可以看出未来我国老年机构服务压力较大，老年人口对养老资源的需求呈现急剧增长趋势。因此，需要结合各地经济发展、养老产业情况，发展多种方式的养老形式，多渠道提供养老服务，以缓解机构养老的巨大压力。

表3 中国60岁以上不同健康状况的老年人口数量预测（单位：万人）

年份	60+人数	健康	基本健康	不健康	生活不能自理
2015	22200	9728.20	8731.10	3086.69	654.01
2020	25500	11174.28	10028.97	3545.52	751.23
2025	30800	13496.78	12113.42	4282.43	907.37
2030	37000	16213.66	14551.84	5144.48	1090.02
2035	41700	18273.23	16400.32	5797.97	1228.48
2040	43400	19018.18	17068.92	6034.34	1278.56
2045	44800	19631.67	17619.53	6228.99	1319.81
2050	47900	20990.12	18838.73	6660.02	1411.13

数据来源：全国第六次人口普查数据和2015年1%人口抽样调查数据。

表4 中国老年人需要养老机构的床位数预测（单位：万人、万张）

年份	健康老人	基本健康	能自理	不能自理	总数
2015	29.18	26.19	108.03	98.10	261.50
2020	39.11	35.10	150.68	131.47	356.36
2025	53.99	48.45	214.12	181.47	498.03
2030	64.85	58.21	257.22	218.00	598.29
2035	73.09	65.60	289.90	245.70	674.29
2040	76.07	68.28	301.72	255.71	701.78
2045	78.53	70.48	311.45	263.96	724.42
2050	83.96	75.35	333.00	282.23	774.54

数据来源：全国第六次人口普查数据和2015年1%人口抽样调查数据。

（三）劳动年龄人口老化程度加剧对劳动力供给构成挑战

人口老龄化阶段，养老压力增加的同时，劳动力人口减少对经济发展造成了一定的冲击。尽管有学者认为随着社会进步和科学技术的发展，劳动生产率会有很大的提高，一些需要劳动力的工作也可以用人工智能来替代，但劳动生产率的提高和人工智能的研发、推广，并非一朝一夕的事情，如果没有技术上划时代的进步，可能在短期内无法缓解劳动力人口骤减对经济发展造成的影响。

表5以翟振武等（2017）的预测数据为基础，分析了2015—2100年15~59岁、15~64岁劳动力人口规模和比例的变化情况。国际上的惯例通常将15~64岁的人口界定为劳动年龄人口，而我国通常将15~59岁人口界定为劳动力人口（60岁为领取养老金的年龄）。表5分别对两种劳动力类型都进行了估算。从表中可以看到，无论我们按照国际上的15~64岁年龄段，还是按照我国传统上15~59岁年龄段进行划分，劳动力年龄人口规模都在急剧减少。若以15~59岁年龄人口作为劳动力人口，2015年有9.25亿劳动力人口，到了2042年将跌入8亿关口，到了2100年劳动力人口仅为4.84亿人。若以15~64岁年龄人口作为劳动力人口，2015年的劳动力人口为10.03亿人，到了2052年将跌到8亿以下，到了2100年劳动力年龄人口为5.46亿。由此可见，随着我国劳动力年龄人口老化而逐渐退出劳动力市场，某些行业的劳动力短缺，用工成本上升将成为必然的事实。从过去几年劳动力市场的用工情况来看，劳动力年龄人口的老化导致的劳动力市场已经发生深刻的变化（张车伟等，2015）。有学者认为，从2004年开始中国劳动力供应出现了“刘易斯拐点”，劳动力从“无限”供给模式逐渐向“有限”供给模式转变（蔡昉，2008）。“十一五”期间，劳动力短缺就呈现出不断加剧趋势，“十二五”期间劳动力短缺局面将在“十三五”期间继续延续。由此可见，随着我国劳动力老化程度的加剧，劳动力短缺将会成为制约未来经济发展的重要约束条件之一。

表5　我国劳动力人口规模与比例的变动趋势：2015—2100年

年份	15~59岁 人数（亿人）	15~64岁 人数（亿人）	15~59岁 比例（%）	15~64岁 比例（%）
2015	9.25	10.03	66.94	72.59
2020	9.13	9.87	63.94	69.13
2025	8.85	9.83	60.98	67.78

续表

年份	15~59 岁人数（亿人）	15~64 岁人数（亿人）	15~59 岁比例（%）	15~64 岁比例（%）
2030	8.43	9.6	57.99	65.98
2035	8.22	9.32	56.84	64.45
2040	8.03	8.94	56.15	62.51
2045	7.68	8.63	54.51	61.25
2050	7.03	8.24	51.06	59.83
2055	6.69	7.63	50.08	57.09
2060	6.61	7.32	51.29	56.79
2065	6.55	7.22	52.76	58.19
2070	6.34	7.1	53.05	59.36
2075	6.04	6.84	52.43	59.36
2080	5.6	6.52	50.35	58.62
2085	5.33	6.09	49.59	56.6
2090	5.18	5.82	49.74	55.88
2095	5.03	5.64	49.92	55.92
2100	4.81	5.46	49.64	56.01

数据来源：国家统计局在线数据库。

（四）人口增长对资源消耗、环境污染带来的影响

人口与资源、环境之间存在十分复杂的关系，它们是一个相互作用的整体。人口增长过快会对一个国家或地区的资源环境带来一定的影响，例如能源消耗过大，破坏环境等负面影响。人口学家提出了适度人口理论，试图从人口与资源、人口与环境压力之间的互动关系探索最合适的人口数量。但随着科学技术的进步、人们生产生活方式的转变，人口与自然资源、环境承载力之间的关系又是一个动态变化的过程。另外，其他国家的适度人口数量也未必适合中国国情。因此，通过最新数据来预测和估计人口增长对资源环境的影响，显得尤为重要。它为政府部门合理地规划人口

发展提供理论支持，也为人口配套政策的制定、引导人口有序地流动和迁移提供参考依据。

1. 人口增长对粮食资源、水资源消耗量的影响

为了预测人口变动与粮食资源消耗量之间的关系，我们以 2016 年《中国统计年鉴》统计的人均粮食消耗量为 1328 千克为参考值，人均水资源消耗为 2354.92 立方米/人（国家统计局，2016）。假设人均消耗粮食和水保持不变，2015—2050 年人口变动对水资源消耗和粮食消耗总量将呈现怎样的变化？图 11 显示出人口变动对粮食消耗和水资源消耗的影响。从图中可以看出，随着全面两孩政策的实施，人口在短时间内会有一定的增长。因此，人口增长对两类资源的消耗从 2015 年开始逐渐上升，到 2030 年前后达到峰值，随后转入下降阶段，大概在 2047 年前后重新回到 2015 年的水平上。值得注意的是，人口增长导致的粮食和水资源的增长速度较快，但过了消耗高峰以后，对两类资源的消耗削减过程则相对较慢。因此，全面两孩政策带来的人口出生增长，会在短时间内对粮食、水资源等供给构成一定的压力。

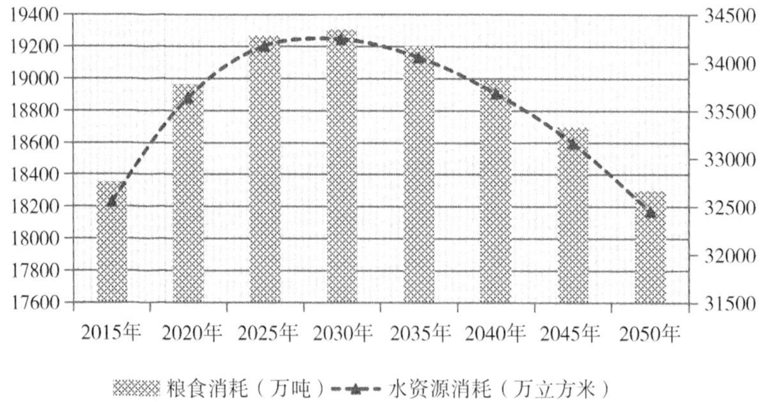

图 11 中国人口变动与粮食消耗、水资源消耗：2015—2050 年

数据来源：2017《中国统计年鉴》、国家统计局数据平台。

2. 人口增长与能源消耗量

人口增长对能源需求量的影响。我们根据 2017 年《中国能源统计年鉴》中人均能源消耗量的数据，对 2015 年至 2015 年人口变动而导致的能源消耗量进行统计分析，其中，人均准煤消耗按照 2016 年 3135 千克为标准，人均煤炭消耗按照 2895 千克为标准，人均石油消耗量按照人均 402 千克，人均用电消耗量按照人均 4231 千瓦/小时，具体估算结果参见表 6。与对水资源和粮食资源的消耗类似，由于人口政策调整带来的人口增长会对煤炭消耗、石油消耗和用电量消耗造成一定的影响。

表 6　全国能源消耗量变动预测：2015—2050 年

年份	准煤消耗量（亿吨）	煤炭消耗量（亿吨）	石油消耗量（亿吨）	电力消耗量（亿千瓦时）
2015	43. 33	40. 01	5. 56	58472. 42
2020	44. 77	41. 34	5. 74	60418. 68
2025	45. 49	42. 01	5. 83	61391. 81
2030	45. 58	42. 09	5. 85	61518. 74
2035	45. 33	41. 86	5. 81	61180. 26
2040	44. 83	41. 40	5. 75	60503. 30
2045	44. 14	40. 76	5. 66	59572. 48
2050	43. 20	39. 89	5. 54	58303. 18

数据来源：2017 年《中国统计年鉴》、国家统计局数据平台。

3. 人口增长与污染物排放

根据国家统计局公布的 2015 年二氧化硫、生活废水、总氮排放量等基础数据，计算人均污染物排放量，并结合人口预测数据，估算 2015—2050 年各类生活污染物排放量的变化情况。需要提及的是，最近几年国家在污染治理方面取得了重大进展，污水处理、污染物的排放量呈现出逐年下降趋势。本节为了估计人口变动因素对环境保护造成的压力，以 2015 年的数据为不变量进行计算。因此，估计结果仅代表着人口增长对于环境压力的影响，不代表今后的污染排放实际值的预测，具体结果见表 7。表中数据显示，假如人均污染物保持 2015 年的不变水平，那么全面两孩政策的实施带来的人口增长，给污染物的排放带来一定的影响，使得污染排放量在 2015—2030 年间呈现出不断上升趋势。在 2030 年以后，随着人口总量的递减，污染物排放量也相应减少。由此可以看出，全面两孩政策带来的人口增长，在短期内对于环境的保护造成了一定影响。

表 7　全国污染物排放量变动情况：2015—2050 年（单位：万吨）

年份	二氧化硫	废水	总氮排放
2015 年	1859. 10	7353226. 83	461. 33
2020 年	1920. 98	7597979. 68	476. 69
2025 年	1951. 92	7720356. 10	484. 36
2030 年	1955. 96	7736318. 24	485. 36
2035 年	1945. 19	7693752. 53	482. 69
2040 年	1923. 67	7608621. 10	477. 35
2045 年	1894. 08	7491565. 40	470. 01
2050 年	1853. 72	7331943. 97	459. 99

数据来源：2017 年《中国统计年鉴》、国家统计局数据平台。

（五）人口贫困现状与脱贫攻坚面临的新挑战

人口贫困是制约国家经济发展和人民生活水平进一步提高的主要障碍。扶贫脱贫是如期实现全面小康社会目标的重要举措。党的十九大报告明确指出“要坚决打赢脱贫攻坚战，让贫困人口和贫困地区同全国一道进入全面小康社会是我们党的庄严承诺”。因此，“脱贫攻坚”成为“十三五”期间我国重要的战略任务。

1. 贫困人口区域分布不均衡

图 12 是根据 2015 年中国部分省份的贫困人口规模和贫困人口发生率情况，由各省份调查队在 2015 年年底汇总而来的数据。我们看到，不同省份的贫困人口数量和贫困人口发生率存在较大的差异。其中，贫困人口数

量最多的是河南、四川两省，而贫困发生率较高的省份主要是贵州、云南和甘肃。从图中的数据比较可以看出，贫困人口较多、贫困率发生较高的省份主要集中在中西部地区，而东部地区的贫困人口数量和发生率相对较低。我国中西部地区的贫困人口发生率较高的主要原因是受地理环境、生态脆弱性等的影响所致。

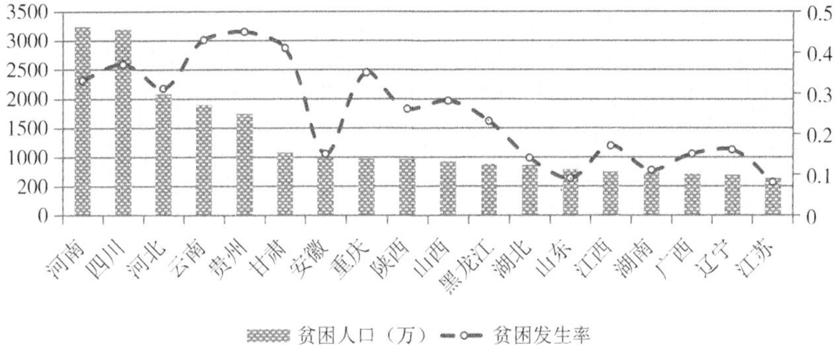

图 12　2015 年中国部分省份贫困人口与贫困发生率比较

数据来源：2015 年底各省汇总贫困人口数据。数据来源于网络：http://tieba.baidu.com/p/5096908990。

2. 脱贫攻坚工作成效

过去几年，我国政府投入了大量的人力、物力致力于精准扶贫，并取得了重大进展。表 8 是 2010—2017 年我国贫困人口数量、贫困发生率以及减贫速度的统计分析。从表中可以看到从 2010—2017 年短短的数年时间里，全国有 1.3 亿多贫困人口稳定脱贫，贫困发生率从 17.2%下降到 4%以下。

表 8　全国贫困人口、贫困发生率、减贫增速变动趋势：2010—2017 年

年份	贫困人口（万）	贫困发生率（%）	贫困发生率增速
2010	16567	17.2	——
2011	12238	12.7	−26.13
2012	9899	10.2	−19.11

续表

年份	贫困人口（万）	贫困发生率（%）	贫困发生率增速
2013	8249	8.5	−16.7
2014	7017	7.2	−14.9
2015	5575	5.7	−20.55
2016	4335	4.5	−22.24
2017	3046	3.1	−29.73

数据来源：2017 年《中国统计年鉴》、国家统计局数据平台。

图 13 显示的是 2010—2017 年我国贫困地区贫困发生率、减贫速度变动趋势。从图中可以看到，最近 7 年时间里，全国贫困发生率下降较快。贫困人口的减贫速度经历了“由快转慢”，再“由慢到快”的变化轨迹。这一过程实际上也反映出政府部门对前期扶贫工作的反思和后期工作思路的调整，摒弃了过去那种粗犷的扶贫方式，提倡“精准扶贫”，力求扶贫工作落实到人，以达到“真扶贫”和“扶真贫”的工作效果。

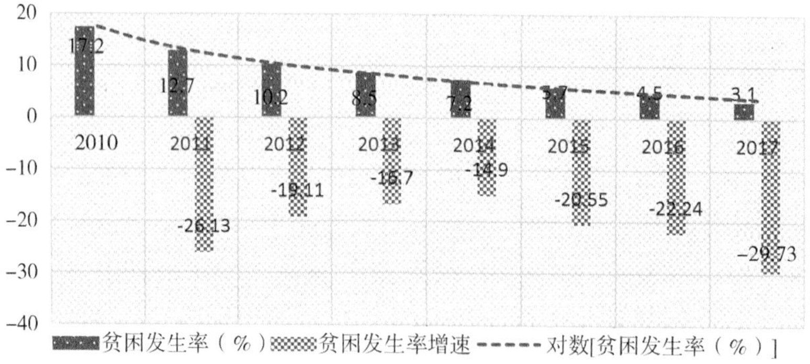

图 13　全国贫困发生率与减贫速度变动趋势：2010—2017 年

数据来源：2017 年《中国统计年鉴》，国家统计局数据平台。

3. 脱贫攻坚面临的新挑战

“十三五”时期，我国社会经济发展总体态势发生了较大的变化，减贫和脱贫机制也相应地发生了新的变化。在全面建成小康社会的决胜阶段，扶贫脱贫工作将面临如下新的挑战。

一是产业结构调整和经济增速放缓相应地降低减贫效果。在新的时期，我国经济进入了增速换挡期，由高速增长，转入中高速增长，并引发一系列宏观经济指标的变动。经济增速放缓和结构调整会影响到贫困人口的脱贫成效，降低扶贫政策的预期效果。二是社会经济转型要求传统的扶贫减贫机制发生相应的改变。传统依靠“高投入、高消耗、高污染”为主导的产业扶贫模式将会为“生态、环保”的新型产业体系所替代。需要重新构建新型动力源，引进以环保为核心的生态产业，以助力贫困地区脱贫减贫。实际上，这一转变过程并非一蹴而就，难度非常大。三是产业结构转型，经济结构调整也要求贫困人口劳动供给模式发生相应改变。随着城市产业结构的调整，第三产业比重提高，传统行业劳动力需求减少。因此，新的时期需要对贫困地区劳动力供给模式作出相应的调整，以适应劳动力市场需求。此外，经济增速放缓导致地方财政紧张，扶贫投入可能会受到一定的影响，从而也会影响扶贫脱贫的效果。概言之，当前脱贫攻坚已经进入了最后决胜阶段，按照2020年全面建成小康社会的目标，脱贫攻坚工作任务异常艰巨。

（六）出生人口性别失衡对家庭发展、社会安定构成的挑战

性别失衡的本质是出生人口的性别结构失衡，即在同一出生队列中，出生的男性人口和女性人口数量之比超过了正常范围。国际上认定的合理出生性别比合理值的参考范围是103~107之间，高于上限值107或者低于下限值103都属于出生性别比失衡。我国的性别比失衡属于性别比高于上限值的情况，即出生男性人口远远高于出生的女性人口。出生性别比偏高是人口结构问题，也是重大经济社会问题。不仅关系到个人的生活福祉和家庭幸福，也关系到社会的安定团结，关系到全面建成小康社会目标的如期实现。

1. 出生性别比失衡的基本判断

自1982年全国第三次人口普查发现我国出生性别比偏高以来，出生性别比偏高已经有30多年了。以普查数据为例，1982年出生性别比为

107.17，到了1990年时已经上升到了111.29，已经远远超过了国际认定的合理的性别比区间，2000年第五次全国人口普查时，这一数据攀升到116.86。此后，性别比仍继续上升，到了2004年，性别比为121.20，成为我国性别比失衡的最高值。由此，我国成为世界上出生性别结构失衡最为严重的国家之一。从2004年到2008年我国的出生性别比基本上都徘徊在120左右。直到2009年，我国的出生人口性别比开始出现了下降趋势。图14是根据历年来的全国1%人口抽样调查数据计算而来的分年龄性别比变动趋势，从图中我们可以判断当前和未来我国出生人口性别比的基本走向。从0~4岁年龄段来看，2009年似乎是个转折点，2009—2011年期间，出生性别比经历了急剧下降过程。2011年以后下降速度开始趋缓，不过总体上仍处于下降过程之中。而其他三个年龄组，经历了下降之后，趋于平稳，且有趋同迹象。不过，需要注意的是，尽管性别比有了下降趋势，但性别比仍处于高位运行状态。从2016年的数据来看，无论是0~4岁，还是5~19岁，其性别比值都在115之上，远远超过了正常的区间范围，因此，我国出生性别比偏高的治理工作依然很严峻。

2. 性别失衡的社会后果

我国人口出生性别比偏高持续了30多年，其社会后果开始从隐性逐渐向显性转变。性别失衡导致部分男性在成年后会遭遇到婚姻挤压问题。如果仅是某个年度或某几年的出生性别比偏高，其后果尚可以通过“婚龄差”、改变择偶策略等办法予以缓解，但对于性别失衡持续了30多年的社会而言，目前尚没有什么有效的方法来解决男性婚姻挤压问题。我国人口学领域的学者对遭遇婚姻挤压的男性人口进行了初步估计，认为到2020年前后将有3000万~6000万男性将面临“无妻可娶”的局面，而2014年国家权威部门发布数据承认可能会因婚姻挤压而导致被迫不婚的男性至少有3000万之多。不管是3000万还是6000万，这都是一个庞大到令人吃惊的数字。这部分群体的存在可能会给家庭和谐和社会安定带来一定的负面影响。

其一，大量的男性不能如期结婚成家，导致其家庭再生产难以为继。

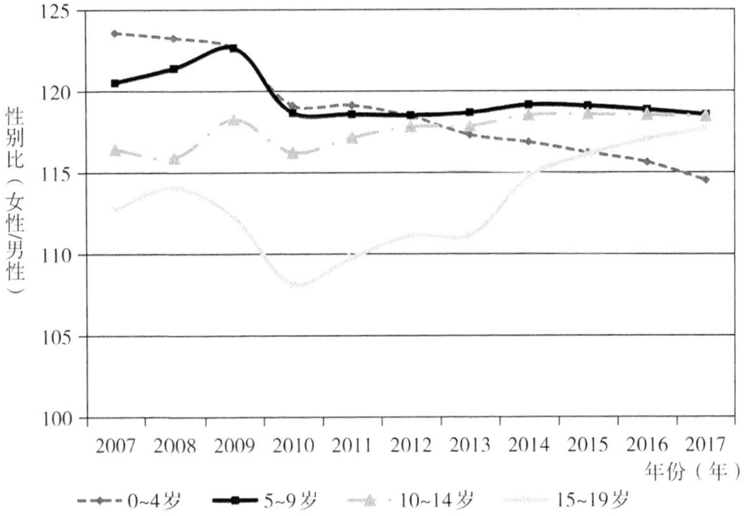

图 14　近 10 年来我国部分年龄人口性别比变动趋势：2007—2016 年

数据来源：2017 年《中国统计年鉴》、国家统计局。

在传统社会，当一个家庭里男性成员不能结婚成家，或者没有生育后代，可以通过其他变通的办法予以解决。例如，交换婚姻、入赘、过继子嗣等，均可以实现婚姻或传递香火，顺利实现家庭再生产。但现代社会，这些传统办法早已失去了文化根基和生存的土壤，交换婚姻也成为非法行为。因此，对于大多数农村家庭而言，一旦有男性成员被迫单身，就只能打一辈子光棍，几乎没有任何合法的途径延续其家庭再生产。家庭是社会的基础，也是社会团结的支柱。单身汉因无法成家而失去了家庭约束力，也失去了情感培育的土壤。大量单身汉的聚集可能会对其他家庭和其他社会群体构成潜在的威胁。其二，大量不婚的单身汉，在结婚成家无望的情况下，消极情绪严重，容易滋生惰性心理，养成好吃懒做、小偷小摸、聚众滋事、盗抢等非法行为，对社区治安构成一定的威胁。其三，不婚单身汉长期游离于社会边缘，社会融入困难，长此以往，可能会导致其心理和行为发生异常变化，对其他人的安全构成潜在威胁。其四，不婚单身汉是破坏其他已婚家庭的重要诱因。近年来，一些学者发现，单身汉较多的地区，妇女、女童等困难群体性骚扰的行为发生率较高（李树茁，2013）。

其五，由于择偶梯度和婚姻市场效应，男性单身风险最终会转嫁到边远的农村地区。大量的农村男性在农村聚集，会对地区安全造成一定的影响。此外，大量男性单身会推高性行为发生率，增加了艾滋、性疾病传播风险，给公共卫生安全带来威胁。概而言之，人口出生性别比带来的社会后果具有滞后性和聚集性等特征，需要引起相关部门的足够重视。

（七）城镇化、人口流动面临的区域均衡发展问题

由于区域经济发展的不均衡，流动人口分布和城市化发展水平在不同的地区存在较大的差异，区域间人口发展不均衡问题突出。本节以流动人口在城市间的分布情况和城市化率的区域差异为例对此进行分析。

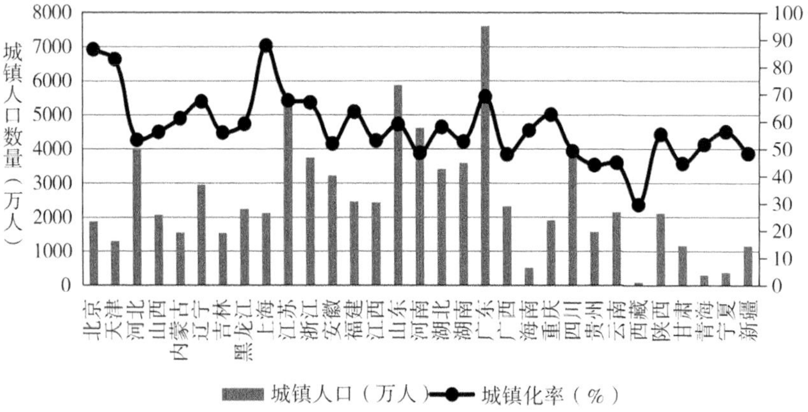

图 15　2016 年中国大陆 31 个省、自治区、直辖市城镇人口规模与城市化率比较

数据来源：国家统计局。

图 15 显示了 2016 年中国大陆 31 个省、自治区、直辖市城镇人口规模和城市化率的现状比较。从图中可以看到城镇人口最多的省份是广东省，城镇人口数量达到 7611 万人，其次是山东省和江苏省，分别达到 5871 万人和 5417 万人。城市化率排名前三位的省市依次为上海市、北京市和天津市，城镇化率分别达到了 87.9%、86.5% 和 82.9%，城镇化率较高的省份主要集中在东部沿海经济发达地区，而中西部省份城镇化率相对较低，例如，西藏城镇化率仅为 29.6%、贵州为 44.2%、甘肃 44.7%、云南 45.0%。虽然全国总体城镇化率已经达到了 57.35%，但由于区域差异，使

得城镇人口分布极度不均衡。因此，如何提高中西部地区的城镇人口比重，有序引导人口向中小城市聚集，严格控制超大城市人口规模，将是未来人口发展面临的重大难题。

最新统计数据显示，我国流动人口规模已经达到了 2.45 亿人（国家卫健委，2017）。流动人口对我国城市经济发展作出了巨大的贡献。与城镇化一样，人口在不同省域之间的流动具有方向性和聚集性特征。我国流动人口主要从经济欠发达地区流向经济发达地区，从中西部地区流向东部沿海省份。图 16 呈现了各省市人口规模与外省人口数的比较。虽然外省人口数量并不是人口流动的全貌，但外省流动人口的规模可以大致反映人口流动聚集性和方向性。人口流动的区域非均衡趋势，如果得不到有效的遏制，区域之间的经济发展水平和城市规模将可能呈现出极化发展特征，不利于经济稳定增长和可持续发展。

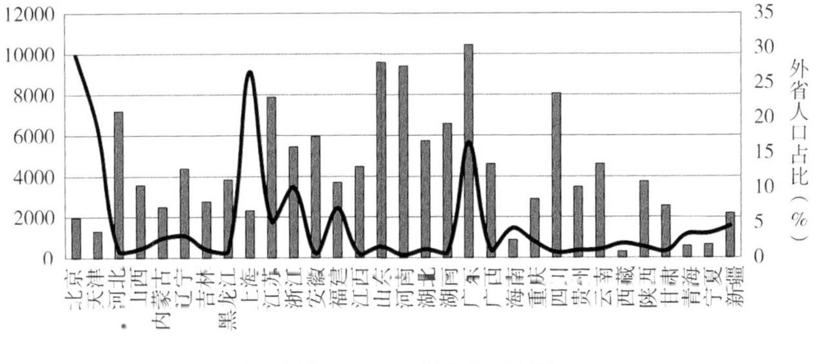

图 16　不同省域的外省流动人口数量比较

数据来源：2010 年“六普”数据，国家统计局。

三、结论与建议

本报告根据国家权威部门发布的相关数据，分析我国当前人口发展现状和面临的主要挑战。主要结论与建议如下：

1. 受生育政策调整的影响，我国人口自然增长率和生育水平有所回升，人口呈现出增长势头。短期内的人口增长主要由于生育政策调整后，有生育意愿的育龄妇女堆积的“生育势能”集中释放的结果。一旦这批育龄妇女生育势能释放完毕，生育率可能会重回低水平，对我国人口的可持续发展造成不利影响。因此，新时期需要加强“全面两孩”配套政策研究，及时遏制生育率继续下降势头，避免跌入人口低生育陷阱。

2. 人口老龄化程度进一步加深，“失能”老年人口数量不断增加，老年人日常照护工作需求量增加，对社会保障和公共服务供给带来了很大的压力。因此，建议深入调研老年人口的照护需求，合理配置老年人日常照护资源。建立和完善包括生育支持、抚养抚育、老人赡养、病残照料、善后服务等家庭发展政策。此外，要增强社区在托老、日间照料和居家养老服务的能力。

3. 劳动力人口进一步老化，劳动力有效供给减少，进而降低了“人口红利”，影响社会活力、创新动力和经济潜在增长率。建议：一是转变经济增长方式和进行产业结构调整。在劳动力日益短缺，用工成本上升的情况下，中国的经济增长方式必然发生深刻变化，即从要素积累的经济增长模式，转向以改善经济效率为主的增长模式。二是开发老年人口的人力资本。按照我国人口的平均预期寿命，我国退休年龄界定明显过低。目前我国有大量的低龄退休人员，应鼓励其重新走上工作岗位，缓解劳动力市场供给短缺难题。三是提高新增劳动力的人力资本水平。经济转型升级，对劳动者的技能水平和劳动力素质都有更高的要求。需要加快完善教育体系，创新人才培养体系，为社会培育高质量的劳动力人口。四是加强对现有劳动力人口的职业技能培训，深入挖掘现有劳动者的工作潜力。

4. 人口增长对资源环境的压力持续增加。2025 年前，我国人口总量基本维持在 13 亿到 14 亿之间，人口对粮食供给和水资源供给造成持续的压力。建议：一是实施耕地保护政策、研发高产粮食作物，稳定粮食生产，确保粮食安全。二是采取必要的政策措施鼓励节约资源，必要时采取一定的限制措施，强制节约用水，以缓解水资源短缺危机问题。三是转变生产方式，减少污染物排放。提高生活垃圾和污染处理能力。鼓励和提倡环保的生活方式，节约能源。

5. 经济增速放缓和减贫机制变化带来的贫困人口脱贫新挑战。因此，面对新挑战和新问题，需要进一步研究和探索适合国情、地方贫情的人口贫困治理机制，紧抓精准扶贫方略，通过发展生产、易地搬迁、生态补偿、教育支持、医疗救助、低保兜底等多种有效措施，确保贫困人口如期脱贫，实现全体人民共同迈向全面小康社会。

6. 人口出生性别比失衡有所缓解，但过去累积的性别偏高所导致的社会问题从隐性状态逐步走向显性，性别失衡的社会后果开始显现出来。因此，一方面，要加强性别失衡的综合治理，警惕出生性别比可能出现的反弹情况。另一方面，需要对因性别失衡而导致的婚姻挤压问题给予足够的关注。避免被迫不婚的单身汉陷入社会边缘化和网络孤岛化困境。建议：通过社会组织、基层社区等机构帮助有条件的单身汉建立“类家庭”，让他们感受社会温暖，重拾生活信心，减少社会危害。

7. 人口流动和城镇化存在区域不均衡问题。要改变这种现状，一方面，要以人口为基本要素，完善公共服务供给体系，确保流动人口与本地居民有同等的享有基本公共资源的权利和义务。深化制度改革，建立农业转移人口市民化的成本分担机制。另一方面，加快推进以人口为核心的城镇化，探索引导人口合理流动的政策机制，引导人口向中小城市聚集，同时要严格控制超大城市的人口规模。

参考文献

1. 国家统计局. 2015 年全国 1%人口抽样调查主要数据公报，2016.

2. 国家人口发展战略研究课题组. 国家人口发展战略研究报告［J］. 人口研究，2007（01）：1-10.

3. 景跃军，李涵，李元. 我国失能老人数量及其结构的定量预测分析［J］. 人口学刊，2017，39（06）：81-89.

4. 原新. 出生人口性别比最新动态及问题判断［J］. 西安交通大学

学报（社会科学版），2016，36（06）：122-124.

5. 翟振武，陈佳鞠，李龙. 2015—2100年中国人口与老龄化变动趋势［J］. 人口研究，2017，41（04）：60-71.

6. 张车伟，林宝. “十三五”时期中国人口发展面临的挑战与对策［J］. 湖南师范大学社会科学学报，2015，44（04）：5-12.

7. 陈友华，徐愫. 中国老年人口的健康状况、福利需求与前景［J］. 人口学刊，2011（02）：34-39.

8. 王开泳，李苑溪，丁俊，陈妤凡. 全面放开二孩政策背景下人口增长对资源环境的影响和需求分析［J］. 中国人口·资源与环境，2017，27（02）：160-169.

9. 童玉芬，王静文，梁钊. 资源环境约束下的中国适度人口研究［J］. 社会科学文摘，2016（05）：59-60.

新时代人口均衡发展与两型社会构建研究

❖胡雅萍

【摘　要】建立资源节约型社会和环境友好型社会的基础是人与自然环境、经济、资源的协调发展，当前我国人口变动与社会协调发展存在五个方面的挑战，表现为区域城乡发展不均衡问题，大范围人口流动引发的社会融入问题，基本公共服务资源配置不均衡问题，大城市病及农村空心化并存问题以及转型时期社会整体心态问题。因此，加强人口发展战略研究，揭示新时代人口与经济社会、资源环境相互变动的规律，创建公平正义的社会环境对两型社会构建具有积极意义。

【关键词】人口均衡发展；两型社会；人口变动；政策建议

【作　者】胡雅萍：南京邮电大学人口研究院讲师

人口、经济、资源、环境相互协调发展，是促进社会和谐发展的重要要素，其中，人口问题是研究资源环境问题的出发点与落脚点，也是经济、资源、环境等问题的起因与根源。倡导建设资源节约型、环境友好型社会离不开人口这一基本要素，人口是社会存在和发展的基础与必要条件，只有促使人口均衡发展，才能进一步推进两型社会构建。人口均衡发展的科学含义是指人口系统构成要素相互匹配、相互依存、协同发展的状态，是指人口的供给和需求结构上处于相对平衡、动态协调的状况，是彰显对生命尊严、人权保障、人类发展、家庭幸福、人口优化和社会和谐的价值追求。人口发展既不能落后于经济、社会与自然环境的综合发展，同时也不能超越经济、社会、资源、环境所能承受的范围。

一、当前我国人口变动特点

人口发展的重要标志就是人口增长，人口持续增长势必会给自然资源、生态环境、社会经济增加压力。当然，随着人口素质的提升和科技的进步也可以提高资源的利用范围、利用率和环境负荷量。

（一）人口增长缓慢，但总量在不断增加

根据我国2010年进行的第六次全国人口普查公布的数据显示，我国大陆人口共13.4亿人，同第五次全国人口普查2000年的12.66亿人相比，10年共增加7389万人，增长5.84%，年平均增长率为0.57%。虽然政策调控使中国的人口出生率由1978年的19.25‰降到了2016年末的12.95‰。但中国大陆总人口依然保持不断增长的态势，根据《2017年国民经济和社会发展统计公报》显示，2017年末全国大陆总人口达到139008万人，比2016年末增加了737万人，中国依旧是世界上人口最多的国家。但同时发现，中国的人口增长势能已经明显减弱，根据国家统计局公布的数据显示，2016年是全面二孩政策实施的第一年，出生人口达到1786万人，比上一年增加131万人，是我国自2000年以来新出生人口最多的一年。而2017年全国出生人口为1723万人，比上年减少63万人。2017年出生人口减少，预示着二孩生育堆积效应在政策开放的前两年已经大部分释放出来，生育高峰已过。未来几年，我国人口总量不断增加，但增长缓慢。

（二）人口素质的总体水平偏低

人口素质是人口问题的重要方面，可以从两方面进行：一是人口身体素质现状。根据中国出生缺陷检测中心数据显示，从1996年到2007年间，全国每年约有80万~120万例的出生缺陷儿降生，出生缺陷发生率呈明显上升趋势。截至2013年，中国残疾人总数已经达到8500万人，给家庭和社会发展带来了沉重负担。二是人口文化素质偏低。由于城乡差距、贫富

差距等影响，劳动力受教育年限较短，整体素质低下，农村剩余大量低素质劳动力无法有效转移到现代部门，无法提高整个社会的劳动参与率和劳动生产率，制约人口红利效能的充分发挥。然而，劳动者的技能、文化水平等专业素养越来越彰显其重要性，社会生产力的发展已经由劳动者数量转变为依靠劳动者质量。区域经济社会发展落后的深层原因也是由于劳动者素质相对较低造成的。因而，中国人口素质总体水平偏低的现状，既影响对人口赖以生存的资源进行充分开发的能力，也影响国家竞争力和社会的可持续性发展。

（三）人口分布不均的问题

一是城乡分布不均衡。随着改革开放和城镇化进程的发展，5 亿多农业转移人口进入城市工作、生活。中国人口城镇化率从新中国成立初期的 10. 6%、城市人口 0. 58 亿，发展到 2017 年的 58. 52%，并预计 2020 年中国城镇化率将达到 60%。根据国际经验，当城市化水平达到 70%之前，城市化水平都会快速增长，以此判断，中国的城市化率将在未来十年左右呈中快速增长。根据 2017 年《中国统计年鉴》，2016 年末流动人口数达到 2. 45 亿，预计到 2050 年中国流动人口将达 3. 5 亿人左右。大量人口朝城市流动，既催生了北京、上海、深圳、广州等千万人口以上规模的超大城市，给城市的服务供给、资源环境、管理服务、社会治理带来了巨大压力，同时也出现农村人口洼地和空心化，使得拥有大量土地资源的新农村建设缺乏必要的人口支撑。大量的流动人口在推动城市快速发展的同时，也加剧了区域间的人口分布不均衡。这种人口分布不均导致了资源与环境的矛盾加剧，流动人口市民化和公共服务均等化问题日益严重。

二是区域间人才分布不均的问题。根据“六普”调查数据，显示人才构成 97%为大专、本科学历，研究生比例为 3%。其中，研究生以上学历人才东部、东北、中部以及西部地区的比例差距较大，分别为 4. 61%、3. 06%、2. 48%和 2. 5%。从人才分布地区来看，东、中、西部地区人才较为缺失，主要集中于较为繁华的华东、华南等沿海地区，其中主要以北京、上海、广州等几个特大城市人才集中密度最高，聚集超过 30%的人才。

二、新时代人口变动与社会发展面临的挑战

“十三五”时期我国经济进入新常态，人口形成新结构，社会呈现新特征，消费体现新需求，科技孕育新突破。这就如同硬币的两面，一方面发展提升了人民的需求和对美好生活的向往；另一方面也凸显出了发展中的不平衡与不充分的问题①。具体从以下几方面进行分析。

（一）区域、城乡发展不平衡不均衡问题

受我国自然与人文条件的影响，我国东部地区的经济文化发展水平一直处于领先地位，时至今日，我国的人口分布依然存在明显的东西部严重的区域不平衡性：东部的43.71%的国土面积承载着94.39%的人口。这种人口分布不均衡必然带来的是区域发展的不均衡，人口高度集聚的东部地区面临着剩余劳动力的逐渐减少，人口与资源、环境的矛盾加剧现象；西部地区面临着人口总量不大、发展要素不足、和东部差距持续拉大等风险。由于地域、政策等因素，全国各地经济发展不平衡，社会生活中出现了人们收入差距扩大、收入分配不均、就业压力过大、人口迁移流动加大等现象，造成不平衡不均衡等一系列问题。除了中、东、西部发展不均衡问题，城乡二元结构的发展模式也一直是我国经济社会发展的重要弊端，繁华都市与贫困乡村“比邻而居”，一些地区对农业农村发展的重视不够，基础设施、公共服务、社会管理过度向城市倾斜。这样，造成我国经济发展和人民生活水平的不平衡发展和贫富差距进一步拉大。

（二）大范围人口流动引发的社会融入困境

中国户籍制度的藩篱使得人口大规模迁移流动过程中城镇常住人口与户籍人口严重背离，这实际上构成了城镇化进程中诸多严重问题背后的深层原因。《国家新型城镇化规划（2014—2020年）》指出，目前，我国常

---

① 再启历史新局的时代担当——从社会主要矛盾转化看新时代中国改革发展［EB/OL］.［2018-04-11］. http：//cpc.people.com.cn/n1/2018/0318/c64387-29874191.html.

住人口的城镇化率为53.7%，户籍人口的城镇化率与之相对应却只有36%左右。因此，在城镇化过程中，流动人口如何融入流入地始终是一个必须要深入思考的大问题，其中，大量农业转移人口难以融入城市社会这一问题又格外突出，这就带来相对于城镇化迅猛发展背后的市民化进程滞后问题。

（三）基本公共服务资源配置不平衡不充分问题

将经济发展的成果转化为人的全面发展，通过促进人的全面发展形成人力资本的转换，推进基本公共服务均等化是化解社会矛盾的迫切要求。然而在我国基本公共服务发展不均衡问题仍然突出，城乡、区域和不同群体之间的基本公共服务还存在差异性。农村、贫困落后地区和社会困难群体服务还得不到充分保障。特别是农村公共服务严重滞后，可及性差。主要表现在：（1）不同群体间基本公共服务差异大。随着城镇化的快速发展，流动迁移人口正在成为城镇人口中越来越重要的组成部分。全国接近2.4亿的迁移人口，既彰显了社会的开放性与包容性，同时彰显了城市的活力与创造性，但同时也对社会公共服务提出了严峻的挑战。大量的农村人口通过务工、上学、养老等形式向城市迁移，给城市公共服务带来巨大压力，如何促使和保障进城务工农民和当地居民和谐相处，如何保障其享有城市资源，已经成为构建和谐社会不容忽视的问题。同时，当农民工已经成为我国区域多个行业和产业工人的绝对主体，但却因为受到城乡分割的户籍制度影响，致使2亿多农民工及其随迁家属虽然被统计为城镇人口，却未能在就业、医疗、教育、保障性住房、养老等方面享受到一般城镇居民应有的基本公共服务。“产城融合”不紧密，“产业集聚与人口集聚”没有同步，导致城镇内部出现了新的二元矛盾。（2）不同功能区基本公共服务水平悬殊。主要表现在教育资源现状不均衡状态，面临结构性调整。构建社会主义两型社会的目标之一就是实现社会的公平与正义。教育具有公共产品的性质，提供并让公民平等地分享公共产品，是政府的责任。2016年，我国基尼系数已经达到0.465。按照联合国有关组织规定，基尼系数在0.4~0.5，说明社会成员之间的收入分配差距较大，而影响人们收入差距的一个重要因素是其受教育水平。教育经费占国内生产总值比例是世界衡量一个国家教育水平的通行指标。根据教育部、国家统计局、财政部发布的《2016年全国教育经费执行情况统计公告》，显示2016年全国教育经费总投入为38888.39亿元，比上年的36129.19亿元增长了7.64%。全国国内生产总值为744127.2亿元，国家财政性教育经费占国内生产总值比例为5.22%①。2012—2016年，国家财政性教育经费5年累计投入13.5万亿元，超过1952—2011年60年累计投入之和，是新中国成立以来财政教育投入最多的5年。但由于我国区域发展不平衡，城乡二元制结构以及教育资源配置过程中的“城市中心”等问题，相较于高收入国家财政性教育支出占GDP比重在2001年就达到6.8%，还是存在一定的差异性。同时，尽管2016年财政性教育经费一半以上投入义务教育，并进一步向中西部倾斜，呈现从投资“物”转向投资“人”的趋势，即一半以上用于教师工资和学生资助，但是由于长期以来的积累，教育资源仍然存在不均衡的现象。主要表现在：城乡教育资源配置不均衡、师资配备不均衡问题、流动人口子女教育问题等一些重大的社会问题。

（四）“大城市病”及农村“空巢化”并存问题

“城市病”是指在一国城市化尚未完全实现的阶段中，因社会经济的发展和城市化进程的加快，城市系统存在缺陷而影响其整体性运动所导致的对社会经济的负面效应。

目前，我国正处在快速推进城镇化的过程中，迅速兴起的大小城市在聚集产业要素、带动经济发展以及提升国际竞争力等方面发挥了重要作用。但由于城镇化在很大程度上是各地经济发展过程中自然形成的，不同区域、城乡之间的发展差距，导致欠发达地区劳动力向发达地区就业转移已成为发展常态。高速发展的经济水平、优质公共服务资源以及快速发展的态势也造就了大城市的吸引力和包容力，进一步催化和强化了外来人口

① 关于2016年全国教育经费执行情况统计公告［EB/OL］．［2018-04-11］http：//www.moe.gov.cn/srcsite/A05/s3040/201710/t20171025_317429.html.

的流入意愿。过快的人口增长稀释了基础设施和公共服务资源的供给增量。由于就业不足，贫富悬殊，社会阶层不断分化，容易引发城市社会阶层的对立情绪及不良的社会治安问题，增加流动人口服务管理的难度，同时对城市运营和发展带来了不良影响。目前，我国“城市病”问题已经蔓延到省会城市甚至二三线城市，并呈现多样化的趋势。具体表现为大城市人口膨胀、交通拥堵、房价飙升，空气质量下降、垃圾围城、社会安全弱化以及就业难等一系列问题。主要表现在以下几个方面：(1) 大城市人口迅速递增以及分布不均超越了城市承载力，已成为阻碍城市发展的重要因素。以首都北京为例，2009 年北京市常住人口已经达到 1860 万人，超出《北京城市总体规划（2004—2020）》所确定的 1800 万人的规划目标。人口的空间分布无论是在总量还是密度上，都呈同心圆式向外梯度递减的模式。(2) 快速发展带来的特大城市交通拥堵问题。随着机动车保有量的快速增加，已经超出了道路面积的增速，给交通带来了巨大压力，从拥堵空间特征分析，区域性特征明显，重点拥堵区域集中于中心城区，特别是医院、学校、车站等重要功能区域的附近道路。从拥堵时间特征分析，城市交通潮汐现象明显，主要拥堵时间段集中于上下班高峰期，造成城市出行难的现象。(3) 环境污染问题严重。主要表现为环境污染与水污染，尽管近年对环境污染的治理力度不断加大，空气质量、水污染等情况有所好转，但与国家标准仍存在一定的差距，雾霾已经成为春冬季节的常态，严重影响城市居民的正常生活，危害居民健康；水污染同样刻不容缓，以北京为例，地表水污染情况重点集中于下游河道，化学需氧量（COD）、生化需氧量（BOD）、氨氮（NH3-N）等污染物指标明显超标。

与城市化进程中城市过度开发而产生的“大城市病”相对应，中心城区周边的土地、资金、人口等要素也被城市吸收、积累与重新组合。越来越多的优质劳动力由农村转向城市，随之郊区、农村出现老龄化、土地荒抛现象以及“空巢化”现象，老人、妇女、儿童成为留守农村的主力军，并从人口空心化转变成人口、土地、产业和基础设施的地域空心化，成为“空心村”。农户将土地和房屋转租给外来人口，造成郊区社会治理管理以及为统筹城乡一体化带来了难题，同时也造成了土地资源的大量浪费，留守老人、失学儿童、土地荒芜、基础设施失修等农村病相继暴露。这种现象必然对国家推进新农村建设、全面建成小康社会、实施精准化扶贫产生巨大影响。

（五）转型期的社会心态失衡问题

心理和谐是构建社会主义两型社会的重要组成部分。在社会主义市场经济转型过程中，我国在政治领域、经济领域都作出了重大调整和变革，社会生活发生了重大改变，社会资源也极大丰富，人们获取资源的渠道也随之增多，但随着改革的不断深化，新旧体制存在转换时期，而转型交替阶段极易产生社会失范现象。主要表现在以下几个方面：

1. 随着贫富差距拉大而产生的浮躁焦虑心理。地区、城乡以及不同人群之间的发展不平衡，社会成员的收入出现较大差距，贫富差距逐渐拉大，拜金主义、物质至上主义的思想盛行。随着自媒体的迅速发展，寄希望于一夜蹿红、一举成名、一夜暴富的年轻人增多，频繁出现的网红、朋友圈的炫富行为都能迅速成为社会关注的焦点，造成社会成员盲目攀比、急躁、浮躁的心态凸显。

2. 面对社会风险与不确定性而产生的不安全感，首当其冲的是生命健康安全。近年来食品安全事件频发，有毒奶粉、苏丹红、瘦肉精、地沟油等，涉及范围之广、影响之深难以想象。随着工业化进程的加快，废水、废气的排放给环境带来严重污染。PM2.5 指数的升高，癌症患病率的年轻化，同样给公众造成了强烈的不安全感。同时，随着生产力的大幅度提高、科技的发展，工作环境领域竞争激烈，工作强度、就业压力、职业稳定性等一系列问题也随之给公众带来一连串的心理问题。

3. 公共资源分配不均衡产生的心理差距。在利益快速分化的背景下，公众也存在着较为普遍的不公平感。根据南京大学社会学院教授朱力在 2015 年对四省六市进行的一项社会心态调查结果显示：94.4%的被访者认为当前的贫富差距太大，50.2%的被访者觉得自己当前收入不合理。调查显示占比最多的农民、农民工、国企下岗工人、失业人员等，抱怨贫富差距过大；中等以及中上收入群体，公平感最低。因此，尽管财富绝对值在提升，但是由于资源和机会在社会不同人群中的制度性配置不均衡，各职业阶层、收入阶层都存在着程度不一的不公平感受。

三、措施与对策建议

随着我国社会主要矛盾发生变化，面临经济结构调整、发展动力转换的艰巨任务，迫切要求加强人口发展战略研究，揭示新时代人口与经济社会、资源环境相互变动的规律，为建设社会主义现代化强国、实现中华民族伟大复兴创造良好的人口环境。由于历史及现实的种种原因，中国城市化发展的不均衡现象由来已久，同时区域发展不协调不平衡也是人口和产业向大城市聚集的原动力，所积攒的三大社会问题都与此相关。步入新时代，面对新矛盾，发展需要新变革。十九大报告明确指出“发展必须是科学发展，必须坚定不移贯彻创新、协调、绿色、开放、共享的发展理念”。需要具体从以下几个方面进行贯彻实施：

（一）创建公平正义的社会环境

1. 制定全局发展战略，促进区域协调发展

加强对人口的区域治理，促进区域协调发展，不但需要多方通力合作，更需要着眼于均衡的城市化发展战略，将区域协调发展作为供给侧结构性改革的重要内容。首先是重在制定全国区域均衡发展战略。贫困地区进行精准扶贫和教育脱贫，使欠发达地区和农村也能发展起来，使其具有吸引投资和人口回流的条件。其次，实施城市群、都市区的区域协调发展战略。在长三角、珠三角、环渤海、京津唐等城市群发展建设的基础上，重视发展华中、关中、东北等城市群建设，优化城市群结构、空间布局，使不同城市形成具有高度开放性的有机整体，构筑大、中城市和小城镇协调发展的格局。

2. 加快经济发展，缩小群体差异

生产力是生产活动中最为活跃的因素，是促进经济社会快速发展的根

本动力。生产力的提高，发展经济，是解决当前社会出现社会公平问题、收入差距问题、地区与城乡发展不平衡问题的基础，也是缓解社会矛盾的重要手段。我国处于社会转型期，不可避免地产生经济、社会发展与人们需求不同步的问题，区域发展不平衡、贫富差距拉大、阶层固化引发了一系列社会矛盾。只有快速发展经济，让全民共享改革开放的丰富成果，消除贫困，缩小人们的财富差距、缩短人们的认知差距，促使人们在物质与精神上共同进步，提升公平感，才能提升民众的生活满意度和幸福感。重视经济在社会发展中的强大推动作用，解决制约经济发展的体制机制问题，实行供给侧结构性供给，促进经济的转型跨越发展，转变经济发展方式，为经济发展增添新的动力和活力，实现经济持续稳定发展，为广大人民群众提供更多的社会福利与经济保障。同时，注重加强科技创新，以创新驱动经济发展，加大对科技创新的投入，提升国家自主科研能力，创造和谐共进的科研环境与科研氛围，注重对科研人才的培养，通过科技创新推动经济发展。

（二）落实公平合理的分配机制，促进基本公共服务均等化实施

1. 健全社会保障体系，完善利益化解机制

社会保障是社会有序、健康发展的安全阀和国民经济平稳持续运行的调节器，也是调节社会公众收入差距的重要手段，有利于改善社会困难群体的生活状况，缓解因为贫富差距引发的社会矛盾，解决由于不公平分配带来的利益冲突。当前我国社会保障体系仍然存在社会保障资金不足，社会覆盖面小、社会保障管理不完善、社会公共服务不均等的问题。因此，为了缓解由于社会转型带来的社会矛盾问题，需要通过有形的手去调节和改变，必须建立健全社会保障体系，来保障和协调大众的利益，消除不平衡、不均衡的现象。首先，需要树立全局意识，既要统筹各阶层的利益，又要有重点、有针对性地关注社会困难群体及低收入群体的生活需求，保障困难群体的基本生存权利。其次，重视发展社会第三方力量，重视发挥社会慈善事业力量，整合社会资源，扩大社会保障的经济来源。最后，推进我国社会保障事业的法律化与规范化，建立健全保障范围内的社会保

险、社会救济、社会福利和社会优抚等政策与法规，促使社会保障做到全面覆盖，建立健全农村社会保障制度，增加对农村地区、贫困地区的社会保障投入，打破城乡社会保障的二元结构，削减社会保障的地域差异性、群体差异性，以全民共享为发展目标，维护社会的安全与稳定。

2. 善用数据助力，引领精准化公共服务

中央经济工作会议提出“公共服务要面向特定人口、具体人口”，“防止平均数掩盖大多数”的指导要求，即要求从根本上改变传统公共服务供给模式。传统公共服务是一种同质化服务，以决策者偏好为主要导向，缺乏具备市场服务所应有的个性化、差异化与多元化。随着科技变革日新月异，“互联网+”的兴起，管理模式与服务观念的改变，使得以往过于依赖直觉判断与主观经验的决策方式与公共服务供给模式面临挑战，急需引入科学决策方式，转变服务观念、技术、手段与模式。随着智慧城市的快速发展，利用大数据技术，通过支持语音的公众需求匹配技术、智能化优化技术，对需求进行多维度多层次地细化和分析，确定最优的服务组合和资源组合方式，将服务与资源进行关联绑定，深入落实供给侧改革，从而改变以往决策模式，精准感知公众需求，提供精准化服务。

（三）加快新时代思想道德修养建设，提升人民幸福感

随着人口与经济社会的不断快速发展，人口、资源与环境的矛盾日趋凸显，人们对尊严、幸福的追求也日趋强烈。在现代社会中，政府作为社会治理的主体，毫无疑问，其对人口的长期均衡发展，对人口、资源与环境协调发展的治理，对人民的生存环境改善和生活质量提高承担极大的责任，政府治理能力的高低也必然会直接影响到公民的生存环境和生活质量。

1. 强化社会主义核心价值观的认同

党的十九大报告把“坚持社会主义核心价值体系”作为新时代坚持和发展中国特色社会主义的基本方略之一。这一方略，彰显了中国共产党对价值观建设的高度重视，也为我们高举中国特色社会主义伟大旗帜，牢固

树立中国特色社会主义道路自信、理论自信、制度自信、文化自信指明了方向①。全民思想道德水平提高离不开中华文化的有力支撑，“礼义廉耻”等荣辱义利观具有永不褪色的价值，在现今新时代背景下，应当从弘扬民族传统文化、从经典文集中发掘汲取丰富的营养，强化人们对于社会主义核心价值观的认同感，使其成为人们道德修养、砥砺品格的精神来源。

2. 创造良好个人认知，从社会实现中提升幸福感

人民个人的幸福感必须建立在与社会协调发展的基础上，促进人民幸福感的前提是提升良好的社会认知。良好的社会认知可以促进个体在社会中寻找到情感归宿、心理认同感。具体需要从四方面着手：提升个体性与社会性的认识、对个人需要与社会需要的认识、对个人利益与社会利益的认识，对个人权利和社会责任的认识。因此，创造良好社会风气与思想意识建设尤为重要。

3. 提高公众个人修养，注重心理调适培育

个人修养是一种内在力，影响着人们的日常行为规范及群体心态。面临转型期的激烈竞争和生活压力，社会公众需要加强自身的心理调适，提升个人修养，才能促进个人身心健康发展，培育积极健康的社会心态。首先，需要正确认知转型期出现的种种社会问题，用乐观心态看待社会发展的变化，看到经济发展取得的巨大成绩与进步，善于发现社会的光明面，弘扬社会正能量，相信随着物质与精神的同步发展，未来社会矛盾和冲突将会逐渐消失。其次，需要培养公众宽容的心态，通过公共文化推广与倡导，拓宽视野，做到立足现实，正视不足，转变思维，勇于面对困难，用积极的心态化解生活中的挑战与挫折。通过文化素养的提高，培养自身理性思考的习惯，能够客观分析社会矛盾现象，做到理性评判、客观分析，在大众传媒日益盛行的当下做一个理性人。

① 坚持社会主义核心价值体系［EB/OL］．［2019-03-22］http：//theory. people. com. cn/n1/2017/1103/c40531-29624833. html.

参考文献

1. 贺雅琴，曾文光．论人口发展与构建和谐社会的关系［J］．边疆经济与文化，2014（2）：15-17.

2. 穆光宗．构筑人口均衡发展型社会［J］．北京大学学报（哲学社会科学版）．2011，48（3）：128-135.

3. 张红燕．当代中国人口与经济社会发展研究［D］，西安工程大学，2013.

4. 国家统计局．中华人民共和国 2017 年国民经济和社会发展统计公报．

5. 逄锦波．青岛市人口迁移的经济社会影响及对策研究［D］．青岛大学，2007.

6. 宋迎昌．治理“大城市病”需要新思维［J］．中国党政干部论坛，2016（7）：76-78.

7. 徐红梅．我国不均衡城市化进程引发的重大社会经济矛盾分析［J］．经济论坛，2009（18）：28-31.

8. 蔡玲玉．转型期中国社会心态失衡现象及对策研究［D］．天津理工大学，2017.

9. 张卓．新型城镇化视角下的北京“大城市病”治理研究［J］．中国名城，2016（8）：35-40.

图书在版编目（CIP）数据

人口发展战略研究 / 沙勇主编．—北京：中国社会出版社，2019.11

ISBN 978-7-5087-6257-9

Ⅰ.①人…　Ⅱ.①沙…　Ⅲ.①人口—发展战略—中国—文集　Ⅳ.①C924.24-53

中国版本图书馆 CIP 数据核字（2019）第 268944 号

书　　名：人口发展战略研究
主　　编：沙　勇

出 版 人：浦善新
终 审 人：李　浩
责任编辑：王秀梅　杨春岩

出版发行：中国社会出版社　**邮政编码**：100032
通联方式：北京市西城区二龙路甲 33 号
电　　话：编辑室：（010）58124829
销售部：（010）58124848
传　真：（010）58124829
网　　址：www.shcbs.com.cn
shcbs.mca.gov.cn
经　　销：各地新华书店

中国社会出版社天猫旗舰店

印刷装订：北京九州迅驰传媒文化有限公司
开　　本：170mm×240mm　1/16
印　　张：19.75
字　　数：280 千字
版　　次：2019 年 12 月第 1 版
印　　次：2019 年 12 月第 1 次印刷
定　　价：80.00 元

中国社会出版社微信公众号